사진으로 배우는

盆栽
분재의 기술

Tokizaki Atsushi 감수
유병국 번역

CONTENTS

심오한 분재의 세계에 첫발을 내딛는 분들께 004

분재의 기본

분재를 즐기는 방법 006

분재의 매력 008
1. 매력 포인트 008
2. 분맞추기 012

분재의 종류 014
1. 송백분재 015
2. 상엽분재 016
3. 상화분재 017
4. 상과분재 018
5. 초본분재 019

분재의 나무모양 020
1. 나무모양의 기본 020
2. 나무모양의 종류 021

분재를 시작하는 방법 024
1. 구입방법 024
2. 용토 026
3. 도구 028

분재의 기술 030
1. 분갈이 030
2. 눈따기·눈자르기 032
3. 잎따기·가지치기 034
4. 철사감기 036
5. 번식방법 040

분재의 관리 046
1. 장소 046
2. 물주기 048
3. 비료 050
4. 병해충 대처방법 052

연간 작업 스케줄 054

분재의 장식방법 056
1. 바닥 장식 057
2. 진열대 장식 058
3. 장식용 진열대와 탁자 060

송백분재

- 곰솔(흑송) 062
- 눈향나무(진백) 066
- 소나무(적송) 070
- 노간주나무(두송) 074
- 주목 076
- 삼나무 078
- 섬잣나무(오엽송) 080

상엽분재

- 느티나무 ········· 086
- 참느릅나무 ········· 092
- 중국단풍 ········· 098
- 좀마삭줄(쫄쫄이마삭줄) ········· 102
- 애기노각나무 ········· 106
- 일본단풍나무 ········· 110
- 쥐똥나무 ········· 113
- 사향단풍 ········· 116
- 검양옻나무 ········· 118
- 용신담쟁이덩굴 ········· 120
- 담쟁이덩굴 ········· 122
- 배롱나무 ········· 124

상화분재

- 매화나무 ········· 130
- 벚나무 ········· 134
- 동백나무 ········· 138
- 찔레나무 ········· 142
- 야쿠시마 싸리 ········· 144
- 산수국 ········· 146
- 로즈메리 ········· 148
- 왜철쭉 ········· 150
- 장수매 ········· 153

상과분재

- 애기감나무(노아시나무) ········· 158
- 겨울보리수 ········· 162
- 참빗살나무 ········· 166
- 석류나무 ········· 170
- 참회나무 ········· 172
- 노박덩굴 ········· 174
- 앵신락 ········· 176
- 남오미자 ········· 178
- 낙상홍 ········· 180
- 아그배나무(심산해당) ········· 183
- 화살나무 ········· 186
- 피라칸타 ········· 189
- 금두 ········· 192

초본분재

- 콩짜개덩굴 ········· 196
- 바위취 ········· 197
- 개모밀덩굴 ········· 198
- 바위떡풀 ········· 199
- 은쑥 ········· 200
- 석창포 ········· 201

이끼볼 만드는 방법 ········· 202

분재용어 ········· 204
나무종류 INDEX ········· 207

* 이 책에 나오는 식물 이름은 우리나라 분재계에서 일반적으로 사용하는 이름을 기준으로 표기하였다.
* 일본명의 경우 〈사단법인 전일본소품분재협회〉의 분재명 표기에 따랐다.

심오한 분재의 세계에 첫발을 내딛는 분들께

분재를 시작하는 것은 간단합니다. 산과 들, 또는 길가에서 주운 열매를 심거나, 잘라진 가지나 정원수의 가지로 꺾꽂이를 해보세요. 어떤 분재든 처음에는 그런 작은 묘목이었답니다. 시중에서 판매하는 묘목이라면 키우는 데 시간이 많이 걸리지 않고, 분재용 묘목이라면 더욱 쉽게 키울 수 있습니다. 이미 품격을 갖춘 분재를 구입해서 자신의 손으로 한층 더 품격을 높이는 즐거움도 있습니다. 문은 넓고, 문턱은 낮고, 그리고 오랜 시간 동안 나무에 대해 알아갈수록 끝없이 깊어지는 것이 분재의 세계입니다.

나무의 수명은 사람보다 훨씬 길어서 400년 된 분재에서 지금도 파릇파릇한 새눈이 나오기도 하고, 오늘 심은 씨앗이 앞으로 수백 년 동안 명맥을 이어갈 수도 있습니다. 분재를 손질하다보면 과거와 미래를 연결하는 흐름의 순간을 깊이 느낄 수 있습니다. 많은 사람들이 저마다 찾아낸 지혜와 방법이 쌓여서 분재의 기본이 되었습니다. 기본을 알면 응용은 자유. 현대의 라이프 스타일에 맞게 분재를 즐기는 방법도 있습니다.

혼자서 느긋하게 즐겨도 좋고, 분재 동호회에 참가해서 정보를 교환하거나 분재에 대해 이야기꽃을 피워도 좋습니다. 인터넷으로 지역을 초월하여 사진이나 정보를 교환하는 즐거움도 현대사회에서는 누릴 수 있습니다. 전시회에서는 다양한 작품을 감상할 수 있을 뿐 아니라, 그동안 정성을 다해 가꾼 분재를 다른 사람들 앞에 선보이는 즐거움도 있습니다.

부디 자신에게 맞는 방법으로 심오한 분재의 세계를 마음껏 즐기기 바랍니다.

도키자키 아쓰시[時崎 厚]

분재의 기본

분재를 즐기는 방법

분재의 즐거움은 풀, 나무와 함께 표현하는 것. 분재 만들기를 3단계로 나눈 다음, 그것을 기준으로 풀과 나무가 좋아하는 작은 세계를 창조해보자.

키우기

건강하게 자랄 수 있는 환경을 갖춘다

원래는 크게 자라야 할 나무를 작은 분 안에서 살게 하는 것이므로, 먼저 편안하게 잘 자랄 수 있는 환경을 갖추는 것이 중요하다. 건강하지 못한 나무는 좋은 분재가 될 수 없다.

나무에게 쾌적하고 좋은 환경은 공통된 부분도 있지만, 모든 나무가 같지 않다는 것도 알아두자. 나무종류에 따른 차이도 있지만, 그 나무만이 갖고 있는 개성도 있다. 햇빛을 좋아하는 종류라도, 반음지에서 더 건강하게 자라는 나무도 있다. 물, 용토, 비료 등의 경우에도 마찬가지이다.

기본적인 성질도 고려해야 하지만 실제로 가장 중요한 것은 나무의 개성을 잘 이해하는 것이다. 평소에 나무를 잘 관찰해서, 나무가 보내는 신호를 놓치지 않는 것이야말로 [키우기]의 기본이다.

나무에도 라이프 사이클이 있다. 동물과는 조금 다르지만, 유년기, 청년기, 장년기, 노년기가 있는 것은 같다. 중요한 것은 눈앞의 나무가 어느 시기인지 판단하는 것이다. 동물과 다른 점은 새로운 가지나 눈이 저마다 각각 다른 사이클로 살아간다는 것이다.

나이든 나무라도 새눈은 유년기부터 매우 빠른 속도로 자란다. 줄기와 각각의 가지가 같은 나무에서 다른 사이클로 동시에 살아갈 수 있다는 것이 식물의 특징이며 강함의 근원이다.

이러한 식물 특유의 사이클을 알고, [키우기], [만들기], [품격 높이기]의 시기를 구분해야 한다. 나무와 함께 나서 자라는 성장을 즐겨야 생명감 넘치는 「분재의 아름다움」이 만들어진다.

만들기

나무를 알고 만들기를 시작한다

건강하게 자란 나무가 청년기를 맞이하면, 드디어 본격적으로 [만들기] 단계에 들어간다.

키우는 과정에서도 어느 정도 「특징」을 만들 수 있지만, 청년기~장년기에는 작은 부담 정도는 견딜 수 있는 힘이 생긴다.

단, 우격다짐은 안 된다. 나무를 키우는 과정은 나무에게 힘을 부여할 뿐 아니라, 키우는 사람이 나무의 특징을 이해하는 시기이기도 하다. 나무가 어떻게 힘을 축적하고, 각각의 가지가 어떻게 자라서 어떻게 구부러지는지, 알면 알수록 사람과 나무의 공동작업을 순조롭게 진행할 수 있다.

나무모양은 작품을 만드는 사람에 의해서만 만들어지는 것이 아니다. 나무의 협력이 있어야 제대로 창조할 수 있다.

그런 마음을 잊지 말고, 유연한 사고로 다양한 작품을 만들어보자. 처음에 구상한 그대로 완성된다고 장담할 수 없다는 점도 이 단계의 즐거움을 더해준다.

품격 높이기

점점 높아지는 품격을 체험한다

나무모양이 잡히면 다음 단계는 나무모양 유지가 중심이다. 그러나 식물이 생장을 멈출 리 없고, 또 계속 건강하게 잘 자라야 나무의 품격도 계속해서 높아진다.

그렇다고는 해도 끊임없이 성장하는 나무의 모양을 변함없이 유지하기는 매우 어렵고, 잠시 손을 뗀 사이에 나무모양이 볼품없이 흐트러지는 경우가 자주 있다. 그런 경우에는 본래의 나무모양으로 되돌리거나 나무모양을 크게 바꾸는 개작이 필요하다. 그러기 위해서는 해마다 계절별로 사진을 찍는 습관이 중요하다. 기록이 될 뿐 아니라 품격의 변화도 잘 보이기 때문에, 다음 분재를 만드는 데도 큰 도움이 된다.

또한, 여러 사람한테 보여주거나 전시회에 출품하는 일도, 혼자 보아서는 알 수 없는 많은 것을 배우는 기회가 된다.

분재의 매력

작은 분 안에서 대자연을 표현하는 분재는,
나무가 자연 상태 그대로 있을 때처럼 편안해야
여러 가지 매력을 발휘한다.

분재의 매력 ❶
매력 포인트

감동의 원천을 찾아 매력 포인트를 발견한다

실제로 분재를 시작하기 위해서는 약간의 용기가 필요하다. 예전에는 「분재는 매우 고급스럽고 비싼 취미」라는 일방적인 오해가 퍼져 있었고, 분재에 대해 이해하기 어렵다고 생각하는 경우가 많았다.

그러나 분재의 좋고 나쁜 점은 무엇보다 자신이 느끼는 것이다. 마음에 느껴지는 것이 있으면 그것이 가장 큰 매력이다. 전문가가 아무리 칭찬해도 좋지 않은 것을 좋아할 수는 없다.

세부적인 매력은 감동의 근원을 찾으면 자연스럽게 보인다. 마음이 끌리는 분재가 있으면, 스스로 매력을 발견하기 위해 자세히 살펴보자. 잘 살펴보면 분재를 보는 눈도 길러지고, 만들고 싶은 분재의 이미지도 점점 구체화된다.

분재와 원예의 차이, 지극히 작은 세계로 가는 재미

분재와 화분원예의 차이는 나무와 분의 관계에 있다. 묘목을 키워서 분갈이할 때, 원예에서는 한 치수 큰 화분으로 분갈이하는 경우가 많지만, 분재에서는 더 작고 얕은 분으로 바꿔서 천천히 나무와 분의 균형을 맞춰간다.

꽃이 많이 피고 가지가 휠 정도로 열매가 달린 모습을 즐기는 원예에 비해, 분재에서는 가능한 한 작은 공간에 광대한 풍경을 재현하는 재미를 맛본다. 오래된 나무의 품격, 계절에 따라 변하는 운치, 광활한 개방감을 바로 가까이에서 즐길 수 있는 작은 세계. 그것은 무엇과도 바꿀 수 없는 여유이다.

분재의 정면과 뒷면은 키우면서 결정한다

분재의 체크 포인트는 몇 가지가 있는데, 분재에 정통한 사람이나 전문가는 그 모양을 음미하지만, 취미로 분재를 만드는 경우에는 지나치게 얽매이지 않아도 괜찮다. 분재의 매력에는 모든 사람이 공통적으로 갖는 자연을 바라보는 관점도 있지만, 저마다 다르게 느끼는 감성도 있다.

체크 포인트는 여러 사람이 공감하는 부분이다. 그것을 알아두면 분재를 감상하거나 묘목을 구입할 때 도움이 되지만, 모양에 집착해서 자신이 받은 느낌을 억누를 필요는 없다.

손바닥 크기의 소품분재(삼나무). 이 당당한 대목의 느낌은, 단지 굵은 가지를 분에 꽂기만 해서 얻을 수 있는 것이 아니다.

먼저 분재의 전체적인 모습을 보면서 느껴보자. 자연 속에서 나무는 여러 가지 조건에 적응해서 강하게 살아간다. 물도 햇빛도 풍요로운 곳에서 여유 있게 사는 것만은 아니다. 그늘진 숲속, 눈보라를 맞는 높은 산의 암벽 등 험난한 환경도 분재에서는 자주 표현한다.

분 역시 나무에게 있어서 자연 이상으로 어려운 조건이다. 방치하면 도저히 살아갈 수 없다. 분 안에서 오랫동안 싱싱하고 아름답게 살아가는 나무에게는 키운 사람, 대부분의 경우 여러 사람의 마음이 담겨있다.

정면 모습을 감상하고 나면 다른 각도에서도 분재를 감상하자. 밑에서 올려다 보면 내부의 가지모양이 잘 보이고, 분 안에 서 있는 듯한 착각을 느낄 수도 있다. 바로 위에서 보는 것은 자연 상태에서는 좀처럼 볼 수 없는 각도이다. 작은 나무를 좀 더 세부적으로 들여다 보면, 그 분재를 만든 사람들의 일상도 보이는 듯하다.

정면을 결정하는 방법

모양목

줄기가 기울어진 방향이 정면.

좌우로 강하게 뻗은 뿌리가 잘 보이는 면으로 정한다.

현애와 반현애

줄기가 내려가는 방향 반대쪽의 줄기와 외뿌리뻗음이 잘 보이는 면을 정면으로 정한다.

사리가 있는 줄기

사리와 살아있는 줄기의 균형을 보고 정한다.

모양목(➡ p.21) 현애·반현애(➡ p.21) 사리(➡ p.20)

화분원예

분재

오른쪽 분재와 위쪽 화분의 열매 1개의 크기는 거의 비슷하다(꽃사과). 분재에서는 꽃이나 열매가 적게 달리지만, 비록 1개라도 분에 의해 더욱 아름답게 돋보인다. 또한 나무껍질과 가지모양이 말해주는 세월도, 보는 사람의 마음을 충분히 즐겁게 해준다.

분재의 매력 포인트 체크

일반적으로 매력 포인트의 기본은 3가지로 「줄기의 멋」, 「뿌리뻗음의 안정감」, 「가지와 잎의 모양」이다.

줄기는 나무가 자란 세월을 나타내며 줄기모양과 밑동에서 올라오는 부분의 모양을 본다. 뿌리뻗음은 전체적인 안정감을 결정한다. 가지와 잎에는 분재의 크기에 알맞는 세밀함이 필요하다. 이러한 3가지 요소가 갖춰져야 분재는 아름답고 안정된 분위기를 자아낸다.

감상할 때는 전체를 본 뒤에 이러한 세부적인 부분을 살펴보면, 분재의 기본 형식에 충실하면서 좀 더 깊이 있는 매력 포인트도 찾아낼 수 있다.

분재를 만들기 위한 묘목을 선택할 때는 이 3가지 포인트를 기준으로 앞으로 어떻게 자랄 것인지, 어떻게 키울 수 있을지 판단하는 것이 중요하다.

CHECK 1

줄기의 멋

분재의 나무모양은 줄기 모양으로 정해진다. 나무종류에 따라 갖고 있는 특성이 있지만, 기본적으로는 만드는 사람이 나무모양을 만드는 것이다. 밑동에서 가장 가까운 가지(제1지)까지의 「그루솟음새」에서 줄기가 가장 잘 보이고, 이 부분에서 나무모양과 나무의 품격이 정해진다. 구체적으로는 줄기의 굵기와 점세성(위로 갈수록 자연스럽게 가늘어지는 모습), 「곡」이나 「줄기모양」과 같이 구부러진 정도, 나무껍질의 거친 정도 등이다. 분재에서는 자연적으로 걸리는 시간만큼 시간을 많이 들이지 않고, 가지와 잎에서 억제한 힘을 줄기에 담아 거목의 품격을 표현한다. 또한 사리와 신(사리 만들기 ▶p.68) 등과 같이 시들어서 한층 더 아름다운 줄기를 만드는 일은 대단한 표현 기술이다.

줄기모양(곡)의 재미를 보여준다.

나무껍질의 거친 정도.

CHECK 2

뿌리뻗음의 안정감

뿌리가 흙 위로 보이는 부분을 「뿌리뻗음」이라고 한다. 뿌리뻗음으로 나무가 대지 위에 서 있는 안정감을 표현할 수 있다. 기본은 땅을 꽉 움켜쥐고 있는 것처럼 보이는 「사방 뿌리뻗음(팔방근)」이다. 단, 나무종류나 나무모양에 따라 뿌리뻗음이 만들어 내는 안정감도 달라진다. 나무모양에 안정감이 느껴지는지가 뿌리뻗음의 포인트이다.

사방 뿌리뻗음

2단 뿌리뻗음

줄기 주변 구석구석까지 뿌리를 뻗어서 줄기를 잘 지탱한다.

밑동뿐 아니라 줄기 위쪽에서도 뿌리가 자란다.

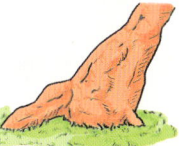
외뿌리뻗음

한쪽 뿌리뻗음

사간 등과 같이 한쪽으로 기울어진 나무모양은 줄기 반대쪽 뿌리(외뿌리뻗음)를 견고하게 만든다.

현애, 취류형 등 한쪽으로 극단적으로 기울어진 나무모양은 반대쪽 뿌리로 지탱한다.

판자모양 뿌리뻗음

뿌리와 뿌리가 이어져 하나가 되어 판자 모양이 된 것.

CHECK 3

가지와 잎의 모양

가지와 잎이 각각의 분재에 맞게 균형을 이루는 것이 포인트이다. 잎을 좀 더 작게, 가지를 보다 섬세하게 만들기 위해서는 손질을 거듭해야 한다. 가지는 위로 갈수록 가늘고 간격이 좁아지는 것을 「점세성(위로 갈수록 자연스럽게 가늘어지는 모습)」이 좋다고 한다. 잎은 나무종류에 따라 다르기도 하지만 각각의 나무에 따라 잎의 성질이 다르기도 하므로, 나무를 고를 때 잘 살펴보는 것이 중요하다.

잎의 성질
잎의 크기, 방향, 색감 등을 고루 갖춘 것이 좋다.

점세성
가지 사이의 간격이 위로 갈수록 좁아지는 것이 좋다.

제2지 | 제1지

가지배치 가장 아래의 제1지(내민가지)와 제2지는 모양을 바꾸기 힘들기 때문에, 구입할 때 주의한다.

분재의 매력 ❷

분맞추기

분과 어우러져야 분재의 하모니가 완성된다

분재의 분(盆)이란 흙을 담아 화초나 나무를 심는 그릇을 말한다. 식물과 분의 조화를 통해 경치를 묘사하는 것이 분재의 주요 목적이기 때문에, 나무나 풀에 잘 어울리는 분을 고르는 것이 중요하다. 분을 고르는 것을「분맞추기」, 식물과 분의 밸런스를「분맞춤」이라고 한다.

분재용 분에는 여러 가지 종류가 있어서 일률적으로 분류할 수는 없지만, 모양이나 부분의 명칭을 몇 가지 소개한다.
반드시 값비싼 분이 좋은 것은 아니며, 식물과 잘 조화된다면 이가 빠진 밥그릇이라도 운치가 느껴진다. 직접 분을 굽는 사람도 많이 있고, 그릇에 구멍을 내서 사용해도 좋다. 다양한 아이디어로 원하는 분을 만들어보자.

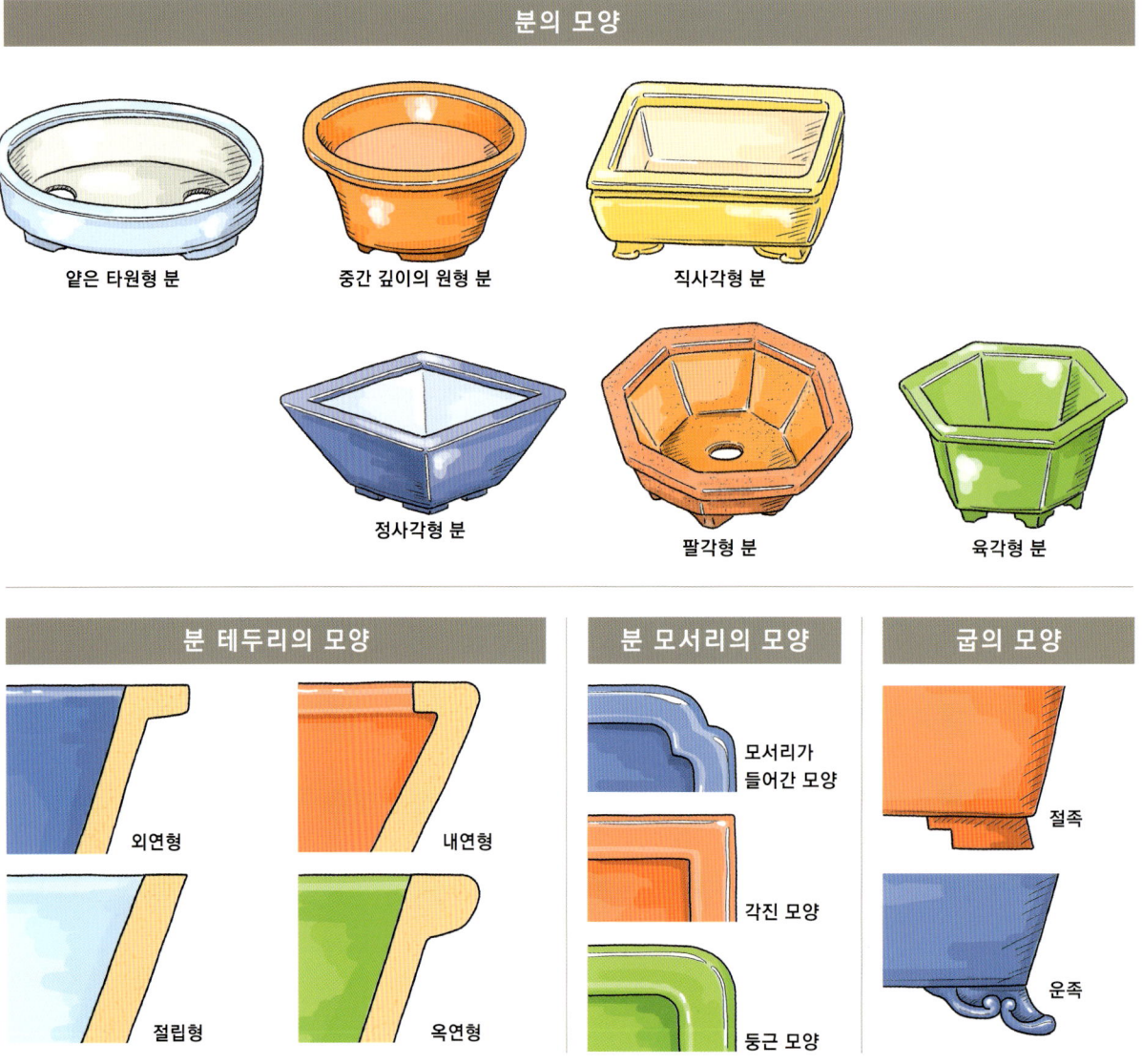

식물과 분의 궁합은 생장과 나무종류로 결정된다

분의 모양 이상으로 중요한 것은 나무나 풀이 편안하게 느끼는 것이다. 먼저 식물의 생장 단계에 따라 분의 종류를 선택한다. 어린나무를 키울 때는 공기가 잘 통하고 물이 잘 빠지는 토분을 사용하는 것이 좋다. 생육기에 사용하는 분을 「배양분」, 나무모양을 만드는 단계에서 사용하는 분은 「완성분」, 「화장분」 등으로 구분해서 부른다.

전시하는 동안에만 유약을 발라서 구운 화장분으로 분갈이하고, 보통 때는 유약을 바르지 않은 분(고온에서 구운 토분)으로 다시 옮기는 경우도 있다.

송백분재에는 점잖고 고상한 분이 잘 어울리기 때문에 유약을 바르지 않고 고온에서 구운 토분이 좋고, 잎이나 꽃, 열매를 즐기는 분재에는 색깔과 무늬가 있는 화장분이 잘 어울린다.

밸런스가 좋은 분맞추기

어두운 갈색의 정사각형 분
유약을 바르지 않고 고온에서 구운 어두운 갈색의 정사각형 분. 중간 깊이의 사각형 분으로, 독특한 나무모양을 잘 받쳐준다.

곰솔

얕은 타원형 분
접시라고 부르기도 하는 매우 얕은 타원형 분. 널찍하기 때문에 나무와 궁합이 매우 좋다.

느티나무

직사각형 분
그림이 있는 운족굽의 직사각형 분. 분의 붉은색이 가막살나무 열매나 단풍잎 색깔을 잘 살려준다.

가막살나무

절족굽 직사각형 분
청록색 유약을 발라서 구운 절족굽의 직사각형 분. 노란색 열매, 초록색 잎, 분홍색 꽃 등 어디에나 어울린다.

모과나무

분재의 종류

분재는 크기와 나무종류에 따라 분류한다.
여러 가지 나무종류를 가까이에서 즐길 수 있는 소품분재로
나무종류별 매력과 깊이를 맛볼 수 있다.

분재의 분류는 즐기기 위한 기준이다

분재의 크기에 의한 분류는 그다지 엄격한 분류가 아니다. 예전에는 큰 분재(대물분재)와 그 외에는 작은 분재(소물분재) 정도로만 분류했다.

 현재는 대품분재(나무키 60㎝ 이상), 중품분재(나무키 20㎝~60㎝), 소품분재(나무키 20㎝ 이하)로 분류한다(➡ 아래 그림 참조). 나무키는 밑동부터 나무의 가장 높은 부분(수심)까지의 높이로, 현애(➡ p.21)의 경우에는 줄기가 구부러지기 시작한 부분부터 가지 밑까지 잰다.

 그러나 어제까지 소품분재였던 것이 1㎝ 자랐다고 해서 중품분재가 되는 것은 아니고 어디까지나 기준이다. 키울 때의 목표 정도로만 알아두고 크기를 정확하게 맞출 필요는 없다. 즐기는 것, 아름답다고 느끼는 것이 가장 중요하다.

나무종류에 의한 분류는 엄격한 것이 아니다

나무종류에 의한 분류 역시 엄격한 것이 아니다. 예전에는 「송백분재」와 「잡목분재」로 크게 분류했는데, 식물학적으로 보면 송백=겉씨식물, 잡목=속씨식물이다.

 최근에는 잡목분재를 좀 더 세분화해서 분류하는 경향이 있기 때문에, 이 책에서는 「송백분재」, 「상엽분재」, 「상화분재」, 「상과분재」, 「초본분재」의 5가지로 분류했다.

 어떤 나무종류이든 현재 가장 인기가 높은 것은 좁은 공간에서 자유롭게 즐길 수 있고, 분재만의 깊이도 맛볼 수 있는 「소품분재」이다.

분재의 크기 측정 방법

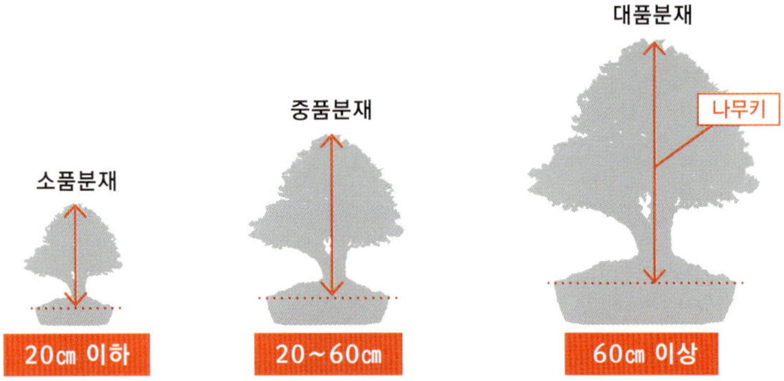

소품분재 20㎝ 이하
중품분재 20~60㎝
대품분재 60㎝ 이상 (나무키)

분재의 크기는 나무모양에 따라 측정하는 방법이 다르다. 분 테두리 부분부터 가장 높은 부분까지를 「나무키(수고)」라고 하지만, 현애나 반현애의 경우에는 그 기준으로 크기를 표현할 수 없기 때문에, 가장 높은 부분에서 내려온 가장 아랫부분까지를 「상하」, 밑동부터 내민가지(제1지) 끝까지를 「좌우」라고 한다.

현애, 반현애 — 상하 / 좌우

이 책의 나무종류에 따른 분류

송백분재
곰솔, 소나무, 눈향나무, 삼나무 등.

상엽분재
느티나무, 중국단풍, 일본단풍나무, 배롱나무 등.

상화분재
매화나무, 벚나무, 동백나무, 왜철쭉 등.

상과분재
보리수나무, 참빗살나무, 금두 등.

초본분재
콩짜개덩굴, 바위취, 은쑥 등.

분재의 종류 ❶

송백분재 ▶p.61~84

당당한 품격과 박력을 자랑하는, 분재를 이해하는 왕도

「송백」이라는 분재용어는 소나무류와 눈향나무류를 합쳐서 부르는 용어로, 글자 그대로 소나무와 참나무를 말하는 것이 아니다. 분재라는 단어를 들으면 가장 먼저 송백분재를 떠올리는 경우가 많은데, 그만큼 오래전부터 사람으로 치면 몇 세대를 넘는 긴 시간 동안 전해오는 명품 분재가 많이 있으며 분재의 주류를 이룬다.

분재로서의 역사가 오래되었기에 문턱이 높게 느껴질 수 있지만, 송백류는 결코 키우기 어려운 종류가 아니다. 나무 자체의 수명이 길기 때문에 쉽게 말라 죽지 않고, 가지도 잘 부러지지 않기 때문에 여러 가지 모양의 작품을 만들 수 있다는 장점이 있다.

초보자도 다루기 쉽고, 나무모양을 만드는 재미를 마음껏 즐길 수 있으며, 정성을 들일수록 깊은 맛으로 보답하는 분야이다.

또한 한마디로 「송백」이라고 해도 나무종류에 따라 서로 다른 맛이 있다. 소품분재로 여러 가지 송백류를 동시에 즐기면, 자신도 모르는 사이에 분재 기술도 향상되고 분재를 보는 눈도 키울 수 있다.

소품분재의 경우 송백과 함께 다른 나무종류도 몇가지 정도 함께 키우는 것이 가능하므로, 각각의 성질이나 자라는 방식의 차이, 계절감 등을 체험할 수 있다.

섬잣나무(오엽송)
섬잣나무는 잎이 짧고 촘촘하게 달리기 때문에 송백류 중에서도 소품분재로 만들어서 균형을 잡기가 쉽다. 단, 생장이 늦어서 나무껍질이 거칠어질 때까지 시간이 걸린다. 사진의 나무껍질과 나무모양에서 느껴지는 품격은 오랜 세월 정성을 들인 결과물이다.

분재의 종류 ❷
상엽분재 ▶ p.85~128

선명하게 펼쳐지는 사계절의 변화

잡목분재라고도 하며 예전에는 갈잎 넓은잎나무(낙엽 활엽수)가 주를 이루었다.

최근에는 원예종이 늘어나면서 갈잎나무든 늘푸른나무든, 다양한 나무를 분재로도 즐길 수 있게 되었다. 그에 따라 「상화분재」, 「상과분재」라는 분야가 따로 나뉘게 되었는데, 그 경계는 아직도 애매모호하다. 이 책에서는 소품분재로는 꽃과 열매를 감상하는 것이 목적이 아닌 나무종류를 「상엽분재」로 분류했다. 어떤 나무든 기르는 방법에 따라 꽃이나 열매도 즐길 수 있다.

상엽분재의 큰 매력은 1년의 계절변화를 생생하게 맛볼 수 있다는 것이다. 작은 분 속에 계절의 변화가 응축되어 자연계 이상의 아름다움을 보여준다.

새눈은 한결 싱싱하고, 단풍은 더욱 짙고, 늘푸른나무의 겨울잎 역시 자연에서는 볼 수 없는 변화를 보여준다. 나무껍질도 세련된 느낌이어서 잎이 떨어진 갈잎나무가 주는 느낌도 각별하다.

분재란 「속으로 식물의 힘을 높이는 기술」이라는 것을 가장 실감나게 해 주는 것이 상엽분재이다. 상엽분재에 속하는 대부분의 나무는 밖으로 뻗는 생장력이 왕성하기 때문에 송백류보다 나무모양을 만들기 힘들지만, 그런 만큼 성취감도 큰 분야이다.

너도밤나무
나무껍질을 보면 오랜 세월 정성을 다해서 잘 키웠다는 것을 알 수 있다. 이 나무의 흰색은 오랜 세월이 지나야 나타나는 너도밤나무의 매력이다. 겨울에는 잎이 달려 있고, 이 사진은 봄의 모습이다. 새잎은 초여름에 나온다.

분재의 종류 ❸
상화분재 ▶ p.129~156

한 송이 한 송이가 아름다워서 기다린 보람이 있는 기쁨

꽃을 목표로 하는 분야로 대품~중품분재는 활짝 핀 꽃을 즐긴다. 소품분재에서는 많은 꽃을 즐길 수 있는 나무종류가 적고, 원예적인 화려함과는 느낌이 다르다.

분재에서 작은 나무모양으로 만들면 가지와 잎은 작고 가늘어지지만 꽃이나 열매는 원래의 크기 그대로이다. 그래서 손바닥 크기의 소품분재에서 많은 꽃을 즐길 수 있는 것은 원래부터 아주 작은 꽃이 피는 나무종류이다.

그러나 수는 적어도 크게 느껴지는 꽃은 소품분재만의 매력을 발휘한다. 한 송이 한 송이의 꽃이 클로즈업되기 때문에, 꽃 자체의 아름다움을 깨달을 수 있다. 이제 막 벌어지는 꽃봉오리의 색깔 등 원예에서는 주목받지 못하는 색감도 더할 나위 없이 사랑스럽다.

개화의 기쁨이 큰 데는 또 한 가지 이유가 있다. 역설적이지만 꽃과 밸런스가 잘 맞는 나무모양을 만들려면 오랜 시간이 걸린다. 묘목부터 시작하는 경우에는 묘목이 어른나무가 될 때까지 꽃을 피우지 않는다. 또, 꽃이나 열매는 나무에 큰 부담을 주기 때문에, 줄기나 가지에 힘이 생길 때까지는 꽃눈을 빨리 떼어내야 한다.

이렇게 해서 오랜 시간 정성을 들이며 기다린 개화의 기쁨은 직접 키워봐야 비로소 느낄 수 있는 감동이다.

히어리
이른봄에 잎보다 먼저 피는 담황색 꽃이 사랑스럽다. 짧은 가지에 꽃이 달리기 때문에 꽃을 즐기기 쉬운 나무이다. 새잎도 섬세하다.

분재의 종류 ❹

상과분재 ▶ p.157~194

윤기 있는 열매가 밝고 풍요로운 빛을 밝힌다

상화분재 중에도 열매가 아름다운 나무가 있지만, 열매가 달린 모습을 즐길 수 있는 나무종류는 결실의 계절에 감상하는 것이 중요하다. 대부분 꽃이 적은 가을~겨울에 색채를 더해줘서 보는 이를 기쁘게 해준다.

열매가 달리기 전에 반드시 꽃이 피지만, 꽃이 전혀 눈에 띄지 않더라도 아름다운 열매를 맺는 나무종류가 의외로 많다. 이러한 나무종류는 꽃이 작은 것이 많고, 소품분재라도 가지가 휠 정도로 열매를 즐길 수 있다. 또한 정원이나 화분에 심었을 때는 작았던 열매가 커진 것 같은 신기한 모습을 보여주는 것도 매력의 하나이다.

상화분재와 마찬가지로 나무모양을 만드는 데 어느 정도 시간이 걸리는 나무종류도 있지만, 튼튼하고 에너지 소모에 크게 신경 쓰지 않아도 좋은 덩굴성 나무 등은 일찍부터 열매를 즐길 수 있다.

상과분재를 다루기 위해 알아할 것은 키우고자 하는 나무가 열매를 맺는 조건이다. 1그루만 있어도 열매를 맺는 자가결실성, 수나무와 암나무가 필요한 암수딴그루 등 열매를 맺는 조건은 나무종류에 따라 상당히 다르다. 그중에는 영양상태에 따라 성전환을 하는 나무도 있고, 같은 품종끼리는 열매를 맺지 않는 자가불친화성 나무도 있다.

분재는 나무와의 오랜 교제이므로, 도감 등을 보고 나무의 성질을 알아두는 것이 중요하다.

작살나무
보라색 열매가 아름답지만 정원수로 키우면 가지가 웃자라고 열매가 적게 달린다. 소품분재로 나무모양을 만들면 그윽한 풍취를 즐길 수 있다. 10~11월에 열매를 맺는다.

분재의 종류 ❺

초본분재 ▶ p.195~203

작은 풀을 모아서 식물이 함께하는 공생공간으로

예전에는 나무의 하초(중심 식물의 뿌리 주위에 심는 키 작은 화초나 산야초)나 받침대 장식으로 사용되었지만, 가볍게 키우기 쉽고 풍요로운 계절감을 더해주는 데다 이끼볼이 인기를 모으면서 친숙해졌다. 섬세하고 차분한 분위기와 초본식물 특유의 부드러운 초록색은 바쁜 생활 속에서도 마음을 편안하게 해준다.

그러나 초본식물의 재미는 그것만이 아니다. 나무분재와 마찬가지로, 오랜 기간 분에서 자라는 동안 뜻밖의 변화를 보여주기도 한다. 원예에서는 한해살이풀로 분류하는 화초가 분재에서는 해를 넘기고 점점 목질화하는 경우가 있다. 허브로 분류하는 식물 중에는 원래 나무키 10㎝ 정도의 매우 작은 떨기나무도 많은데, 분재로 키우면 놀라울 정도의 품격을 보여주기도 한다.

또한 1종류의 식물을 심었던 작은 분에 가까이에 있던 풀의 씨앗이 날아들거나, 이끼가 자연스레 표면의 흙이나 분을 덮어서, 사람의 생각을 뛰어넘는 공생공간을 만들어 내는 일도 있다. 풀에게 있어서는 영역싸움일지도 모르지만 사람의 도움으로 균형 있게 공생을 계속하는 일도 있고 주인이 바뀌는 경우도 있어서, 자연의 한 귀퉁이를 잘라낸 것 같은 작은 세계를 즐길 수 있다.

초본식물은 자연스럽게 꽃이나 열매가 달리고, 계절마다 달라지는 모습과 월동하는 방식도 가지각색이어서, 관찰하는 기분으로 바라보고 있어도 흥미롭다.

흰색 선애기별꽃
옅은 보라색 꽃을 피우는 선애기별꽃의 흰색 품종. 이른봄~초여름까지 계속 꽃이 핀다. 튼튼한 여러해살이풀로 씨앗부터 키워도 좋다.

분재의 나무모양

분재의 나무모양에는 몇 가지가 있는데, 모두 자연의 아름다움을 표현하기 위한 것이다. 키워드는 「부등변삼각형」.

분재의 나무모양 ❶
나무모양의 기본

혹독한 자연 속 나무의 모습이 분재의 나무모양

분재의 나무모양은 자연 속에서 거친 눈보라나 오랜 환경 변화에 견디고 적응한 나무의 모습을 본뜬 것으로 몇 가지 기본 패턴이 있다. 정해진 패턴이라고 하면 딱딱하게 느껴질 수 있지만, 먼저 기본 패턴을 알고 나서 개성을 더하는 것이야말로 창조의 즐거움이다.

나무모양 패턴의 기본 키워드는 「부등변삼각형」으로, 안정과 비대칭의 밸런스이다. 완전히 안정된 구도는 정삼각형이나 이등변삼각형으로, 실제로 토피어리나 서양정원의 조형에서는 대칭구성도 흔히 볼 수 있다.

그러나 일본에서는 그러한 안정된 대칭구성에서 미적으로 부족함을 느끼고 「조금 비스듬히 만들고 싶다」는 생각을 나무모양에 반영했다. 옛사람들이 자연을 본보기로 시도했던 작품들은 언뜻 보면 심플하지만, 실제로 만들어보면 그 깊이를 알 수 있다. 여러 가지 나무모양을 보면 수많은 부등변삼각형이 보인다.

분재를 시작하며 먼저 기본 패턴에 대해 알아보자.

분재 각 부분의 이름

머리(수심) 나무의 가장 높은 부분.

살아 있는 줄기(물관) 살아서 물과 영양을 공급하는 줄기.

뒷가지 뒤쪽으로 나와서 깊이를 느껴 해주는 가지.

제2지 가지 밑동이 밑에서 2번째에 있는 가지. 제1지의 반대쪽에서 균형을 잡아주는 가지.

제1지 (내민가지) 가지 밑동이 가장 밑에 있는 가지.

사리 희고 아름답게 고사한 줄기.

신 희고 아름답게 고사한 가지.

뿌리뻗음 뿌리가 겉으로 보이는 부분.

그루솟음새 밑동에서 제1지까지의 줄기. 줄기모양을 보여주는 부분.

원줄기 전체를 지탱하는 줄기.

전체의 부등변삼각형

큰 부등변삼각형 속에 몇 개의 삼각형이 조합되어 복잡한 안정감을 빚어낸다. 세월을 겪은 나무모양은 삼각형의 각 모서리가 둥그스름해야 아름답다.

분재의 나무모양 ❷
나무모양의 종류

곰솔(➡ p.62)

직간(直幹)
줄기가 밑동부터 곧게 자라서 뿌리뻗음이 튼튼한 것(사방 뿌리뻗음), 점세성(줄기가 위로 갈수록 가늘어진다)이 좋고 가지가 좌우로 번갈아 나오는 것 등이 포인트. 구부러지지 않고 힘차게 자라는 분위기가 중요한 나무모양.

석화회
(편백나무 종류)

쌍간(双幹)
줄기 2개의 크기를 조절해서 밸런스를 맞춘 나무모양. 줄기가 2개 이상인 것을 「다간」이라고 하는데, 2개는 쌍간, 그 이상은 홀수로 만들어서 삼간, 오간, 칠간이라고 한다. 사진은 잎의 생장점이 일정하지 않고 많은 석화회의 쌍간.

현애(懸崖)
낭떠러지나 계곡 등과 같이 열악한 조건에서 강인하게 살아가는 나무의 모습을 본뜬 나무모양. 나무의 흐름이 밑동에서 수평 방향이거나 아래로 향하는 것을 현애라고 하며, 그 각도가 작은 것을 「반현애」, 각도가 큰 것을 「대현애」라고 부른다.

섬잣나무(➡ p.80)

중국단풍(➡ p.98)

모양목(模樣木)
줄기가 그루솟음새부터 위쪽으로 완만하게 곡선을 그리는 나무모양. 줄기와 가지가 곡선을 그리는 것을 「모양」이라고 한다. 직간과 모양목의 중간인 나무모양을 「입목」, 반대로 줄기 곡선을 최대한 구부려서 굵게 완성한 나무모양을 「반간」이라고 한다.

021

취류형(吹流形)

한쪽에서 강한 바람을 계속 맞은 것처럼 보이는 나무모양. 현애 (➡ p.21)와 비슷해 보이지만, 현애는 머리가 위로 향하는 데 비해, 취류형은 모든 가지가 같은 방향을 향하는 것이 특징. 감상하는 사람도 바람을 느끼게 해준다.

아그배나무(심산해당)
(➡ p.183)

문인목(文人木)

줄기가 가느다란 모양목으로 아래쪽 가지가 적고, 위쪽의 가지와 잎이 눈에 띈다. 강함보다 단아한 운치를 중요시하는 나무모양.

가문비나무

주립형(株立形)

줄기가 여러 개인 다간형으로, 줄기 수가 많고 줄기인지 가지인지 잘 구분이 되지 않으며 전체적으로 1그루로 보이는 나무모양. 주립형의 경우에도 줄기를 짝수보다 홀수로 만드는 것이 좋다. 키가 작은 저목성 나무로 만들기 좋은 나무모양.

치자나무

사간(斜幹)

단간으로 줄기가 밑동부터 크게 한쪽 방향으로 기운 나무모양. 큰 나무의 다이나믹한 박력을 표현할 수 있는 모양이다. 불안정하게 느끼지 않도록, 기울기의 반대 방향에 「외뿌리뻗음」이라고 부르는 견고한 뿌리를 키우는 것이 중요하다.

섬잣나무(오엽송)
(➡ p.80)

석부작(石付作)

바위가 많은 곳에서 살아가는 나무의 늠름한 모습을 본뜬 나무모양. 어린나무를 자연석에 붙이면 뿌리가 돌을 품듯이 자란다. 돌과 나무를 모두 즐길 수 있다.

중국단풍(➡ p.98)

바위수국

근상형(根上形)

원래는 땅속에 있는 뿌리가 자연 속에서 비바람에 흙이 씻겨나가거나, 흙이 무너져서 노출되는 경우가 있다. 그 모습을 본따 뿌리가 흙 위로 보이게 만들어서 줄기의 일부로 표현한 나무모양. 뿌리도 공기에 노출되는 동안 줄기와 같은 색깔이 된다.

연근형(連根形)

줄기가 여러 개 있어서 언뜻 보면 「모아심기」처럼 보이지만, 뿌리가 이어진 나무모양. 깊은 숲에서 쓰러진 나무를 주춧돌 삼아 새로운 나무가 자라는 모습이 연상된다. 어린나무를 땅에 눕혀서 만든다.

쥐똥나무(➡ p.113)

느티나무(➡ p.86)

빗자루형(箒形, 추형)

줄기가 밑동에서 똑바로 올라오고, 중간부터 가지가 크게 벌어져서 나무갓이 반구형이 되는 나무모양. 느티나무는 원래 이 모양이지만 상엽분재에서는 다른 나무종류로도 만들 수 있다.

023

분재를 시작하는 방법

분재를 시작하기는 쉽지만, 시작한 뒤에 진정한 분재의 맛을 알아가는 길은 여러 가지가 있다. 자신에게 맞는 방법으로 시작해보자.

분재를 시작하는 방법 ❶

구입방법

건강하고 마음에 드는 나무를 찾는다

씨앗부터 키워도 되고 종묘사나 농원에서 묘목을 구입해도 괜찮지만, 분재용 묘목으로 시작하면 분재다운 모습으로 자랄 때까지 기다리는 시간을 크게 단축할 수 있다. 분재원이나 전시회장의 판매 코너에서 묘목을 보고 구입하는 것도 좋은 방법이다. 분재라고 하면 보통 비쌀 것이라고 생각하지만, 만 원정도로 저렴하게 구입할 수 있는 묘목도 많이 있다. 가격에는 이유가 있고 그것을 알면, 자신의 주머니 사정에 맞고 마음에 드는 나무를 선택할 수 있다.

나무를 구입할 때 주의할 점은 나무의 건강이다. 분재원 등에서는 같은 나무종류를 많이 볼 수 있으므로, 잎의 색깔이나 나무자람새, 가지 모양, 뿌리뻗음 등을 비교해 볼 수 있다. 건강한 나무는 구입한 뒤에 문제가 조금 있더라도 적응해서 잘 자란다. 나무와의 만남도 중요한 포인트이다.

자신의 생활에 맞게 분재를 즐긴다

나무종류를 고를 때는 자신의 생활 사이클과 비교해보고 고르는 것이 좋다. 바쁘게 생활하는 사람이 생장이 빠른 나무종류를 기르기는 힘들다. 또한 기르는 사람의 성격과 나무의 궁합도 생각해야 한다. 물이나 비료를 자주 줘야 건강하게 자라는 나무도 있지만 약해지는 나무도 있다.

이런 점은 경험으로 알 수 있으므로 실패를 두려워하지 말고 계속해서 도전해야 한다. 식물에는 적응력이 있기 때문에, 한 번 약해져도 다시 잘 살아나는 경우가 많다. 그렇기 때문에 분재를 구입하면 먼저 사진을 찍어두는 것이 좋다. 감당하기 어려워지면 처음 모습으로 되돌리는 것도, 의외로 효과적인 다시 살리기 방법이다.

전시회의 분재시장 모습. 잎의 상태, 가지 모양 등을 차분히 볼 수 있다. 밑에서 올려다 보고 가지의 배치를 확인하고, 분을 손에 들어 그 무게로 뿌리뻗음을 추측하는 등, 경험이 쌓일수록 보는 눈이 생겨서 즐거워진다. 여간해서는 손에 넣기 힘들 것 같은 비싼 분재도, 만들고자 하는 분재의 목표로 생각하면 볼 만한 가치가 있다.

분재시장에서는 묘목뿐 아니라 풀과 이끼도 볼 수 있어 즐겁다.

구입하면 먼저 관찰해서 나무의 변화를 이해한다

분재나 묘목을 구입한 다음 가장 먼저 할 일은 관찰하는 것이다. 나무나 풀의 입장에서도 환경이 크게 변했기 때문에 적응할 시간이 필요하다. 흙 표면이 마르지 않도록 물을 주면서 잎이나 눈이 변화하는 모습을 관찰한다. 물주기 전과 후에 분을 들어보고 무게의 차이도 알아두는 것이 좋다. 흙이 물을 빨아들이는 속도나 마르는 방식에서 뿌리의 상태도 추측할 수 있다. 가지와 잎이나 밑동, 흙의 감촉 등을 만져보고 관찰하는 시간이 필요하다.

식물의 변화를 느낄 수 있게 되면 어떻게 손질할지도 알 수 있다. 적어도 2주일 정도는 관찰하는 시간이 필요하다. 관찰한 결과 깜짝 놀라는 경우도 있다. 설사 굵은 줄기라고 생각했던 것이 단지 가지를 꽂아놓은 것이었다고 해도, 나무는 살아갈 수 있다. 정성 들여서 키우면 좋은 분재로 자랄 것이다.

나무를 구입할 때의 포인트

- 어떤 묘목이든 분재로 만들 수 있다.
- 분재원이나 분재시장에서는 나무의 상태를 비교할 수 있어 도움이 된다.
- 자신의 생활 사이클에 맞는 나무종류를 고른다.
- 구입한 뒤에는 먼저 사진을 찍고, 시간을 들여서 관찰한다.

분재를 시작하는 방법 ❷

용토

흙의 성질을 알고 기본 용토를 만든다

분재에서 사용하는 용토는 나무의 편안함을 먼저 생각하는 것이 중요하다. 포인트는 물빠짐(배수성), 수분보존력(보수성), 뿌리의 호흡을 방해하지 않는 통기성, 그리고 잡균이 없는 청결함이다. 이러한 조건에 잘 맞는 흙이 시판되는 「적옥토」이다.

기본 용토는 적옥토를 주로 사용하고 모래 등으로 부족한 성질을 보충한다. 적옥토 50~80%를 기준으로 배합하는데, 처음에는 시중에서 판매하는 「분재용 배합토」를 사용해도 좋다.

기본 용토의 중심이 되는 흙

적옥토
적토를 건조시켜서 알맹이 상태의 떼알구조로 만든 흙. 수분과 비료를 유지하는 힘이 있다. 물빠짐, 통기성도 좋지만 알갱이가 부서지면 빈 틈이 없어지므로 모래 등을 배합한다. 대립, 중립, 소립이 있고 소품분재에는 소립을 많이 사용한다. 또한 섬세한 입자의 잔디용 적옥토(지름 2.5㎜~5㎜)는 미니 분재(지름 4~5㎝ 정도의 작은 분에서 키운 분재)에 적합하다. 체로 먼지처럼 고운 흙을 걸러내고 사용한다.

배합하는 모래의 종류

녹소토
이름은 흙이지만 화산분출물이 풍화된 경석. 물빠짐, 통기성이 좋지만 산성도가 강하다.

강모래
지역에 따라 색상이 다르다. 물빠짐, 통기성이 좋다.

동생사
다공질의 화산분출물이 풍화한 것. 철분이 많으며, 물빠짐, 통기성이 좋다.

부사사
다소 무거운 화산 분출물. 통기성이 좋아서 산야초 재배에도 적합하다.

그 밖의 특수 용토

이탄흙(생명토)
습지의 무늬갈대, 줄풀 등이 퇴적되어 자연적으로 부식된 점토질의 흙으로 섬유질이 많다. 수분보존력이 좋아서 돌을 이용한 석부분재를 만들 때 필요하다.

피트모스
습지의 물이끼가 부식된 흙으로, 공기가 잘 통하고 수분보존력이 높으며 물이끼보다 잘 썩지 않는다. 산성도가 강하지만 산도를 조절한 제품도 있다.

버미큘라이트
질석을 1000℃에서 구운 개량 용토로 약알칼리성을 띤다. 다공질로 가볍고 물빠짐, 통기성이 좋고 청결하다. 꺾꽂이판을 만들 때도 적합하다.

숯
왕겨로 만든 훈탄, 죽탄 등. 여분의 물이나 부패 물질을 흡수하므로, 기본 용토에 10% 정도 배합하면 뿌리가 썩는 것을 막아준다.

흙의 구조를 생각해서 구분해서 사용한다

식물을 키우기 쉬운 흙은 떼알(團粒)구조로, 각각의 흙 알갱이가 모여 덩어리를 이룬 상태이다. 물이나 비료를 잘 보존하고, 알갱이 사이가 넓어서 물이나 공기가 잘 통한다. 수분보존력, 물빠짐, 통기성이 모두 충족되어 뿌리가 적당한 수분, 영양분, 공기를 흡수할 수 있는 구조이다.

이러한 흙의 구조는 마당이나 노지의 경우에는 잘 갈아서 만들 수 있지만, 분의 경우에는 떼알구조인 적옥토와 모래를 체에 쳐서 알갱이 크기에 따라 분류해서 사용하면 뿌리가 건강하게 자랄 수 있다.

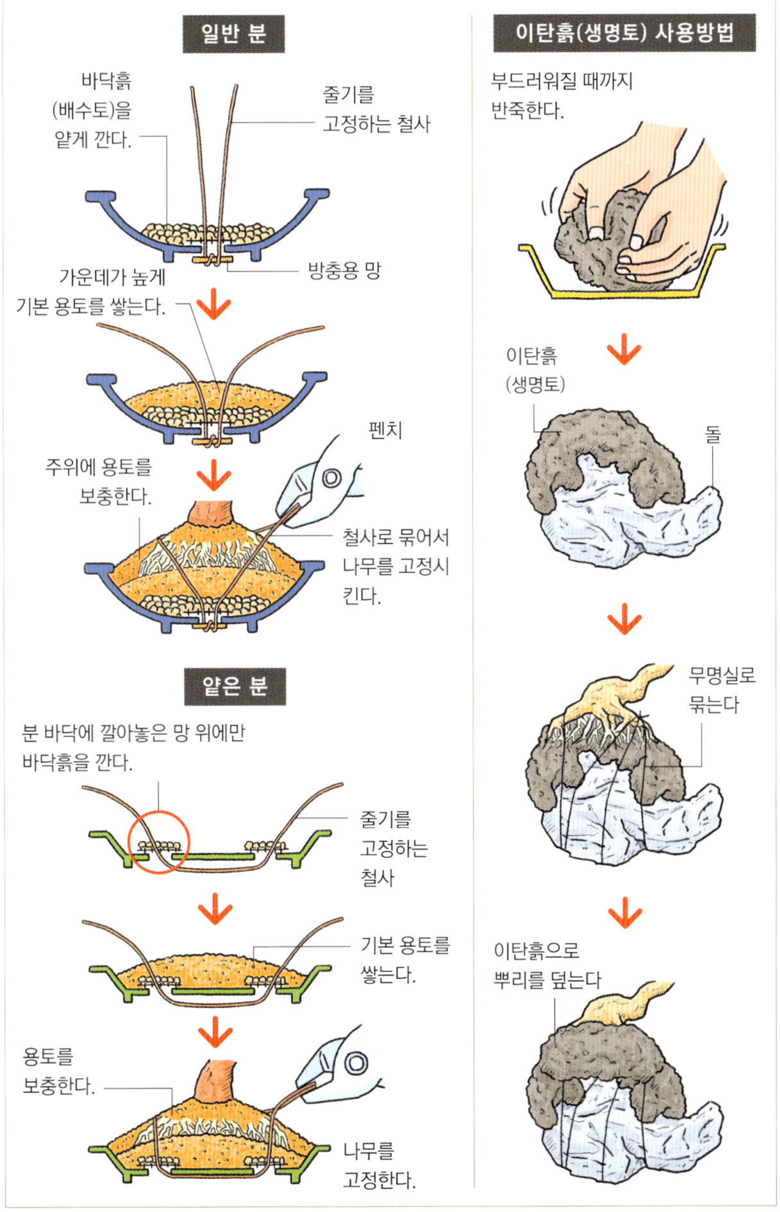

용토 선택의 포인트

- 물빠짐, 수분보존력, 통기성, 청결함을 고려해서 용토를 선택한다.
- 기본 용토는 적옥토 50~80%를 중심으로 모래 등을 배합해서 만든다(➡ 아래 그림 참조).
- 떼알구조의 흙을 체로 쳐서 알갱이 크기에 따라 분류해서 사용한다.

흙의 구조

홑알(単粒) 구조

빈틈이 없어서 물이 잘 안 빠진다.

떼알(団粒) 구조

빈틈이 있어서 물이 잘 빠지고 공기도 잘 통한다.

용토 체치기

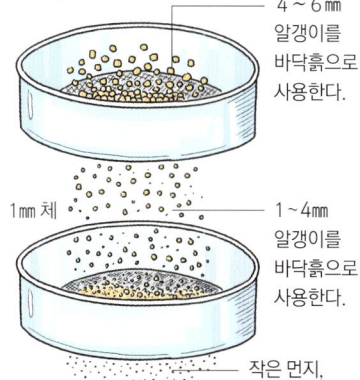

- 4mm 체 → 4~6mm 알갱이를 바닥흙으로 사용한다.
- 1mm 체 → 1~4mm 알갱이를 바닥흙으로 사용한다.
- 작은 먼지, 미세한 알갱이.

배합

동생사 등 20% / 적옥토 80%

기본 용토의 사용방법

일반 분

- 바닥흙(배수토)을 얕게 깐다.
- 줄기를 고정하는 철사
- 방충용 망
- 가운데가 높게 기본 용토를 쌓는다.
- 주위에 용토를 보충한다.
- 펜치
- 철사로 묶어서 나무를 고정시킨다.

얕은 분

- 분 바닥에 깔아놓은 망 위에만 바닥흙을 깐다.
- 줄기를 고정하는 철사
- 기본 용토를 쌓는다.
- 용토를 보충한다.
- 나무를 고정한다.

이탄흙(생명토) 사용방법

- 부드러워질 때까지 반죽한다.
- 이탄흙(생명토)
- 돌
- 무명실로 묶는다
- 이탄흙으로 뿌리를 덮는다

분재를 시작하는 방법 ❸

도구

철사 자르는 가위
분재용 가위로 철사를 자르면 날이 빨리 상하기 때문에 주의해야 한다. 니퍼 등의 공구를 사용해도 좋다.

분재용 가위 *
원예용 가지치기 가위도 사용할 수 있지만, 가는 가지와 잎을 정리하는 작업에는 분재용 가위가 적합하다.

가지치기 가위
가지가 잘 자라기 시작하면 분재용 가위보다 튼튼한 가위와 긴 가지용 가위도 필요하다.

핀셋 *
눈따기나 조금 웃자란 잎을 딸 때 편리하다. 소품분재의 경우에는 필수품.

스프레이 *
잎에 물을 줄 때나 잎 뒷면의 벌레를 제거할 때 도움이 된다. 액체비료를 뿌릴 때도 편리하다. 노즐이 길면 가지와 잎 안쪽까지 뿌릴 수 있어서 편리하다.

물뿌리개 *
노즐을 분리할 수 있는 것이 사용하기 편하다. 골고루 물을 주기 위해 노즐의 망이 가는 것을 고른다. 분의 흙이 흘러나올 정도로 수압이 센 것은 피한다.

＊는 가장 먼저 준비해야 하는 도구

노즐

용도를 생각해서 다루기 쉬운 것을 고른다

분재용 도구에는 많은 종류가 있다. 그러나 키우기 시작할 때부터 모든 도구가 필요한 것은 아니다. 세트로 나온 제품도 있지만 무턱대고 구입하면 무엇을 어디에 사용하는지, 언제 사용하는지 알 수 없다.

분재용 도구는 분재를 키우는 공간이나 키우는 사람의 성격, 버릇 등에 따라 적합한 도구가 따로 있다. 비쌀수록 편리한 것은 아니기 때문에, 우선은 평소에 자주 사용하는 원예용 도구나 공구를 임시로 사용하고, 필요에 따라 좋은 도구를 하나씩 갖추는 것이 좋다.

펜치
철사를 구부릴 때 필요하다. 라디오 펜치(롱노즈 플라이어) 등을 사용해도 좋다.

철사(알루미늄)
나무에 철사를 감을 때뿐 아니라 나무줄기나 분을 고정할 때도 필요하므로, 두께별로 몇 종류 정도 갖고 있으면 좋다. 송백분재(➡ p.62~85)를 만들 때는 구리 철사가 더 좋다.

가지용 가위
굵은 가지나 뿌리를 잘라도 혹이 생기지 않게 만든 가위.

분재용 톱
가위종류로 자르면 줄기나 가지가 갈라지거나, 깨질 것 같은 경우에는 톱으로 천천히 자르는 것이 좋다.

접칼
가지의 자른 면 처리나 휘묻이, 사리 만들기 등에 필요하다.

흙주걱
분에 흙을 넣을 때 편리하게 사용할 수 있는 도구.

체
흙 알갱이를 크기별로 나누거나 작은 먼지를 걸러내기 위한 필수품. 분재용 세트로 판매하는 것도 있다. 굵은체부터 고운체까지 여러 종류가 있으므로 필요에 따라 선택한다.

깔망
분 바닥에 있는 구멍 위에 깔아서 벌레의 침입을 막고, 흙이 유출되는 것도 막는다. 흙 표면에 덮어서 벌레를 막을 수도 있다.

그 밖의 도구

젓가락	끝이 둥글고 잘 부러지지 않는 재질(대나무 등)이 좋다. 용토를 뿌리 사이에 밀어넣을 때 사용하면 편리하다.	빗자루	작은 빗자루가 사용하기 편하다. 분 주변을 청결하게 유지한다.
라벨	흙에 꽂을 수 있는 종류로 나무 이름이나 구입한 날짜 등을 적어두면 좋다.	기계유	도구를 손질할 때 사용한다.
숫돌	가위나 칼을 갈 때 사용한다.	유합제	줄기와 가지의 자른 면을 보호하기 위해 발라준다.
브러시	줄기와 가지의 오염물질을 닦아낸다.	칼	분에서 나무를 빼낼 때나, 단단해진 뿌리를 자를 때 사용한다.

자주 손질해서 오래 사용한다

아무리 비싼 칼이라도 손질을 게을리하면 금방 못쓰게 된다. 특히 분재에서 사용하는 칼이나 가위는 가지와 잎을 자르는 것이기 때문에 수액이 묻을 수밖에 없다. 그래서 사용한 뒤에는 반드시 깔끔하게 닦아내고 기계유 등을 발라두는 것이 좋다.

또한, 잘 잘리지 않을 때는 칼을 갈아야 한다. 가위를 갈 때는 2개의 날이 잘 맞게 균형을 맞추는 것이 포인트이다. 직접 갈기 힘들면 전문가의 손을 빌리는 것이 좋다.

훌륭한 분재도구에는 선인의 지혜와 깊은 뜻이 담겨 있다. 특히 칼종류는 재료가 좋을수록 비싸고 내구성이 좋아서 평생 애용할 수 있다.

MINI INFO

분재 회전대는 분재를 손질할 때 작업 효율을 크게 높여주는 도구이다. 가지와 잎의 모양을 자세히 보려면 분을 돌리면서 작업해야 되기 때문에, 큰 분재를 손질할 때는 반드시 필요하다. 소품분재라면 주방에서 조미료통을 보관할 때 사용하는 저렴한 회전대를 사용해도 좋다.

조미료용 회전대 위에 올려놓은 소품분재(꽃사과).

분재의 기술

분재는 식물의 성장력을 억제해서 작게, 오래오래 푸르고 아름다운 모습을 유지하는 기술이다. 분재만의 특별한 기술을 마스터하자.

분재의 기술 ❶

분갈이

[키우기]와 [만들기]에서 간격을 바꾼다

분갈이의 목적은 분 속의 뿌리가 편안하게 살 수 있는 환경을 만들어주는 것이다. 분 속에 뿌리가 꽉 차면 용토의 알갱이도 찌그러져서 물이 잘 안 빠지고 공기도 통하지 않아, 뿌리가 수분과 영양을 흡수하지 못한다. 흙 표면에 물이 잘 스며들지 않으면 분갈이할 때가 되었다는 신호이다.

단, 묘목의 [키우기] 기간 중에는 신호를 기다리지 않고 「1년에 1번」을 기준으로 분갈이한다. 약한 뿌리를 자르고, 강한 뿌리가 자랄 수 있도록 다음 분은 1.5배 정도 큰 것으로 갈아준다. 드디어 [만들기] 단계가 되었다고 판단되면, 강한 뿌리도 짧게 자르고 다음 분은 훨씬 작은 것으로 갈아준다. 이때부터 분갈이 기준은 「2~3년에 1번」이다. 짧고 강한 뿌리는 1년에 걸쳐 자라고, 2년째 이후에는 축적된 힘을 발산한다. 나무에 힘이 생기면 [만들기] 작업을 견뎌낼 수 있게 된다.

분갈이 뒤가 중요하므로 신경 써서 관리한다

분갈이는 나무에게 있어서 큰 수술과 같은 것이다. 건강한 나무라도 새로운 눈이 나오는 것을 확인할 때까지는 신경 써서 관리해야 한다. 물이 잘 빠지도록 당분간은 분을 조금 기울어지게 놓고, 직사광선이나 강한 바람에 노출되지 않는 장소에 두어야 한다. 이른봄에 분갈이한 경우에는 늦서리나 꽃샘추위에도 주의한다.

단풍철쭉 분갈이

BEFORE

01
분에서 빼낸다

토분에서 기른 단풍철쭉. 반현애로 만들기 위해, 분갈이를 통해 천천히 뿌리가 위로 올라온 근상형 느낌이 나게 키운 것이다. 감상용으로 만들기 위해 지금까지 사용했던 분의 1/3 크기의 분으로 분갈이한다.

02
뿌리분을 풀어준다

지난번에 분갈이한 뒤 1년이 지났으므로 뿌리가 분에 가득찬 상태는 아니다. 강한 뿌리가 겉으로 드러날 때까지 묵은 흙과 가는 뿌리를 핀셋으로 긁어낸다. 핀셋은 강한 뿌리가 손상되지 않도록 주의해서 세로로 움직인다.

03
뿌리 조절

강한 뿌리의 양을 대강 가늠할 수 있게 되면, 근상형으로 만들 굵은 뿌리 2개를 자르고 자른 면을 매끈하게 깎는다. 가지와 잎도 잘라내서 뿌리의 양과 같은 볼륨으로 맞춘다. 여기서부터 뿌리의 힘을 억제하는 작업을 시작한다.

04
뿌리를 가지런히 자른다
그동안 땅속에 있던 가장 강한 뿌리를 줄기로 정하고, 크게 기울여서 심기 위해 큰 뿌리에서 한쪽의 뿌리를 많이 남겨둔 모습. 심는 부분의 뿌리 길이는 대체로 같은 정도로 맞추고, 뻗는 방향을 방사형으로 한다.

05
분 준비
준비한 분의 바닥 구멍에 깔망을 알루미늄 철사로 고정시킨다(아래의 깔망을 고정하는 방법 참조). 그 뒤에 나무를 고정시킬 긴 철사를 통과시키고(작은 구멍이 없는 분은 깔망으로 통과시킨다), 바닥 흙(배수토)과 용토의 반을 분에 넣어 둔다.

용토를 반 정도를 넣은 위에 나무를 올리고, 철사로 잘 눌러준 다음 나머지 용토를 넣는다(➡ p.27). 뿌리 틈새까지 흙이 들어가도록, 젓가락 등으로 꼼꼼하게 밀어넣는다. 흙 겉면의 건조를 막기 위해 물이끼를 깔고 분 바닥으로 흘러나올 때까지 물을 준다.

깔망을 고정하는 방법

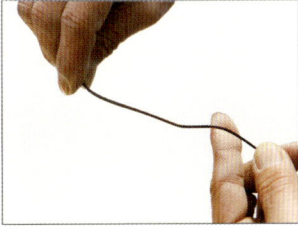

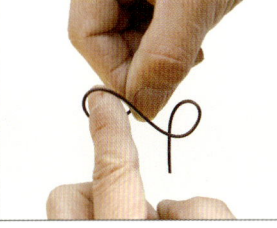

01
물을 줄 때나 이동할 때 깔망이 움직이지 않도록 고정하는 도구는 알루미늄 철사로 간단하게 만들 수 있다.

02
적당한 길이의 알루미늄 철사를 1/3 정도 되는 부분에서 손가락에 살짝 감아 고리를 만든다.

03
반대쪽은 반대 방향으로 고리를 만들면, 흙과 물의 압력이 동시에 양쪽으로 걸려서 잘 움직이지 않는다.

04
철사를 사진과 같은 모양으로 만들어서 고리 부분이 깔망을 눌러 빈틈이 생기지 않게 한다.

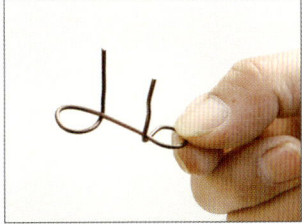
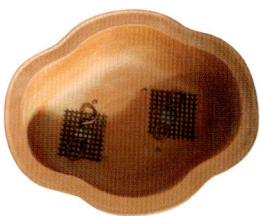

05
철사의 양끝을 수직으로 세운 다음 분 안쪽에서 깔망을 통해 바닥의 구멍에 끼운다. 벌레의 침입이나 흙의 유출을 막을 수 있다.

06
분 바닥의 작은 구멍을 통해 바깥쪽으로 나온 철사를 펜치로 꺾어서 고정시킨다. 지나치게 길면 잘라낸 다음 고정시킨다. 분 바닥의 작은 구멍은 나무를 고정시키는 철사를 통과시키기 위한 것이다.

분재의 기술 ❷
눈따기 · 눈자르기

눈따기는 새눈을 따서 잎을 작게 만드는 기술

이른봄 신록의 눈이 차례로 나오는 모습은 아름답지만, [만들기] 단계에서는 이것이 눈따기 작업의 시작을 알리는 신호이다([키우기] 기간에는 하지 않는다).

처음 나온 눈에는 겨울에 축적된 힘이 담겨 있어 성장하는 힘이 강하기 때문에, 그냥 두면 잎도 가지도 쑥쑥 자라서 무성해진다.

처음 나온 눈을 모두 따면 다음 눈이 나오지만 2번째 눈을 만드는 힘은 상당히 감소해서, 눈이 작고 나오는 잎도 별로 두껍지 않아 분재의 크기와 균형이 맞는 잎이 된다.

봄에만 눈이 나오는 나무종류의 경우 1년에 1번만 작업하지만, 봄부터 가을까지 계속 눈이 나오는 나무종류는 눈따기를 반복하면서 잎이 점점 작아진다. 이렇게 힘을 억제하면 두꺼운 잎도 얇아지고 단풍 등도 좀 더 아름답고 기품 있는 모습이 된다.

BEFORE

새로운 눈이 모두 나온 삼나무. 아래쪽은 굵은 가지로 키워서 골격을 만들기 위해 전년도에 나온 눈이 자라게 두었다.

눈따기

처음 나온 눈은 성장하는 힘이 강하기 때문에 모두 따버린다. 눈이 나오는 계절에 따라 따는 횟수는 달라진다.

봄에만 눈이 나오는 나무종류

소나무 — 1/3분 정도 남기고 딴다.

곰솔 — 1/3분 정도 남기고 딴다.

가문비나무 — 1/2 정도 딴다.

봄부터 가을까지 눈이 나오는 나무종류

노간주나무 — 송이모양의 눈을 딴다. 가지와 잎의 윤곽선을 유지한다.

눈향나무 — 삐져나온 새눈을 딴다.

삼나무 — 송이모양의 새눈을 딴다.

가지와 잎의 수는 눈솎기, 길이는 눈자르기로 조절한다

잎의 크기뿐 아니라 가지와 잎의 수나 잎의 길이도 눈일 때 조절한다. 눈이 지나치게 많이 달리거나, 원하지 않는 곳에 달린 경우에는 눈솎기를 한다. 분재에서는 갈잎나무의 겨울눈이나 송백류의 2번째 눈의 수를 조절한다.

눈자르기는 잎이 긴 곰솔과 소나무의 잎을 짧게 만드는 「단엽법(아래 그림)」에서 빼놓을 수 없는 작업이다. 처음 나온 눈 중에서 약한 눈을 먼저 자르고, 7~10일 뒤에 강한 눈을 잘라 2번째 눈의 크기를 고르게 만든다.

작업을 빨리 하면 사람도 나무도 나중에 편하고, 아름다운 모습도 감상할 수 있다. 하지만, 바빠서 시간을 낼 수가 없는 경우도 있다. 그런 경우에도 다음해 이후에 다시 만회할 수 있는 것이 분재의 장점이다. 작업은 여유를 갖고 즐거운 마음으로 해야 한다.

삼나무 눈따기

01 눈을 손가락으로 집는다
황록색 송이모양의 눈을 손끝으로 집는다. 송이에서 풀어진 2~3장은 남겨도 좋다.

02 눈을 떼어낸다
손가락으로 잡아당겨서 떼어낸다. 이것을 반복해서 모든 새눈을 손끝으로 떼어낸다.

AFTER

전체적으로 눈따기가 끝난 상태. 이제 곧 나올 2번째 눈은 처음 나온 눈보다 짧아진다. 삼나무의 경우 봄에만 눈이 나오기 때문에, 이 다음에는 나무모양에 맞춰서 잎따기나 가지치기를 한다.

눈솎기

눈이 지나치게 많거나 원하지 않는 곳에 달린 경우에 눈을 솎아내는 방법.

송백
눈따기를 한 뒤 2번째 눈이 많이 나오면 필요 없는 눈을 솎아낸다.

너도밤나무
가지 밑동에 달린 부정아는 모두 솎아낸다.

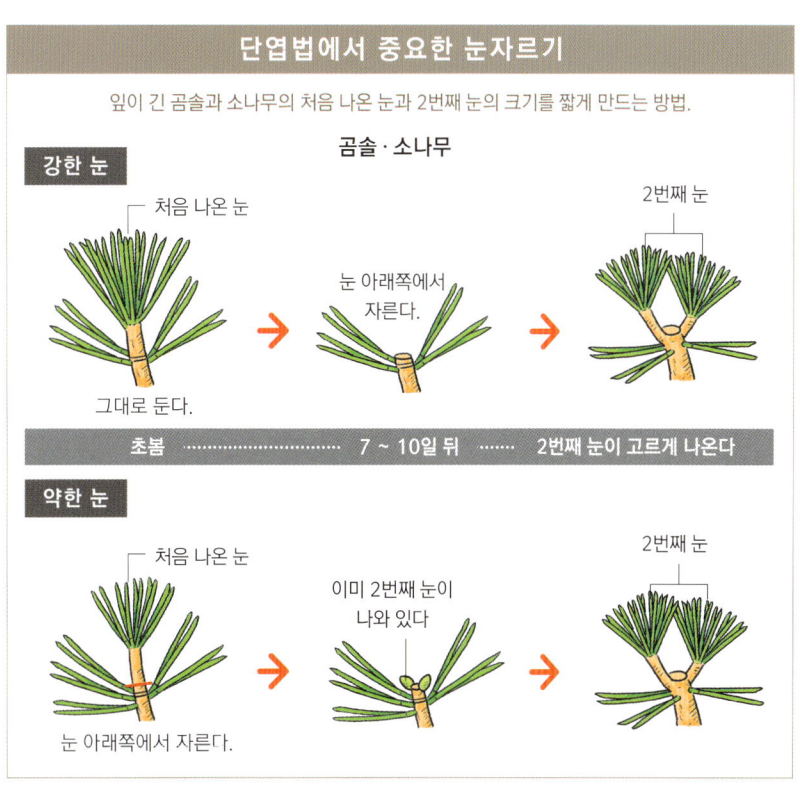

단엽법에서 중요한 눈자르기

잎이 긴 곰솔과 소나무의 처음 나온 눈과 2번째 눈의 크기를 짧게 만드는 방법.

곰솔·소나무

강한 눈 — 처음 나온 눈 → 눈 아래쪽에서 자른다. → 2번째 눈
그대로 둔다.

초봄 ·········· 7~10일 뒤 ······· 2번째 눈이 고르게 나온다

약한 눈 — 처음 나온 눈 → 이미 2번째 눈이 나와 있다 → 2번째 눈
눈 아래쪽에서 자른다.

분재의 기술 ❸

잎따기 · 가지치기

잎따기, 잎솎기로 건강과 균형을 유지한다

잎이 자라서 복잡해지면 아래쪽 잎이나 안쪽에 햇빛과 바람이 잘 통하지 않아 병의 원인이 되기 쉽다. 송백류는 잎 수를 줄이고, 잎을 즐기는 나무종류는 잎을 반으로 잘라서 크기를 줄이거나 위쪽의 큰 잎을 따서 작은 잎 크기에 맞춘다. 모든 잎을 따버리고 다시 새롭게 시작하는 방법도 있다.

다만, 잎따기나 잎솎기 작업을 하면 나무의 기력이 소모되므로, 미리 비료를 줘서 힘이 충분히 생긴 다음에 하는 것이 좋다.

가지치기는 나무모양을 만드는 과정, 자를 때는 기본을 중시한다

나무모양 만들기에서 가지치기는 중요한 작업이지만, 자르기 전에 자세히 살펴야 한다. 눈따기나 잎따기도 눈이 가지로 자라는 과정에서 미리 조절하는 작업으로 넓은 의미로는 가지치기이기 때문에, 평소에 손질을 잘 해두면 느닷없이 이상한 가지가 나오는 일은 없다.

가지치기는 생각한 이미지에 따라 나무모양을 정리하는 작업이다. 전체적인 생장을 보고 있으면 잘라야 할 가지, 좀 더 두고 보아야 할 가지, 미래에 도움이 될 것 같은 가지 등이 자연스럽게 보인다. 빨리 잘라야 할 가지는 「필요 없는 가지」이다(➡ p.35 아래 그림 참조). 중요한 것은 가지를 자르는 방법과 자른 면의 처리이다. 나무모양을 만드는 가지치기로 나무에 상처를 입히지 않도록, 가지치기의 요령과 나무종류별 적절한 시기를 알아두자.

참느릅나무 가지치기

BEFORE

나무모양 전체의 흐름과 줄기의 기울기를 잘 보고, 흐르는 방향을 길게 남기고 반대쪽은 짧아지도록 대략적인 윤곽선을 정해서 가지치기한다.

01 전체적으로 정리한다
주요 가지(나무갓, 제1지, 제2지)가 각각 반구형 윤곽선이 되도록 가지치기한다.

02 세부적으로 정리한다
아래로 뻗은 가지, 위로 솟은 가지, 줄기쪽으로 뻗은 가지 등 눈에 띄는 「필요 없는 가지」를 자르고, 상처가 큰 부분에는 유합제 등을 발라서 보호한다.

AFTER

각각의 잔가지가 잘 보이고, 전체가 위를 향하는 방사형이 되었다. 반구형을 목표로 정리한 가지는 부등변삼각형을 그리며 안정되어 있다.

분재에서 필요 없는 가지

분재를 만들 때 방해가 되는 필요 없는 가지는 빨리 잘라내고 필요한 처치를 한다.

아래로 뻗은 가지
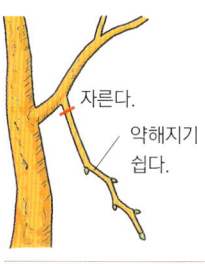
자른다. / 약해지기 쉽다.

위로 솟은 가지
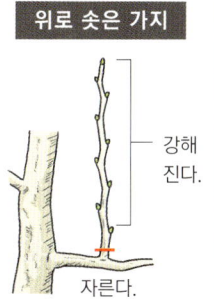
강해진다. / 자른다.

배가지
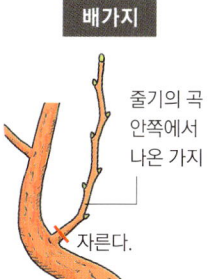
줄기의 곡 안쪽에서 나온 가지 / 자른다.

바퀴살가지
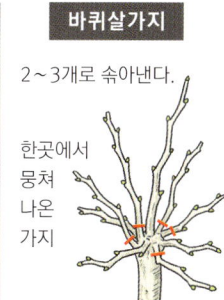
2~3개로 솎아낸다. / 한곳에서 뭉쳐 나온 가지

교차한 가지
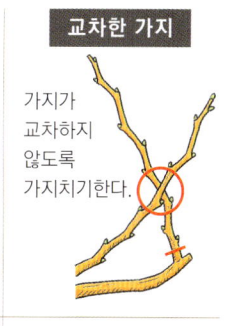
가지가 교차하지 않도록 가지치기한다.

중복된 가지

좋은 가지가 있다. / 자른다.

앞으로 뻗은 가지

정면을 향해 나온 가지 / 낮은 위치에 있는 가지는 줄기를 가리기 때문에 자르는 것이 좋다.

U자형 가지
U자형으로 굽은 가지 / 자른다. / 철사로 교정하거나, 무리일 경우 잘라서 방향을 바꾼다.

마주 난 가지(대생지)
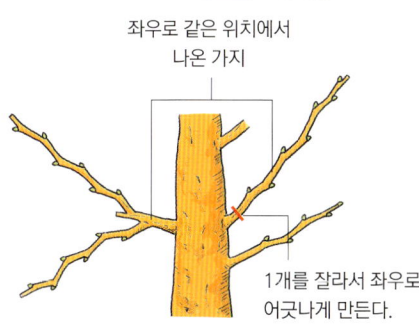
좌우로 같은 위치에서 나온 가지 / 1개를 잘라서 좌우로 어긋나게 만든다.

평행한 가지
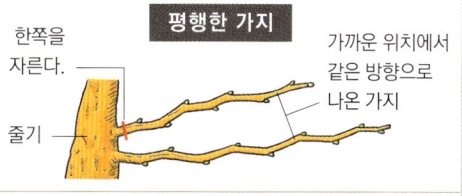
한쪽을 자른다. / 줄기 / 가까운 위치에서 같은 방향으로 나온 가지

줄기쪽으로 뻗은 가지
잘라서 방향을 바꾼다. / 줄기를 향해 자라는 가지

분재의 기술 ❹
철사감기

나무모양 만들기 외에도 철사는 분재의 필수품

철사감기는 나무모양을 만드는 기술이지만 억지로 하면 가지는 부러지지 않아도 내부 조직이 손상될 수 있다. [키우기] 단계에서는 조금 느슨하게 감거나 좀 더 상태를 두고 보는 것이 좋다.

하지만 철사 자체는 분재의 필수품이다. 깔망을 고정시키고(➡ p.31), 분 속 줄기가 움직이지 않도록 잡아주며, 바람에 흔들리지 않도록 분을 선반에 묶어두는 등 여러 가지 용도로 사용하기 때문에, 다루기 쉬운 알루미늄 철사를 굵기별로 3가지 정도 갖춰두는 것이 좋다. 분재에서는 지름 0.5~3.2㎜ 정도의 알루미늄이나 구리 철사를 사용한다. 철사는 가지 지름의 1/3분 정도를 기준으로 선택한다.

무리하지 않는 교정이 철사감기의 기본

철사를 감는 목적은 가지가 자라는 방향을 교정하기 위해서이다. 그대로 두면 어느 가지든 햇빛이 닿는 위쪽으로 자라기 때문에 가지와 잎이 복잡해져서 그림자가 생기고, 아래쪽 가지는 햇빛을 받지 못해 약해지면서 밸런스가 맞지 않게 된다.

처음 철사를 감을 때는 먼저 각각의 가지가 자연스럽게 벌어져서, 모든 가지와 잎이 햇빛과 바람을 충분히 받을 수 있게 만드는 것을 목표로 한다. 억지로 구부리지 말고 가지가 잘 구부러지는 방향을 확인하면서 작업한다.

BEFORE

눈따기와 가지치기로 나무모양을 유지하고 있는 애기꽃석류. 모든 가지가 비스듬히 위로 뻗어 있다.

애기꽃석류 철사감기

철사 1줄을 2개의 가지에 감는다
철사가 위에 있는 부분을 아래로 구부린다

01 철사를 건다
제일 밑에 있는 가지가 상당히 굵기 때문에, 가지 밑동에서 줄기에 굵은 철사(알루미늄)를 둥글게 건다.

02 철사를 감는다
가지 밑동에 둥글게 건 철사의 한쪽을 줄기 위쪽으로 감고, 다른 한쪽은 아래쪽 가지에 감는다. 가지를 펼 때 구부리는 부분 위에 철사가 오게 한다.

03
철사를 1줄 더한다
아래쪽 가지가 제1지(➡ p.20)이므로, 강하게 곡을 넣을 수 있도록 알루미늄 철사를 1줄 더 추가해 같은 방법으로 감아서 보강한다.

04
굵기를 바꿔서 감는다
가지의 굵기에 따라 중간에 알루미늄 철사의 굵기를 바꾼다. 잔가지 끝은 지름 1~0.5㎜ 철사로 살짝 감는다. 철사 굵기를 바꿀 때는 1~2번 겹치게 감는다.

05
나무를 정리한다
철사를 감으면서 계속 나무 전체를 잘 살펴보고, 필요 없는 가지나 강하게 성장할 것 같은 눈은 잘라낸다.

철사의 활용
U자형 핀을 만들거나 분재를 보호할 때도 도움이 된다.
- 흙 표면에 방충용 망을 고정시킨다.
- 고형비료를 고정시킨다.
- 바람에 움직이지 않도록 분을 각각 선반에 묶어둔다.

AFTER

나무 밑동을 고정시키는 방법

01
분 바닥 뒤에서 철사용 작은 구멍에 알루미늄 철사를 끼운다. 작은 구멍이 2개일 경우에는 2줄씩 넣는다.

02
알루미늄 철사를 벌려놓고 바닥흙(배수토)을 넣는다. 나무의 크기나 지탱하는 방법에 따라 철사 수를 조절한다.

03
심을 나무(사진은 느티나무)를 올려놓고, 처음에는 손으로 철사를 구부려서 뿌리가 상하지 않도록 살짝 묶어둔다.

04
위치가 정해지면 용토(➡ p.26)를 반 정도 넣고, 끝을 펜치로 단단히 죄어서 고정시킨다.

철사를 감고 가지를 구부린다

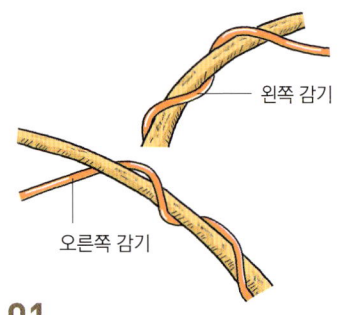

01
가지를 구부릴 방향을 정한다
가지를 왼쪽으로 구부리고 싶을 때는 왼쪽 감기, 오른쪽으로 구부리고 싶을 때는 오른쪽 감기로 감는다.

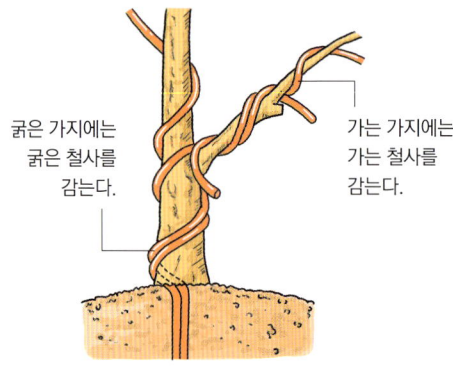

02
철사를 감기 시작한다
철사를 땅속에 꽂고 그곳을 시작점으로 뒤에서 앞쪽으로 감아올린다. 철사를 감을 때는 반드시 굵은 가지부터 잔가지를 향해, 가지 밑동부터 가지 끝을 향해 감는다.

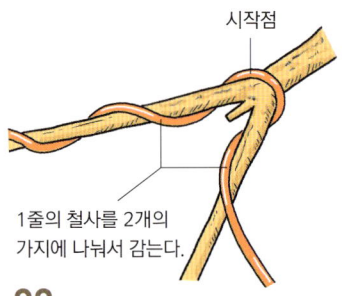

03
가지가 갈라지는 부분부터 철사를 감는다
가지가 갈라지는 부분부터 철사를 감을 때는 철사를 둥글게 구부려서 갈라지는 부분에 걸고, 1줄의 철사를 2개의 가지에 나눠서 감는다. 가지가 가늘어지면 철사를 가는 것으로 바꾼다.

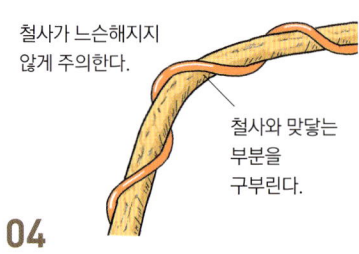

04
가지를 구부린다
엄지 안쪽을 철사와 가지에 대고 누르는데, 철사가 위에 있는 부분을 구부린다. 철사가 느슨해지거나 가지가 부러지지 않도록 주의한다.

철사감기의 요령

2개의 가지에 감는 방법

조금 떨어진 가지에 감는다.

먼저 한쪽 가지에 감는다. — 시작점

다른 쪽 가지에 감는다. — 1~2번 감을 수 있는 정도의 거리가 좋다.

1줄의 철사를 2중으로 감는 방법

줄기(단면) 함께 감는다.
가지에 감는다.

눈에 띄지 않게 감는 방법

임시 고정

끝까지 감고 나서 임시로 고정한 부분을 잘라도 풀리지 않는다.

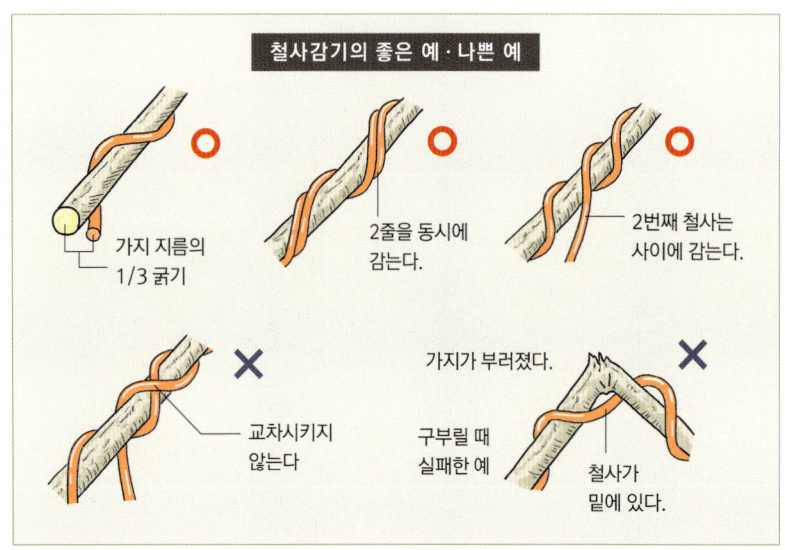

철사감기의 좋은 예·나쁜 예

○ 가지 지름의 1/3 굵기
○ 2줄을 동시에 감는다.
○ 2번째 철사는 사이에 감는다.
× 교차시키지 않는다
× 가지가 부러졌다. 구부릴 때 실패한 예 — 철사가 밑에 있다.

철사감기의 요령

가지 밑동을 구부리는 방법

〈송백류〉
가지를 예각으로 내려서 철사를 감는다.

〈기타〉
가지를 조금 들어올린 다음, 내려서 철사를 감는다.

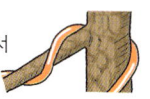

2개로 갈라진 가지에 감는 방법

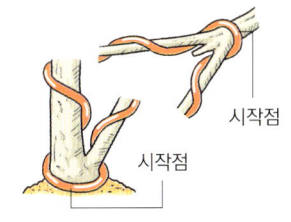

시작점

철사를 이어서 감는 방법

2~3번 정도 겹치게 감아서 이어준다.

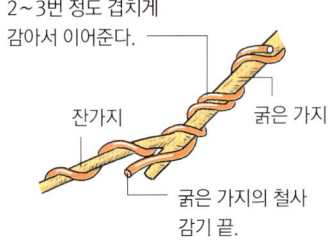

잔가지 / 굵은 가지 / 굵은 가지의 철사 감기 끝.

방향 전환 방법

오른쪽 감기 / 왼쪽 감기

도중에 가지를 이용해서 방향을 바꾼다.

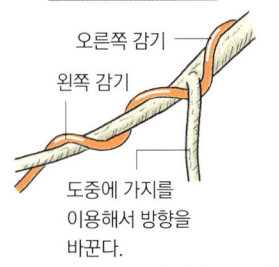

가지 끝의 고정 방법

1바퀴 돌려서 끝낸다.

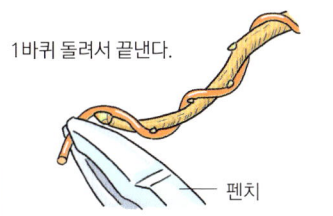

펜치

가지가 구부러지는 방향을 알아야 효과적으로 철사를 감는다

가지를 손으로 살짝 구부려보면 가지가 자연스럽게 구부러지는 방향을 알 수 있다. 손으로 구부려지지 않는 방향으로 철사를 감으면 가지는 결국 부러진다.

평소부터 가지가 구부러지는 방향을 손으로 확인하고, 철사를 감아서 만들 나무모양의 이미지를 생각해두는 것이 중요하다. 잘 구부러지는 방향으로 철사를 감으면 쉽게 나무모양을 만들 수 있다.

골격이 완성되면 잔가지를 다듬는다

나무가 어릴 때는 줄기도 부드러워서 철사감기의 효과가 크다. 단, 내부의 조직도 부드러워서 상하기 쉬우므로 철사를 느슨하게 감고, 과감하게 줄기나 굵은 가지의 방향을 잡아서 천천히 나무모양의 골격을 만들어나간다. 줄기도 가지도 계속 성장하는 시기이므로, 철사가 파고들지 않도록 부지런히 풀어주고 다시 감는 과정을 반복한다.

철사를 풀 때는 펜치로 풀거나 철사 자르는 가위로 짧게 잘라서 빼낸다. 한 번 감은 철사는 다시 사용할 수 없다. 줄기나 가지의 배치가 자리를 잡으면, 잔가지를 섬세하게 벌리는 철사감기를 한다. 가는 철사를 가지 끝까지 감아서 펜치로 고정한다. 송백류 중에서도 섬잣나무는 눈이 위를 향하지 않기 때문에, 철사로 눈을 세우는 교정작업을 한다.

크게 개작할 때는 나무껍질이나 가지를 보호한다

서서히 나무모양을 만드는 것이 아니라 굵어진 가지에 변화를 주고 싶은 경우에는 철사로 잡아당기거나 눌러주는 방법도 있다.

이런 경우에는 나무의 부담이 크기 때문에, 철사에 고무나 비닐 튜브를 대서 상처가 나지 않게 주의한다.

철사 푸는 방법

곡이 강한 부분은 철사가 파고들기 쉽다. 조금 파고들기 시작하면 펜치로 풀어주거나, 철사 자르는 가위로 잘라내고 손으로 풀어준다.

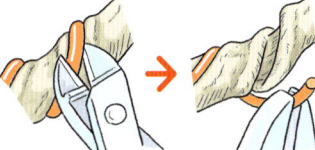

철사 자르는 가위로 자른다. / 펜치로 푼다.

철사 자국 처리

철사가 파고든 부분은 상처가 되어 양쪽이 부풀어 오른다. 부풀어오른 부분을 깎아내고 유합제를 바른다.

부풀어오른 부분을 칼로 깎는다.

철사 자국 / 유합제

분재의 기술 ❺
번식방법

분재에 사용할 나무를 번식시키는 방법에는 몇 가지가 있다. 좋은 성질의 나무와 같은 성질을 가진 아들나무를 원한다면 포기나누기(분주)나 꺾꽂이(삽목)로 번식시키는 것이 좋다.

포기나누기 분갈이할 때 번식시킨다

생육이 왕성한 식물은 가지나 줄기, 뿌리가 곧 분을 가득 채운다. 작게 만들기 위해 분갈이를 할 때 가지나 뿌리를 잘 관찰해서 포기나누기를 하면, 재미있는 분재 소재를 많이 얻을 수 있다. 뿌리에 눈이 생기는 다간형 나무종류는 뿌리꽂이(➡ p.184)도 할 수 있지만, 포기나누기를 하는 것이 더 간단하다. 초본식물의 경우 대부분 포기를 분리하는 것만으로 몇 개 정도 번식시킬 수 있다.

포기나누기의 기본

01 포기를 분리한다
뿌리 자르는 가위로 포기를 분리한 모습. 떼어낸 부분에도 새눈이 있고 뿌리도 충분히 있다.

02 한 번 더 나눈다
떼어낸 부분을 여러 각도로 잘 관찰해서, 새로운 포기가 될만한 부분을 한 번 더 잘라낸다.

AFTER
1개의 포기가 3개로 늘어났다. 자른 면은 매끄럽게 깎아둔다. 뿌리를 원줄기로 하면 그루솟음새에 자연스러운 곡이 생겨 재미있다.

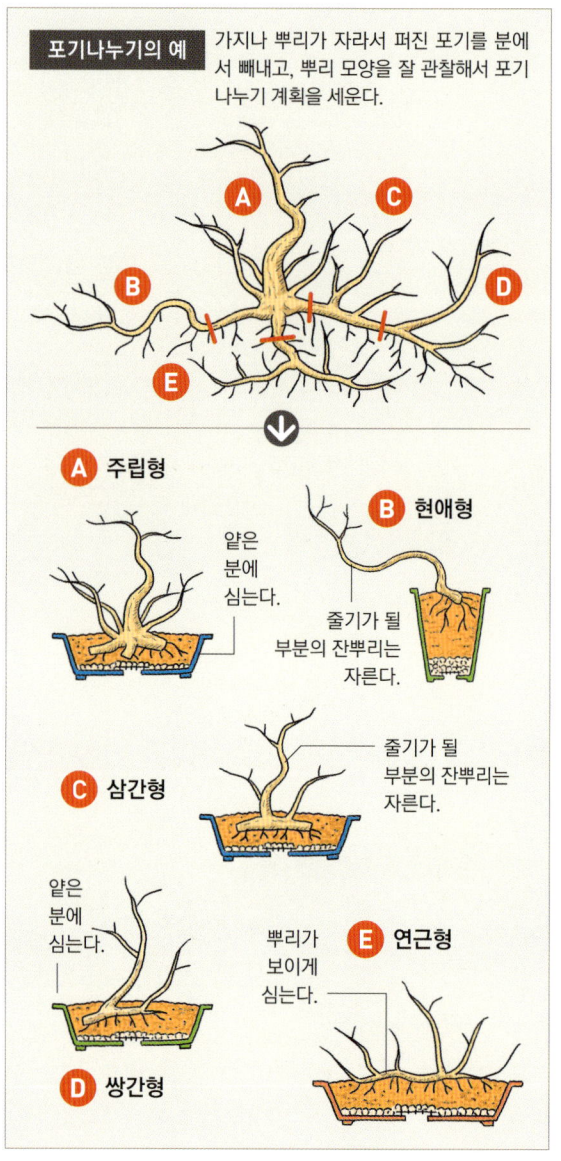

포기나누기의 예 가지나 뿌리가 자라서 퍼진 포기를 분에서 빼내고, 뿌리 모양을 잘 관찰해서 포기나누기 계획을 세운다.

Ⓐ 주립형 — 얕은 분에 심는다.
Ⓑ 현애형 — 줄기가 될 부분의 잔뿌리는 자른다.
Ⓒ 삼간형 — 줄기가 될 부분의 잔뿌리는 자른다.
Ⓓ 쌍간형 — 얕은 분에 심는다.
Ⓔ 연근형 — 뿌리가 보이게 심는다.

꺾꽂이   어미나무에 부담을 주지 않고 장점을 이어받은 나무를 번식시킨다

꺾꽂이는 가지치기한 가지로 할 수 있기 때문에 분재의 소재를 쉽게 많이 얻을 수 있다. 송백류는 조금 어렵지만 잎을 즐기는 나무종류의 경우 성공률이 높은 번식방법이다.

재미있게 휘어진 가지를 꺾꽂이하면 그루솟음새의 모양도 만들어볼 수 있다. 또한 어미나무의 성질을 그대로 이어받기 때문에, 잎의 성질이 좋은 나무는 꺾꽂이로 번식시키는 것이 좋다

적절한 시기는 1년에 몇 번 정도 있는데, 봄 꺾꽂이나 묵은가지 꺾꽂이(숙지삽)는 분갈이와 동시에 이른봄에 한다. 새가지 꺾꽂이(녹지삽)는 장마철에 건강한 새가지를 꺾꽂이한다. 여름 꺾꽂이는 늘푸른나무의 웃자람가지를 7~8월에 꺾꽂이한다.

이 밖에 장미과 나무는 가을에 꺾꽂이하는 것이 좋다.

봄 꺾꽂이 방법

분갈이할 때 가지치기한 가지를 균형 있게 잘라서 밑동의 모양이 독특한 꺾꽂이모를 만든다.

- 1.5cm 정도
- 적옥토를 주로 사용한 용토.
- 4호분
- 중국단풍 (➡ p.98)
- 배롱나무 (➡ p.124)
- 명자나무
- V자형으로 깎는다.
- 칼로 연필처럼 깎는다.
- 피라칸타 (➡ p.189)

▶ 벚나무 꺾꽂이

01

벚나무의 새가지 꺾꽂이. 가지치기할 때 세력이 좋은 새가지 중에서 되도록 마디(잎과 잎 사이)가 짧은 가지를 골라서 꺾꽂이순(삽수)으로 한다.

02

선택한 가지를 30분 정도 물에 담가두면 뿌리가 잘 나온다. 물에 담가두면 뿌리를 내리는 나무종류는 물 위로 뜨지 않도록 물이끼 등으로 눌러놓고, 뿌리내릴 때까지 기다려도 좋다.

03

분에 깨끗한 용토를 넣고 용토가 물에 잠기게 담가둔 다음, 꺾꽂이순을 만들어서 차례로 꺾꽂이한다. 잎은 1/2 크기 이하로 자른다.

04

꺾꽂이를 마치면 분을 물에서 꺼내 흙 속에 있는 꺾꽂이순 끝에 닿지 않을 정도로 물이 들어가는 용기에 넣고, 뿌리를 내린 것이 확인될 때까지 저면관수(➡ p.43)로 기른다.

05

뿌리내림은 분 바닥으로 뿌리가 나오는 것으로 판단할 수 있다. 분갈이는 어느 정도 뿌리가 자란 뒤에 하는 것이 좋은데, 뿌리가 물에 잠기면 약해지기 때문에 주의한다.

06

뿌리를 내린 묘목은 큰 토분에 심고, 다음해 분갈이할 때까지 뿌리가 쑥쑥 자라도록 잘 관리한다.

실생 씨앗마다 각각 다른 개성과 생명력을 맛볼 수 있다

작은 씨앗이 싹을 틔웠을 때부터 그 나무의 전 생애를 아는 분재라면 한층 더 애착이 간다. 씨앗을 심을 때는 나무의 개성을 알 수 없으며, 어미나무에서는 상상할 수 없을 만큼 뛰어난 나무가 태어날 수도 있다.

분재를 만들기 위한 소재의 씨앗은 의외로 가까운 곳에서 찾을 수 있다. 야산이나 강변, 공원, 절 등에서 다양한 열매를 주울 수 있는데, 공공장소에 있는 나무에서 채취하는 것은 금물이다. 떨어져 있는 씨앗이나 열매를 찾아다니는 일도 즐거운 나들이가 될 수 있다.

씨앗을 보관하는 방법은 축축한 씨앗(과육이 있는 열매)인지 마른 씨앗(날개가 있는 열매)인지에 따라 다르다.

축축한 씨앗을 말리면 싹을 틔우기 힘들다. 과육에는 발아를 억제하는 물질이 함유되어 있으므로 과육을 제거하고

그대로 「취파(씨앗이 발아력을 상실하지 않도록 저장하지 않고 바로 파종하는 방법)」하거나, 젖은 모래 등에 섞어서 보관한다. 반대로 마른 씨앗은 보관 중에 습해지지 않게 건조제를 함께 넣어둔다.

씨앗을 추위에 노출시키는 쪽이 발아율이 좋기 때문에 냉장고에서 보관하고, 취파한 분은 실외에서 월동시킨다. 씨를 뿌린 뒤에는 흙이 마르지 않도록 주의한다.

씨모의 매력 중 하나는 어린 묘목일때 원줄기의 그루솟음새를 만들 수 있다는 점이다. 원줄기가 굵어지면 철사를 감기 힘들기 때문에, 어린 묘목일 때부터 「망덮기」를 하거나 심을 때 철사를 감는 방법이 효과적이다.

직간형이나 빗자루형(추형)을 만들고 싶은 경우에는 그대로 자라면 줄기가 지나치게 성장하기 때문에, 「단근삽목」이라는 방법으로 그루솟음새가 낮은 나무모양을 만든다.

단근삽목의 경우 꺾꽂이순이 쓰러지지 않도록 분 바닥으로 물을 흡수시키는 저면관수로 기른다.

단근삽목

직간형(▶ p.21)이나 빗자루형(▶ p.23)으로 만들고 싶은 묘목 줄기의 그루솟음새를 낮게 만드는 방법.

씨앗 심기

01 전년도 가을에 채취한 낙상홍 씨앗을 봄에 뿌린다. 과육과 발아억제물질을 제거하고 젖은 모래와 섞어서 냉장보관해둔 것.

02 씨앗을 확대한 모습. 모래알보다 조금 크고 긴 타원형 알갱이가 씨앗. 껍질이 조금 남아 있는 것도 있지만 발아억제물질은 제거되었다.

03 얕은 분에 바닥흙(배수토)을 충분히 넣고 기본 용토(적옥토 소립)를 얇게 깐 다음, 젖은 모래와 함께 씨앗을 골고루 뿌린다.

04 씨앗을 뿌린 모습. 씨앗이 겹치거나 뭉친 부분이 없는지 확인하고, 솔 등으로 살짝 쓸어서 고르게 만든다.

05 기본 용토를 얇게 덮어준다(복토). 씨앗이 움직이지 않도록 주의해서 덮는다. 이 단계에서 「망덮기」를 해도 좋다.

06 여기서는 아직 「망덮기」를 하지 않았기 때문에, 햇빛을 향해서 곧게 자란 어린 묘목. 이 정도에서 망을 덮어도 늦지 않다.

휘묻이 나무모양을 다시 만들어서 바로 완성형이 된다

나무가 가늘고 길게 웃자라거나 벌레가 줄기를 갉아먹은 경우에, 줄기나 굵은 가지의 중간에서 뿌리가 나오게 해 새로운 나무모양으로 다시 만드는 기술이다.

환상박피, 설상박피, 결속법 등이 있으며, 나무가 건강하고 휘묻이한 뒤 어떤 모양으로 키울지 계획이 있어야 한다.

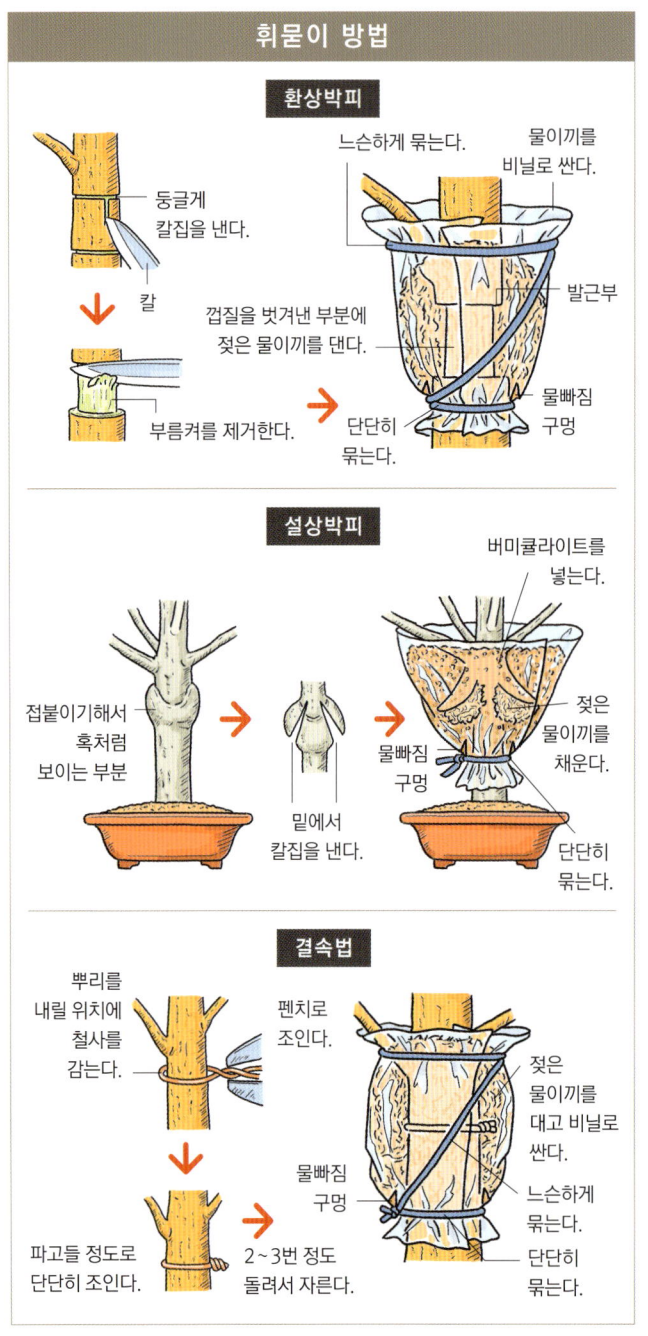

참느릅나무 휘묻이

01 참느릅나무를 환상박피하고 발근제를 묻힌 휴지를 끈처럼 만들어서 감은 모습(➡ p.94~96).

02 젖은 물이끼로 자른 면을 감싼다. 흙을 사용할 경우에는 먼저 비닐을 컵처럼 감은 다음 붓는다.

03 투명한 비닐을 감아두면, 뿌리 내리는 모습을 눈으로 확인할 수 있다.

04 위쪽은 느슨하고 아래쪽은 단단하게 철사를 감는다. 아래쪽에 작은 물빠짐 구멍을 몇 개 뚫어둔다.

05 위에서 스포이트나 사진처럼 바늘 없는 주사기로 물을 준다(뿌리 내린 뒤의 처치 ➡ p.97).

접붙이기 다양한 방법이 있지만 분재에서는 최후의 수단

접붙이기는 원예적으로는 재미있고 방법도 다양하다. 그러나 접붙인 부분을 눈에 띄지 않게 만드는 것이 어려워서, 줄기와 가지의 자연미를 중요시하는 분재에서는 별로 추천하지 않는 방법이다.

잎의 성질이 좋고 꽃이나 열매가 잘 달리는 나무로 접수를 만들어서 튼튼한 바탕나무(대목)에 접붙이거나, 가지가 없으면 볼품이 없는 경우의 「최후의 수단」 정도로 생각하는 것이 좋다. 꺾꽂이로는 뿌리내리기 힘든 나무를 접붙이기 해서 기르고, 튼튼해지면 휘묻이로 대목을 떼어내는 것도 하나의 방법이다.

어떤 방법이든 중요한 것은 바탕나무와 접수의 부름켜(형성층)를 잘 밀착시키는 것이다. 물과 영양을 공급하는 통로가 끊어지지 않게 주의한다.

자른 면은 가능한 한 매끈하게 깎아서 마르지 않게 비닐 테이프로 묶어서 잘 고정한다. 재빨리 작업하고, 그 뒤에도 마르지 않도록 신경 써서 관리한다.

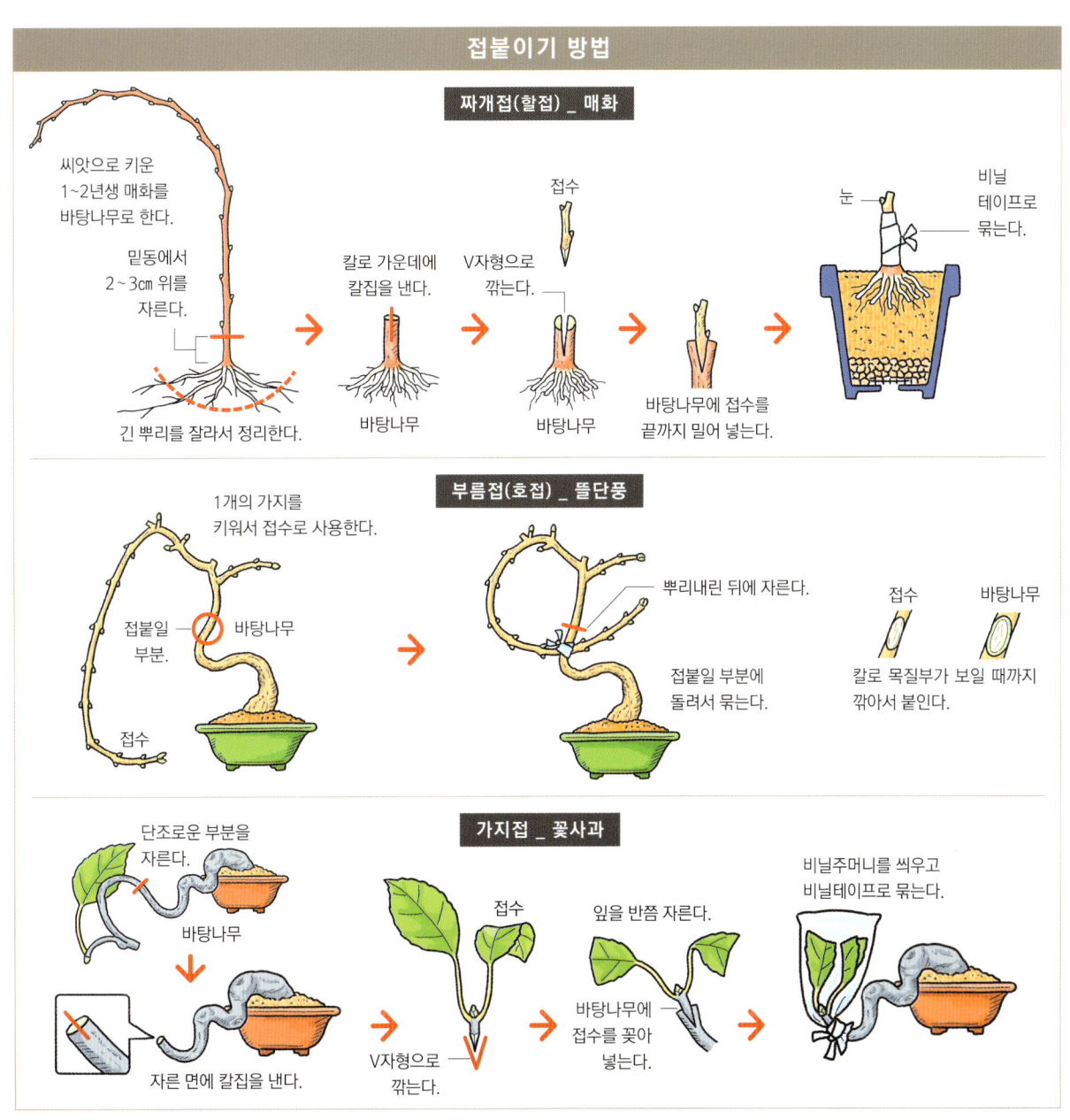

분재의 관리

분재를 싱싱하게 키우고 아름답게 유지하려면
날마다 부지런히 손질하고 관찰해야 한다.
자신의 생활에 맞게 분재를 잘 관리할 수 있는 방법을 찾아보자.

분재의 관리 ❶

장소

자신의 생활에 맞게 분재를 놓을 장소를 찾는다

특별한 장소보다는 먼저 자신이 생활하는 공간에서 놓고 싶은 장소에 놓는다. 분재에 적합한 이상적인 장소가 없더라도 일단 마음에 드는 장소에 놓고 2주 정도 지켜본다.

눈에 띄게 생기를 잃는다면 장소를 바꾸지만, 변화가 없는 정도라면 환경변화에 적응하는 중일지도 모른다.

자연에서는 나무나 풀이 다양한 환경에서 뛰어난 적응력을 발휘하고 있다. 분재에서는 이런 식물의 뛰어난 적응력도 감상의 대상이다. 식물의 적응력과 사람의 지혜를 활용하면 어떤 장소에서도 분재를 즐길 수 있다

특히 소품분재는 공간을 차지하지 않고 이동도 간단하다. 생활에 방해되지 않는 것을 전제로, 우선은 가까운 곳에 놓아보자.

기다리는 시간을 즐기는 분재가 있는 생활

식물의 변화는 느려서 결과가 바로 보이지 않는다. 기다림은 분재에서 중요한 요소이다. 품격을 키우는 데도 몇 년이 걸리고, 생기를 잃는 경우에도 갑자기 시들거나 하지는 않는다.

이처럼 천천히 흘러가는 식물의 시간을 생활 속에서 즐기는 것이 중요하다.

더위, 추위, 태풍 등에 대처하기 쉬운 장소

한국이나 일본은 계절의 변화가 뚜렷하므로 계절에 따른 대처가 중요하다. 분이 많아지면 선반 등을 준비하면 편리하다. 직사광선을 피할 수 있는 한랭사(차광막)나 새를 막아주는 방조 네트 등을 위에 걸어놓고 쉽게 말아 올릴 수 있게 해두는 것이 좋다. 또한 추위나 태풍을 대비하기 위해 조금 두꺼운 비닐 시트가 있으면 편리하다.

선반이 있으면 선반 밑으로 분을 피난시키거나 알루미늄 철사로 고정시킬 수도 있다. 베란다는 건조해지기 쉬우므로 여름에는 밤에 물을 주거나 잎 위에 물을 주는 엽수가 필요하다.

햇빛 조절(왼쪽)
한여름의 직사광선이나 석양빛을 막아주는 한랭사. 색이나 망 굵기에 따라 차광률이 다르므로 목적에 맞게 사용한다. 온도가 지나치게 올라가지 않게 막아주고, 잎의 증산 작용도 억제하여 건조에도 도움이 된다.

새를 막는 방조 네트(오른쪽)
색깔이 진한 열매나 꽃봉오리를 새로부터 지키거나, 큰 벌레의 침입을 막아주는 네트. 햇빛을 지나치게 차단하지 않도록 밝은 색을 사용하는 것이 좋다.

사람의 생활 사이클에 맞춘 환경에서 자라는 분재는 생기가 있고 사계절 내내 아름답다. 갑작스러운 기상변화에 대처하기 쉽게 주위에 기둥을 세워서 차광막이나 비닐을 칠 수 있도록 준비해두면, 여유 있게 즐길 수 있다.

분재를 놓는 장소의 포인트
- 일단 가깝고 원하는 곳에 놓는다.
- 적어도 2주일은 상태를 관찰한다.
- 손쉽게 관리할 수 있는 환경을 만든다.
- 계절의 변화나 재해, 해충피해 등에 대처하기 쉽게 한다.

분재를 놓는 장소

간단하게 만드는 선반

두꺼운 선반은 물을 흡수해서 적당한 습도를 유지하고 햇빛 반사도 막아준다.

분재용 선반

어느 정도 크기가 있는 선반이라면 안정된 다리를 만들어주는 것이 중요하다.

소품분재를 놓는 선반

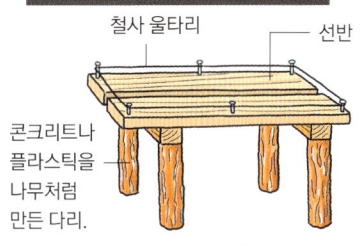

소품분재는 바람이 불거나 물을 줄 때 떨어지지 않게 조심한다.

미니 분재를 놓는 선반

미니 분재의 경우 짧은 시간에 흙이 마르므로, 습도를 유지할 수 있는 방법을 생각해야 한다.

분재의 관리 ❷

물주기

분재의 건조와 대처방법

물주기의 기본은 「표면의 흙이 마르면 분 바닥에서 물이 흘러나올 때까지 충분히 준다」이지만, 이 방법은 매일 일정하게 물을 주는 것을 전제로 한다.

사실 표면의 흙을 보는 것만으로 분 안의 상태는 알 수 없다. 장마철처럼 흙 표면이 젖어 있는 경우에도 뿌리에는 전혀 물기가 닿지 않는 일도 종종 있다.

분재의 분은 얕은 것이 많아서 잘 마르며, 뿌리에 닿기 전에 증발해 버리는 수분도 많다. 분에 준 물을 모두 뿌리가 흡수한다고는 할 수 없으므로 주의해야 한다.

뿌리는 물과 공기를 동시에 흡수해야 하지만, 물이 부족하면 뿌리 조직이 손상돼 물을 빨아들일 수 없게 된다. 표면의 흙이 젖어 있어도 물이 마른 상태가 계속되면 뿌리는 결국 시들어 버린다.

이러한 사태를 막기 위해 물을 줄 때는 반드시 분을 들어올려서 물을 주기 전과 후의 무게의 차이를 알아두는 것이 중요하다. 무게뿐 아니라 표면의 흙을 손가락으로 살짝 눌렀을 때의 감촉이나 흙냄새 등도 분 속의 상태를 체크하는 좋은 지표가 된다.

물뿌리개로 물주기
노즐 구멍이 가는 물뿌리개를 사용해서 가랑비 정도의 강도로 물을 준다. 조금 높은 위치에서 물을 흠뻑 주고, 잎이 무성한 분은 한 손으로 잎을 제치고 물을 준다.

호스로 물주기
여름철이나 건조한 봄과 가을에는 상태를 보고 전체적으로 물을 줘서 온도나 습도를 조절하는 것이 좋다. 조금 높은 위치에서 부드러운 물줄기로 흠뻑 준다.

물 부족의 신호

작은 분에 심은 분재의 경우 물 부족은 식물의 사활이 걸린 매우 중요한 문제이다. 시들기 전에 반드시 SOS 신호를 보내니, 신호를 놓치지 않는 것이 중요하다. 잎끝이 마르면 뿌리가 분에 가득찼거나 뿌리가 상해서 물을 충분히 흡수하지 못한다는 신호이므로, 빨리 응급처치를 하고 분갈이로 뿌리 상태를 확인해야 한다.

물 부족으로 시들어버린 분재. 자신에게 맞는 물주기 패턴을 만들면 예방할 수 있다.

생활 리듬에 맞춰서 물 부족을 막는다

분재의 경우에는 매일 2~3번 물을 주는 것이 좋지만 그렇게 하기 힘든 경우도 있다. 또한 나무는 눈이 나오기 전에 매우 많은 물을 흡수하지만, 이 시기에는 추위 때문에 사람들이 물주기를 더 귀찮아하는 경향이 있다.

매일 물을 줄 수 없는 경우에는 큰 분을 사용하거나, 여름철이라면 저면관수를 활용하는 등 물이 부족하지 않게 하는 방법을 찾아 자신만의 패턴을 만들어보자.

여름에는 1일 1번, 겨울에는 2~3일에 1번이라고 해도, 이 패턴을 계속 유지하면 시들지는 않는다.

또한 물이 마른 경우에도 식물은 시들기 전에 반드시 신호를 보낸다. 물이 잘 흡수되지 않거나 잎 가장자리가 마르면 물 부족이라는 신호이므로, 일단 물이 빠지고 나서 다시 흠뻑 주는 방법이나 저면관수로 응급처치를 하고, 분갈이할 때 뿌리를 잘 관찰해서 회복할 수 있는 방법을 찾아보는 것이 좋다.

물주기의 기본

물을 주기 전과 후에 분을 손으로 들어올려서 무게의 차이를 알아둔다.

잎이 무성한 경우에는 손으로 잎을 제치고 흙에 물이 닿는 것을 확인한다.

분 바닥에서 물이 흘러나올 때까지 물을 준다.

물빠짐의 기본

분갈이 직후나 장마철에 물이 잘 빠지지 않으면 물이 충분해도 뿌리가 호흡을 할 수 없다.

비스듬히 자른 각목 등.

물이 잘 빠지지 않는 분은 비스듬히 기울여서 물을 뺀다.

저면관수
물이 부족할 때 사용하는 응급처치 방법인 저면관수는 양동이 등에 물을 부은 다음 분재로 표면의 흙까지 잠기도록 담가서, 분 바닥의 구멍을 통해 전체적으로 물이 잘 흡수되게 하는 방법이다.

물 주 기 의   포 인 트

- 표면의 흙이 마르면 분 바닥의 구멍으로 물이 흘러나올 때까지 흠뻑 준다.
- 표면의 흙이 젖어 있어도 뿌리까지 물이 닿았는지는 알 수 없다.
- 물주기 전후로 분의 무게 차이를 알아둔다.
- 생활에 맞는 물주기 패턴을 만든다.
- 물이 말라버린 경우 저면관수로 응급처치하고, 분갈이할 때 뿌리를 회복시킬 방법을 찾는다.

분재의 관리 ❸

비료

비료는 반드시 필요하지만 지나치지 않게 준다

식물은 빛과 공기, 물, 흙에서 영양분을 얻는다. 그런데 분재는 분 안에서 자라기 때문에 흙의 양이 제한적이라 비료에 의한 영양분 보충이 반드시 필요하다.

하지만 뿌리의 양도 적기 때문에 비료 농도가 전부 흡수할 수 없을 정도로 높아지면, 도리어 뿌리가 상하고 나무에 부담을 주게 된다. 알맞은 양의 비료로 생육기에 도움이 되는 것이 중요하다.

겨울철 휴면 상태의 나무나 약해진 나무는 비료를 주지 않는다. 가지치기를 많이 하거나 분갈이를 한 뒤에도 1달 정도는 비료를 주지 않는 것이 좋다. 한여름에는 흡수하기 쉬운 액체비료를 희석해서 1주일에 1번 정도 물 대신 준다.

꽃과 열매를 즐기고 싶다면 분갈이할 때 밑거름을 주고, 꽃이 필 때부터 열매를 맺을 때까지는 비료를 주지 않는다.

기본 용토에 배합하는 비료

액체비료
질소(N)·인산(P)·칼륨(K) 위주로 영양소를 배합한 액체화성비료. N:P:K의 배합비율로 선택한다. 원액이므로 반드시 규정된 비율 이상으로 희석해서 사용한다. 식물이 흡수하기 쉬우며 속효성이다. 단, 효과는 단기간이며, 7~10일마다 물 대신 준다.

고형 화성비료
목적에 따라 N:P:K의 배합비율로 선택한다. 입자 크기에도 대중소가 있으므로, 분 크기에 따라 고를 수 있다. 완효성으로 흙 표면에 올려서 사용하거나 밑거름으로도 사용할 수 있다.

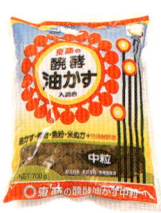

고형유기비료(옥비)
발효유박(질소)에 골분(인산)을 배합해서 발효유박 특유의 냄새를 억누른 완효성 유기비료.

골분
인산 비료. 지효성으로 효과가 천천히 나타나기 때문에, 꽃이나 열매를 즐기는 분재의 밑거름으로 20~30% 정도 섞어서 사용하면 좋다.

비료의 종류와 목적별 선택 방법

비료로 보충하는 영양소는 주로 질소(N), 인산(P), 칼륨(K)이며, 시판되는 혼합 비료에는 N:P:K의 배합비율이 표시되어 있다.

질소는 「엽비(葉肥)」라고도 하며 줄기, 잎 등의 조직 만들기와 생육을 돕는다. 인산은 개화나 결실에 힘이 되므로 「화비(花肥)」 또는 「실비(實肥)」, 칼륨은 뿌리의 생육이나 상태를 조정하므로 「근비(根肥)」라고 부르기도 한다.

일반적으로 송백류나 잎을 즐기는 나무종류에는 질소가 주성분인 비료를, 꽃이나 열매를 즐기는 나무종류에는 인산이 많은 혼합비료를 사용하지만, 식물의 상태를 잘 관찰해서 필요에 따라 구분해서 사용하는 것이 중요하다.

비 료 주 기 포 인 트

- 분재는 흙의 양이 적은 만큼 비료가 반드시 필요하다.
- 지나친 비료는 역효과를 낸다.
- 약해진 나무에 비료를 주면 부담이 된다.
- 상화분재나 상과분재의 경우 꽃이 필 때부터 열매를 맺을 때까지는 비료를 주지 않는다.
- 필요에 따라 비료를 바꾼다.
  (질소=엽비 / 인산=화비·실비 / 칼륨=근비).

뿌리가 상하지 않는 효과적인 비료주기

식물은 뿌리 끝에서 비료를 흡수하므로 고형비료를 분 위에 올릴 때는 뿌리 끝이 자라는 방향에 올려둔다. 분재에서는 분 가장자리 부분이다.

흙속에 묻으면 뿌리에 직접 닿아 뿌리가 상할 수 있으므로, 표면에 올려놓고 물을 줄 때나 바람이 불 때 날아가지 않도록 알루미늄 철사를 U자로 만들어서 고정시킨다.

비료의 대략적인 유효기간은 포장에 표시되어 있는데 1개월 정도 지나면 구멍이 생기는 것도 있고, 2개월 이상 유효한 것도 있으며, 원래의 형태가 남아 있어도 만지면 부스러지는 것도 있다.

나무종류에 따른 성질뿐 아니라 나무의 상태나 생장단계에 따라 비료의 양은 달라지므로, 각각의 상태를 보면서 더하거나 줄인다.

분 위에 비료를 올리는 방법

01 알루미늄 철사를 U자형으로 만들어서 분 위에 올리는 고형비료를 끼운다. 작은 비료는 철사를 감아서 비틀어도 좋다.

02 분 크기에 따라 흙 위에 몇 개씩 올리는데, 뿌리에 직접 닿지 않게 균일한 간격으로 올려서 고정시킨다.

철사를 U자형으로 만들어서 사용하면 뿌리를 씻어낸 분재나 석부작 분재의 경우에도 쉽게 비료를 줄 수 있다.

큰 분의 경우 바람에 날릴 염려가 없다면, 분 귀퉁이에 소립형 비료를 뿌려도 좋다.

MINI INFO

봄과 가을이 생육기인 나무에는 1달에 1번 기준으로 고형 화성비료나 유기비료를 분 위에 올려준다. 단, 분갈이 직후에는 1달 정도 비료를 주지 않는다. 어린나무는 흡수가 빠르기 때문에 비료가 줄어드는 정도나 잎의 상태를 주의 깊게 살펴보고, 기운이 없는 나무는 비료를 주지 않는다.

밑거름 주는 방법

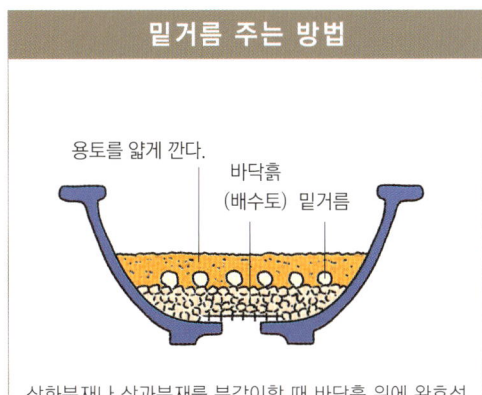

상화분재나 상과분재를 분갈이할 때 바닥흙 위에 완효성 고형비료나 골분을 넣고, 용토를 얇게 덮는다.

액체비료 사용방법

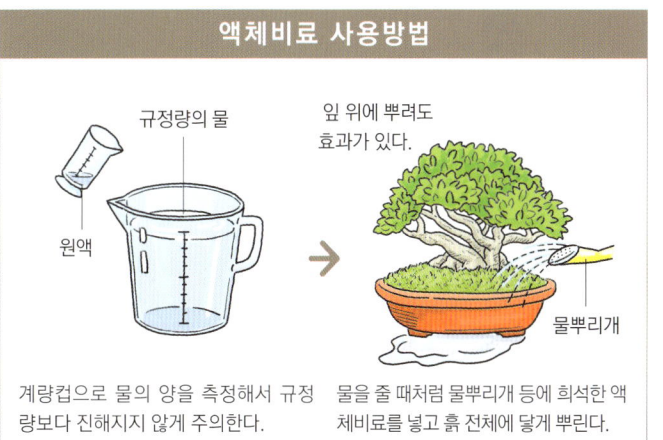

계량컵으로 물의 양을 측정해서 규정량보다 진해지지 않게 주의한다.

물을 줄 때처럼 물뿌리개 등에 희석한 액체비료를 넣고 흙 전체에 닿게 뿌린다.

분재의 관리 ❹
병해충 대처방법

분재의 힘을 키우고 대처보다는 예방으로

병이나 벌레로 인한 피해는 일단 발생한 뒤에는 대처하기 힘들기 때문에, 발생하기 힘든 환경을 만들어서 예방하는 것이 더 효과적이다.

가지와 잎을 정리한 분을 간격을 두고 배치해서 그늘지는 부분을 줄이기만 해도, 병에 걸리는 비율은 크게 줄어든다. 병에 잘 걸리지 않는 나무는 해충도 잘 생기지 않는다.

그러나 해충이라고 불리는 벌레도 자연 속에서 공생하고 있기 때문에 전혀 없을 수는 없다. 발생시기를 대략 짐작할 수 있는 해충은 미리 예방하면 큰 피해를 막을 수 있다. 또한 분 주위나 잎 뒷면을 잘 관찰하면 벌레 알이나 분변, 나무 부스러기를 발견할 수 있다. 물로 제거하거나 칫솔로 문질러 떨어뜨리는 등, 가능한 한 약제를 사용하지 않고 구제하는 방법을 찾아보자.

약제를 사용할 때 주의할 점

벌레나 병균을 죽일 정도의 약제는 인체나 식물에도 해가 된다. 식물은 약제를 쓸수록 해충이나 균에 대한 저항력이 약해진다. 반면 균이나 해충은 내성이 높아지는 경우도 있다.

병의 증상

잎오갈병
4~5월에 매화, 복숭아에 발생하는 곰팡이병으로, 잎이 불규칙하게 오그라들고 하얀 곰팡이에 뒤덮여서 떨어진다. 일단 발생하면 대처할 방법이 없으므로 예방이 중요하다(ex. 복숭아).

떡병
초여름이나 가을에 동백나무류, 철쭉류에 발생하는 곰팡이병. 어린잎이 두껍게 부풀고 햇빛을 받으면 빨갛게 변한다. 빨갛게 변한 잎이 흰색이 되기 전에 잎을 딴다(ex. 애기동백).

흰가룻병
초봄이나 초가을에 잎이나 줄기에 흰 가루를 뿌린 것처럼 곰팡이가 생긴다. 살균제로 예방하고, 잎이 떨어지는 등 피해가 커지면 전문 약제로 더 이상 퍼지지 않게 한다(ex. 사철나무).

검은별무늬병
장미과 나무의 잎이나 줄기에 병균이 붙어서 검은 반점을 만든다. 균이 겨울을 나고 다음해 봄에도 피해를 주므로, 병에 걸린 부위 주변을 잘라내고 전용 살균제로 예방한다(ex. 장미).

세균성 구멍병
복숭아, 벚꽃, 매화 등의 잎이 부드러운 시기에 생기는 박테리아병. 비바람에 의해 퍼지기 때문에 박테리아용 살균제(곰팡이용은 효과가 없다)로 예방한다(ex. 앵두나무).

그을음병
봄부터 가을에 발생. 진딧물이나 깍지벌레의 배설물에 붙어 가지와 잎 표면을 검게 만든다. 겨울에 살균살충제로 예방한다(ex. 꽝꽝나무).

그렇기 때문에 약제를 사용할 때는 몇 가지 종류를 번갈아 사용하는 것이 좋다. 단, 혼합하면 생각지도 못한 화학반응을 일으키는 경우도 있으므로, 절대로 섞지 말고 설명서를 잘 읽고 규정 농도 이하로 살포한다. 농도를 올리면 효과가 없을 뿐 아니라 식물도 상하지만, 약하게 희석해서 사용할 경우에는 어느 정도 효과가 있다.

살포할 때는 가능한 한 피부가 드러나지 않게 가리고 반드시 마스크와 고무장갑을 착용한다. 또한 나무가 약으로 인해 피해를 입지 않도록 사전에 물을 충분히 준다.

봄철 예방 대책은 겨울이 가기 전에

겨울에 액상 살균살충제를 뿌려두면 효과가 높고, 진드기나 깍지벌레 예방에도 효과가 있다.

다만, 인체에 미치는 영향이 큰 경우도 있기 때문에 뿌려서 살포하기보다는 솔 등으로 발라주고, 소품분재의 경우 희석액에 나무 전체를 거꾸로 담갔다 빼는 방법이 효과적이다.

해충의 종류와 특징

진딧물
어리고 부드러운 가지나 잎의 즙을 빨아먹는다. 배설물이 그을음병의 원인이 된다. 진딧물용 살충제를 새눈이 나오는 시기에 정기적으로 살포한다(ex. 노박덩굴).

깍지벌레
가지나 줄기를 갉아먹는다. 종류가 많고 살충제는 효과가 없다. 미리 예방하거나 칫솔 등으로 문질러서 제거한다.
위 : 줄솜깍지벌레
아래: 루비깍지벌레

거위벌레
나뭇잎으로 알집을 만드는 바구미의 한 종류. 잎을 갉아먹기도 하지만 잎을 원통모양으로 말아서 만든 알집이 눈에 잘 띈다(ex. 참느릅나무, 목련, 호장근).

쐐기나방류
7~10월에 녹색으로 변한 송충이의 가시에 닿으면 매우 아프다. 알은 한 곳에 모아서 낳고, 어린 유충은 노란색이다(ex. 벚나무, 느티나무, 감나무, 단풍나무 등).

장미등에잎벌
성충이 어린 가지와 줄기를 가르고 산란한다. 4~11월, 부화한 유충이 잎을 갉아먹는다. 유충은 광택이 있고 군생한다(ex. 장미, 찔레나무).

등줄박각시의 유충
박각시과의 일종으로 성충은 썩은 낙엽을 닮았다. 박각시과류의 유충은 년 1~3회 발생해서 잎을 갉아먹는다(ex. 밤나무, 상수리나무, 참나무, 졸참나무).

알락하늘소 유충
줄기 속에서 겨울을 나기 때문에 나무 부스러기가 보이면 주의한다. 성충은 나무껍질이나 뿌리를 갉아먹는다(ex. 느티나무, 중국단풍, 일본단풍나무, 배롱나무, 애기노각나무).

병 해 충 대 처 의 포 인 트

- 튼튼한 나무에는 병이나 해충이 생기지 않는다.
- 분과 분 사이를 띄워서 그늘을 없애면 질병을 예방할 수 있다.
- 발생 시기 전후로 분 주위나 잎의 뒷면을 관찰해서 해충을 빨리 제거한다.
- 살충제 사용은 설명서를 잘 읽고 신중하게 사용한다.

소품분재의 병해충 대처방법

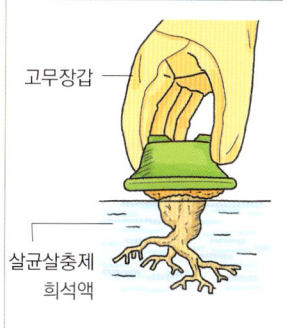
고무장갑
살균살충제 희석액

액상 살균살충제는 효과가 높지만 인체에도 영향을 미치므로, 마스크와 장갑을 반드시 착용하고 주의해서 사용한다. 소품분재의 경우 분재로 들고 희석액에 나무 전체를 거꾸로 담그는 방법이 효과적이다. 살충제가 분에 묻으면 지워지지 않으므로 주의한다. 겨울에 흐리고 바람이 없는 저녁에 작업하는 것이 좋다.

연간 작업 스케줄

봄

3월

작업	상엽분재의 분갈이	상순
	진딧물이 발생하기 시작한다.	
	실외에 내놓는다(눈이 나오기 전에 밖에 내놓는다).	중순
	너도밤나무의 휘묻이(눈이 나오기 전에 철사감기)	
	상엽분재의 휘묻이(느티나무, 일본단풍나무, 중국단풍 등)	
	송백분재의 분갈이	하순
소독	해충예방대책	
비료	주지 않는다.	

4월

작업	붉은별무늬병 발생대책	상순
	눈따기(잎이 벌어지기 전)	
	좀마삭줄, 치자나무의 분갈이 적기	
	곰솔의 새눈따기(새눈을 중간에서 꺾는다).	중순
	교배가 필요한 나무의 수나무 준비	
	느티나무 눈따기(자주)	하순
소독	살균제 도포(월 2회 이상)	
	살충제 살포 등으로 해충 구제	
비료	곰솔 비료주기 시작	
	상화분재와 상과분재는 주지 않는다(6월까지).	

5월

작업	금두의 분갈이 적기	상순
	좀마삭줄의 가지치기 적기	
	상엽분재의 휘묻이 적기	중순
	중국단풍, 일본단풍나무의 잎따기	
소독	진딧물 대책	
	곰솔의 잎마름병 대책	
	살균제 도포(월 2회 이상)	
비료	전체에 비료주기(상화분재, 상과분재는 제외)	

여름

6월

작업	줄녹색박각시의 유충 대책	상순
	곰솔은 눈따기 전에 비료를 충분히 준다.	중순
	치자나무 교배(꽃이 비를 맞지 않게 주의한다)	하순
소독	흰가룻병 예방대책	
비료	살균제 도포(월 2회 이상)	
	전체적으로 비료를 준다(상화분재, 상과분재는 제외).	

7월

작업	햇빛 차단 대책	상순
	장수매의 잎따기(잔가지가 늘어난다)	
	곰솔의 눈자르기(오래된 나무)	중순
	곰솔의 눈자르기(어린나무)	하순
소독	방제대책(병충해 발생의 절정기)	
	살균제 도포(월 2회 이상)	
비료	전체적으로 비료를 준다.	

8월

작업	여름동안 물이 마르지 않도록 주의	상순
	섬잣나무의 분갈이 적기(9월 중순까지)	하순
	태풍 정보에 주의	
소독	방제대책(병해충이 많이 발생한다)	
	살균제 도포(월 2회 이상)	
비료	액체비료를 조금씩 준다.	

연간 작업 스케줄

가을

9월

작업	섬잣나무의 묶은잎 뽑기	상순
	모과나무(장미과)의 분갈이 적기	중순
	송백분재의 철사감기	
	삼나무, 노간주나무의 마지막 눈따기	하순
소독	빨간 진드기 등의 해충 예방대책	
	살균대책(흰가룻병 발생시기)	
	살균제 도포(월 2회 이상)	
비료	칼륨이 주성분인 비료를 많이 준다.	

10월

작업	명자나무·장수매의 분갈이 적기	상순
	곰솔의 눈정리	
	송백분재의 모양잡기를 시작한다(적기는 봄까지).	중순
	묵은잎과 마른 풀을 정리한다.	하순
소독	왜철쭉 꽃봉오리를 먹는 해충 예방대책	
	근두암종병 예방대책	
	살균제 도포(월 2회 이상)	
비료	칼륨이 주성분인 비료를 많이 준다.	
	단풍을 즐기는 나무는 비료를 주지 않는다.	
	단풍을 즐긴다	

11월

작업	새를 막는 방조 네트 등으로 상과분재의 열매를 보호한다.	상순
	잎이 떨어진 뒤 솔 등을 이용해서 줄기를 물로 세척한다.	
	상엽분재는 단풍이 든 잎을 따고 모양을 잡는다(정자).	중순
	곰솔의 묵은잎을 딴다.	
소독	선충 예방대책	
비료	비료를 주지 않는다.	

겨울

12월

작업	곰솔의 잎솎기	중순
	실내로 옮길 준비를 한다.	하순
소독	살균살충제로 소독한다.	
비료	비료를 주지 않는다.	

1월

작업	송백류의 나무모양을 만든다.	
	실내로 옮긴다.	중순
	남은 열매를 제거한다.	
	칫솔 등으로 줄기를 닦는다.	
	철사감기(실내로 옮긴 뒤에 한다)	하순
소독	살균살충제로 소독한다.	
비료	비료를 주지 않는다.	

2월

작업	분갈이에 사용할 기본 용토를 만든다.	
	초본분재의 묵은잎 따기	상순
	분 위에 올려둔 비료 중 남은 것을 제거한다.	
	칫솔 등으로 줄기를 닦는다.	
	신(뼈가지), 사리(뼈줄기) 만들기에 적기	중순
	매화나무의 분갈이 적기	
	상엽분재의 휘묻이 적기	하순
소독	살균살충제로 소독한다.	
비료	비료를 주지 않는다.	

분재의 장식방법

> 분재 중에서도 소품분재는 생활공간에서 장식하고 싶은 곳에 놓고 언제라도 감상할 수 있지만, 때로는 특별하게 즐겨보는 것도 좋다.

캐주얼하게 또는 포멀하게 즐길 수 있다

창가나 현관, 주방, 식탁에서도 즐길 수 있는 것이 소품분재의 매력이지만, 명절이나 중요한 날에는 특별한 방식으로 감상해도 좋다. 실내뿐 아니라 정원이나 베란다에 일반 선반과는 다른, 나무모양으로 만든 특별한 장식대에 그 시기에 가장 아름다운 분재를 장식하는 방법도 좋다.

전시회에서 분재를 장식할 때는 「좌대」라고 부르는 장식용 받침대에 몇 개의 분재나 소품을 조합하는 방법으로 분재를 장식한다. 「좌대」라는 한정된 공간을 하나의 세계로 보고, 보는 사람의 시선의 흐름을 자연스럽게 유인해서, 작은 공간이라는 것을 잊어버릴 수 있게 표현하는 것이다. 일본의 경우「도코노마[床の間]」라는 바닥을 한층 높게 만든 특별한 공간을 장식할 때도 이 방법을 사용한다.

보는 사람이 마치 다른 세계로 끌려 들어가 분재를 올려다볼 정도로 작아진 것 같은 착각을 일으키도록, 구석구석 신경 써서 장식한다. 매일 정성껏 가꾼 분재의 화려한 변신이다.

모던한 분에 심은 분재는 서양 스타일의 세련된 창가에도 잘 어울린다. 물이나 햇빛을 관리할 수 있다면 이대로 키워도 좋다. 실내에서 키우면 약해지는 나무종류는 감상을 마친 뒤 제자리에 돌려놓는다(사진은 바위수국 근상형 분재).

분재의 장식방법 ❶
바닥 장식

분재의 장식방법은 크게 「바닥 장식」과 「진열대 장식」으로 나뉜다. 바닥 장식의 경우 중심이 되는 나무인 「주목(主木)」과 그 흐름을 받는 「부목(副木)」, 그리고 초본분재나 돌, 장식물 등을 의미하는 「첨배(添配)」의 3가지 구성으로 흐름을 만드는 3점 장식과, 주목, 첨배로 구성되는 2점 장식이 일반적이다. 일상적인 공간에서도 이 방식을 기본으로 다양하게 응용할 수 있다.

　분재를 장식할 때는 주목의 흐름이 시선을 이끄는 장소에 부목을 두어, 시선이 좌대 밖으로 벗어나지 않고 일단 멈추게 한다. 멈추게 하는 역할을 하는 부목은 주목과 흐름이 반대이거나 직간인 분재, 또는 첨배를 사용해도 좋다.

　주목은 왼쪽 흐름, 부목은 오른쪽 흐름, 그리고 부목에서의 흐름을 막는 첨배로 높낮이를 만들어서 시선을 강물의 흐름처럼 유인하면, 위에서부터 천천히 퍼지는 안정감이 생긴다.

　전시회의 좌대를 일본식 도코노마[床の間]처럼 만들고 족자를 거는 등, 분재를 장식할 때도 부등변삼각형과 간격을 두는 방법, 나무종류의 선택 방법 등의 센스가 필요하다.

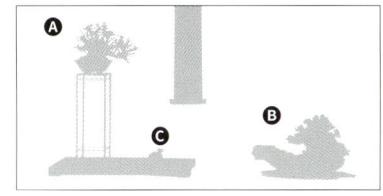

소품분재를 바닥 장식에 사용할 경우, 주목을 높은 탁자에 올려놓는 경우도 많다. 부목은 낮은 받침대에 올려서 높낮이를 다르게 한다. 이 사진에서는 주목인 장수매가 오른쪽으로 흐르기 때문에, 부목인 섬잣나무는 왼쪽 흐름으로 놓고, 첨배는 풀종류를 사용했다. 바닥 장식의 경우, 족자 등을 사용하면 높이가 강조된다. 계절적으로 조금 이른 식물을 사용하면 더욱 정취가 느껴진다.

Ⓐ 주목_ 장수매
Ⓑ 부목_ 섬잣나무
Ⓒ 첨배_ 풀(달맞이꽃, 이끼)

분재의 장식방법 ❷
진열대 장식

진열대 장식은 소품분재로만 가능한 장식방법이다. 다양한 모양의 진열대에 여러 가지 소품 분재를 배치해놓고, 이 진열대 전체를 하나의 주목으로 보는 바닥 장식이라고 할 수 있다. 하지만 그것은 전시회 등에 출전하는 경우이고, 평소에는 진열대만으로 장식을 만드는 것도 재미있다.

놓는 방식으로 변하는 복잡한 흐름의 연출

진열대에 놓는 분재의 수는 진열대 모양에 따라 다르지만, 진열대의 어느 위치에 무엇을 놓는가에 따라 전체적인 분위기는 크게 달라진다. 같은 분재로 장식하더라도 배치에 따라 다르게 보이므로 여러 가지 방법을 시도해볼 수 있다.

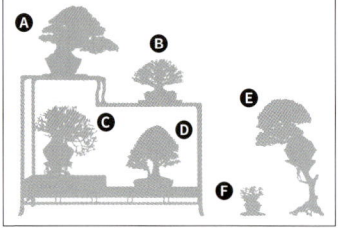

- ❹ 눈향나무
- ❺ 중국단풍
- ❻ 장수매
- ❼ 석화회
- ❽ 섬잣나무
- ❾ 애기싸리

어떤 형태의 진열대든 가장 높은 위치를 천장(天場)이라고 부른다. 진열대 전체를 1그루의 나무로 보면 머리에 해당하기 때문이다. 머리가 중요한 것은 개별 분재나 진열대 장식이나 마찬가지이다.
사리가 아름다운 눈향나무의 흐름을 사간인 섬잣나무가 잘 받았다. 쌍간인 석화회(편백나무의 변이종)의 관록도 더해져서 당당한 품격이 느껴진다.
그런 한편 단아한 장수매의 가지뻗음, 희고 아름다운 중국단풍의 줄기와 가지, 그리고 밝고 사랑스러운 꽃을 곁들인 애기싸리. 대조적이면서도 혼연일체로 균형을 이룬 모습은 보는 이의 마음속 풍경과 어우러진다.

진열대를 하나의 풍경으로 볼 수 있게 만들려면 무게감과 강함의 균형을 잡아야 한다. 한쪽은 무겁고 다른 한쪽은 가벼운 느낌이라면 보는 사람이 안정감을 느낄 수 없다. 또한 움직임(動)과 고요함(靜)의 밸런스도 중요하다. 반현애나 사간, 취류형 등 움직임이 있고 척박한 자연을 생각하게 하는 나무모양과, 직간이나 빗자루형, 주립형 등 여유로운 고요함이 느껴지는 나무모양의 조합은 보는 사람에게 여러 가지 생각을 불러일으켜서 깊이가 느껴지는 장식이 된다.

전시회에서 베테랑의 마음을 배운다

전시회에 가면 숙련된 베테랑들이 정성껏 세심하게 만든 분재 장식을 천천히 오래 감상할 수 있다.

때로는 경쾌하고, 때로는 오묘하며, 때로는 중후한 풍경과 오랫동안 정성을 기울인 결과물, 그리고 순수한 여유를 즐기면서 많은 깨달음을 얻을 수 있다.

균형이 잘 맞는 진열대 장식 만들기

문제점

부목인 섬잣나무(⑥)의 오른쪽 흐름과 진열대 오른쪽에 있는 늘푸른 나무(①②④)의 왼쪽 흐름이 맞아서 무겁게 느껴지며 가운데가 지나치게 가볍다.

① 곰솔
② 눈향나무
③ 장수매
④ 겨울보리수
⑤ 느티나무
⑥ 섬잣나무
⑦ 돌단풍

개선점

진열대 하단의 분재 배치를 바꿔서, 부목인 섬잣나무를 기산초로 변경했다.

① 곰솔
② 눈향나무
③ 장수매
④ 느티나무
⑤ 겨울보리수
⑥ 기산초
⑦ 돌단풍

진열대의 가장 높은 위치인 천장에 놓는 분재에는 단정한 강인함이 필요하다. 이 진열대 장식에서는 살짝 왼쪽으로 기울어진 곰솔의 모양목을 진열대 밖 기산초가 받고 있다. 중간단에서는 움직임이 있는 눈향나무의 흐름을 장수매가 멈추게 하고, 하단의 겨울보리수는 첨배쪽으로 시선을 끈다. 장수매와 느티나무가 갈잎나무로 대각선을 그리고, 선이 가는 돌단풍 첨배와 맞물려 있다. 초본분재는 앞선 계절감을 느끼게 해주고, 복잡한 흐름을 따라가면 풍경과 이야기가 만들어진다.

분재의 장식방법 ❸
장식용 진열대와 탁자

분재를 장식할 때는 평평한 지판(地板)이나 다리가 달린 탁자에 올려놓는다. 진열대 장식에서도 낮은 평탁(平卓)이나 지판을 얹거나, 앞쪽에 지판을 놓고 첨배를 올려서 깊이를 표현하기도 한다.

이러한 진열대와 탁자에는 그림의 액자처럼 분재를 돋보이게 하는 효과도 있지만, 현애나 늘어진 가지가 땅에 지나치게 가깝지 않게 높이 올리거나, 좌대 장식에서 흐름의 높낮이 차이를 만드는 등 작은 세계로 시선을 유혹하는 연출의 역할도 있다.

지판과 탁자에도 다양한 종류가 있는데, 모양에 얽매이지 말고 흔히 보는 깔개나 타일 등을 활용하면 재미있는 경치와 현대적인 장식을 즐길 수 있다.

자신의 분재에 잘 어울리는 분위기를 연출해보자.

진열대

만게쓰 [満月]
천장의 중국단풍에는 평탁, 중간단의 돌배나무에는 지판이 깔려 있다. 이 만게쓰나 미카즈키처럼 둥근 진열대의 경우, 하단에는 분을 놓지 않는 경우가 많다.

평탁 / 천장 / 지판 / 중간단

미카즈키 [三日月, 환탁]

와라비 [わらび]

후지 [富士, 상탁]

고탁

탁자는 높이에 따라 고탁, 중탁, 평탁으로 나뉜다. 고탁은 현애나 가지가 늘어지는 나무를 장식할 때 필요하다.

지판

물 웅덩이처럼 모양이 일정하지 않은 「수판(水板)」이라는 판도 있다. 물이 흘러나오지 않게 주의하면 두꺼운 식탁용 매트나 누빈 천도 어울린다.

송백 분재

곰솔(흑송) | 눈향나무(진백) | 소나무(적송)
노간주나무(두송) | 주목 | 삼나무
섬잣나무(오엽송)

곰솔(흑송)

분재를 대표하는 웅장한 모습의 나무종류. 잎이 소나무의 잎보다 억세다고 해서 곰솔이라고 부르며, 바닷가를 따라 자라기 때문에 해송이라고도 한다. 또, 줄기껍질의 색깔이 소나무보다 검다고 해서 흑송이라고도 부른다. 분재로서의 역사는 의외로 길지 않고, 일본의 경우 1950년대 초부터 눈따기와 눈자르기로 잎을 짧게 만드는 「단엽법」이라는 기술이 보급되면서 폭발적으로 인기가 높아졌다.

　새눈을 따고 2번째 눈부터 조절해서 분재를 만들기 때문에 [만들기]의 묘미를 즐길 수 있다. 가지의 굵기가 새눈이 나오는 힘을 좌우한다는 것을 경험을 통해 알게 되면, 전체의 힘을 조절하고 분재를 만드는 일이 좀 더 즐거워질 것이다.

　한랭지에서도 따뜻한 곳보다 조금 늦게 자랄 뿐이므로 초보자도 도전하기 좋다. 다른 나무종류와 공통된 특징도 많기 때문에 테크닉의 기초를 익히기에 안성맞춤이다.

별명	해송, 흑송
학명	*Pinus thunbergii*
영명	Japanese black pine
일본명	구로마쓰
분류	소나무과 소나무속
나무모양	직간, 쌍간, 삼간, 오간, 문인목, 현애, 석부, 연근형

◀ 나무키 22cm

관리 포인트

장소
따뜻한 곳을 좋아하므로 햇빛이 잘 드는 양지가 좋지만, 반음지~음지에서도 재배는 가능하다.

물주기
물을 매우 좋아한다. 표면의 흙이 마르기 시작하면 분 바닥의 구멍에서 물이 흘러나올 때까지 충분히 준다. 물을 많이 줘도 시들지 않지만, 물이 마르면 위험하다.

비료
비료를 주지 않아도 잘 자라지만, 비료를 많이 줘도 문제없이 잘 자란다. 단, 비가 많이 오는 시기에는 물에 녹은 비료의 농도가 높아져서 부패의 원인이 되므로 주의한다.

분갈이
쑥쑥 잘 자라므로 어린나무일 때는 2~3년에 1번 분갈이한다. 나무가 나이를 먹거나 생장을 조금 늦추고 싶은 경우에는 3~4년에 1번 정도만 분갈이한다.

병해충
진딧물과 소나무재선충병 예방을 위해 봄~가을의 생육기간 중 살충제를 3~4번 살포한다.

재배력

	1월	2월	3월	4월	5월	6월	7월	8월	9월	10월	11월	12월
분갈이			■■									
잎솎기							■■■■					
철사감기·철사풀기	■■■■■■											
눈따기				■■■								
눈자르기									■■			
비료				■■■■■■					■■■■			

키우기 | 분갈이

생육이 왕성한 곰솔은 한창 자라는 시기에 분갈이하면 나무의 부담이 커진다. 그만큼 문제가 생기기 쉽고 특별히 주의해서 보호해야 하는 기간이 길어지므로, 가능하면 눈이 나오기 직전까지는 분갈이를 마치는 것이 좋다.

시기는 지역이나 날씨에 따라 차이가 있다.

어린나무일 때는 모래의 비율이 많은 굵은 흙을 사용하고 점점 고운 흙으로 바꿔나간다.

BEFORE
어린나무에 철사를 감아서 모양을 만든 다음 분갈이한다(▶ p.65).

AFTER
분갈이한 직후에는 직사광선이 닿지 않는 반음지에서 물이끼 등을 덮어 건조를 막고, 잎 상태를 보면서 자리를 잡을 때까지 잘 관리한다.

MINI INFO
가위에 수액 등이 묻어서 더러워지면 가위나 나무가 손상되는 원인이 된다. 작업 전에 윤활제를 뿌리고 가볍게 닦아내면, 쉽게 더러워지지 않고 오랫동안 사용할 수 있다.

01 분에서 뺀 나무 밑동을 핀셋으로 풀어준 다음, 묵은 흙을 털어내고 잔뿌리를 떼어낸다.

POINT
분에 나무 밑동을 넣어본다.

밑동을 고정시킬 철사

02 1/3 정도의 길이로 자른 다음, 용토를 넣은 새로운 분에 나무 밑동을 넣고 철사로 고정시킨다.

03 어린나무는 뿌리가 힘차게 뻗도록 적옥토와 강모래를 2 : 1 정도로 섞은 굵은 용토에 심는다.

키우기 | 잎솎기

잎이 무성해지면 바람이 잘 통하지 않고 가지나 줄기도 잘 보이지 않기 때문에, 전체적인 밸런스를 보고 묵은잎부터 적당히 솎아낸다. 4~6월의 생육기간이 잎솎기에 적기이다.

전년도 잎을 줄이고 있는 모습. 잘라낼 잎을 한데 모아서 손끝으로 잡고, 밑에서 잘라낸다.

자른 모습. 아래쪽 잎을 짧게 자르고, 위쪽의 새잎도 몇 개만 남겨서 길이를 적당히 잘라준다.

만들기 | 개작

나무자람새가 강하고 여러 가지 상황을 잘 견디기 때문에 개작하기 쉬운 나무종류이다. 처음 3년 정도 잘 기르면 그 뒤에는 눈이 몇 배로 늘어나기 때문에, 짧은 기간 안에 모양을 정리할 수 있다. 만들고 싶은 이미지를 머릿속에 그려놓고 시작해보자.

01 값싼 묘목이지만 줄기 밑동이 독특하고 가지가 보기 좋게 위로 뻗었다. 문인목을 구상하면서 키운 나무.

02 심은 모양에 구애받지 말고, 여러 각도로 보면서 창의적으로 생각한다. 철사를 감아 경사를 만든다. 철사를 감아서 줄기에 모양을 만들고, 각도를 바꾼다.

03 줄기의 곡과 가지의 높이를 살려서 풍취가 있는 나무모양을 만든다. 이러한 개작이 가능한 것도 곰솔의 매력이다.

만들기 | 눈따기

4월경에 나오는 새눈의 생장점이 있는 끝부분을 따서, 잎을 짧게 만들기 위해 새로운 생장점을 만드는 작업이다. 「단엽법」(→ p.33)의 중요한 포인트로, 소나무의 새눈을 따기 때문에 「소나무 눈따기」라고도 한다.

모든 것을 한꺼번에 하려고 하지 말고, 나무자람새를 살피면서 강한 눈부터 꺾어서 딴다. 약한 눈은 남겨두고 나중에 잎솎기로 조절하는 것이 좋다. 눈따기를 한 뒤 1달 정도 지나면 새로운 잎이 나온다.

약한 눈

약한 눈은 잎을 잘라서 조절한다.

눈이 나오고 2달 정도 지난 6월 상순의 모습. 조절을 통해 위쪽 눈이나 아래쪽 가지의 눈도 같은 정도로 나와서 밸런스가 맞는다.

눈을 자른 모습 / 강한 눈

강한 눈은 그 해에 나온 것을 잘라낸다.

POINT
강한 곳을 억제해서 균형을 잡는다.

송백 분재 / 곰솔

품격 높이기 | 작품 예

생각한 이미지에 맞게 매일 조금씩 정성껏 개작을 반복하면, 생각한 것 이상으로 품격이 생겨서 놀라는 경우도 있다. 실패를 두려워하지 말고 끊임없이 도전해보자.

▶ 나무키 17cm

작품 ①
팔방성인 곰솔. 나무종류를 막론하고 새눈을 많이 만드는 타입을 「팔방(八房)」이라고 하는데, 곰솔의 경우에는 특히 눈이 굵고 전체적으로 작은 왜성 경향이 있다. 눈따기, 눈자르기를 하지 않고 가지를 골라서 키운다.

▶ 상하 18cm / 좌우 27cm

작품 ②
굵어진 뿌리를 줄기처럼 보이게 만든 근상형. 줄기가 가는 문인목을 구부린 듯한 모양으로, 밑동 부분에서 잎을 볼 수 있다. 나무모양 전체가 잘 정리되고, 작은 점도 장점.

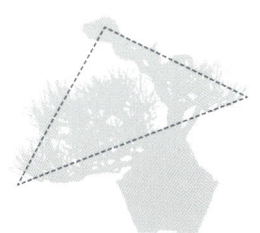

꼭짓점은 근상형의 뿌리. 본체의 가지와 잎, 오른쪽 가지와 잎으로 전체적으로 안정감 있는 부등변삼각형이 되었다.

눈향나무(진백)

향나무의 동료인 눈향나무를 분재에서는 진백이라고 부르는데,「조형미」를 대표하는 나무종류이다.

송백류는 자연 상태에서도 말라 죽은 가지와 줄기의 일부가 몇십 년, 몇백 년이라는 오랜 세월 동안 비바람에 씻겨 백골처럼 남아 있는 경우가 있다. 이런 가지와 줄기를 분재에서는「사리」와「신」이라고 하는데, 짧은 시간 동안 사람의 손으로 만든 사리와 신이 나무의 어두운 갈색 줄기와의 대조를 통해 보여주는 아름다운 모습을 즐길 수 있다.

나무 자체는 튼튼하고 나무자람새가 강하며 전국 어디에서나 잘 자란다. 최근에는 꺾꽂이한 묘목이 대부분이기 때문에, 어느 정도 잘 기른 다음 손질해야 한다.

나무가 자라는 힘에 사람의 손이 더해져서, 만드는 사람이 생각지 못한 모양이 탄생하는 것이 이 나무의 매력이다.

별명	누운향나무, 진백
학명	*Juniperus chinensis var. sargentii*
영명	Chinese juniper
일본명	신파쿠
분류	측백나무과 향나무속
나무모양	모양목, 곡간, 반간

나무키 20cm ▶

관리 포인트

장소
햇빛이 잘 들고 바람이 잘 통하는 장소면 충분하지만, 곰솔과 마찬가지로 반음지~음지에서도 재배할 수 있다.

물주기
물에 의해 생장속도가 달라진다. 빨리 성장시키고 싶은 경우에는 많이 주고, 천천히 키우고 싶은 경우에는 적게 준다. 조금 건조한 정도는 견딜 수 있다.

비료
뿌리의 생육도 왕성하고 비료를 많이 주면 그만큼 빨리 뿌리가 늘어난다. 2~3년 정도면 분에 뿌리가 가득차는 뿌리참 현상이 일어날 수 있다는 점을 염두에 두고, 양을 적당히 조절한다.

분갈이
성장이 빠르고 뿌리가 분에 가득차면 성장이 멈추기 때문에, 그 전에 분갈이한다. 분갈이 신호는 물이 표면의 흙에 잘 스며들지 않는 시점이므로 잘 관찰해야 한다.

병해충
충해에는 강한 편이지만 예방을 위해 봄~가을에 살균살충제를 3~4번 뿌린다.

재배력	1월	2월	3월	4월	5월	6월	7월	8월	9월	10월	11월	12월
			분갈이								분갈이	
			철사감기·철사풀기							철사감기·철사풀기		
	신 만들기				눈따기							신 만들기
					비료			비료				

키우기 | 철사감기

시판되는 것은 대부분 꺾꽂이한 뒤 몇 년이 지난 묘목이다. 만들고 싶은 이미지를 생각하면서 가지치기로 다듬고, 남은 가지가 수평이 되도록 철사를 감는다.

POINT 잎도 정리한다.

꺾꽂이 7~8년차. 분갈이 전에 가지를 자르고 철사를 감는다.

가지를 어느 정도 제거한 다음, 줄기의 구부러진 정도 등 특징적인 부분을 확인한다.

철사를 감아서 가지가 수평이 되게 눕혀서 구부린 다음, 전체적으로 가지와 잎을 정리한다(▶ p.36).

키우기 | 분갈이

튼튼한 나무종류이므로 분갈이하는 시기에는 여유가 있지만, 절기상으로 소한과 대한 사이 정도가 좋다. 추운 시기에 분갈이하면 특별히 보호해야 할 것 같지만, 보호는 선반 밑에 두는 정도면 충분하다. 지나치게 따뜻한 곳에 두면 결과가 좋지 않다. 생장에 적합한 온도가 낮기 때문이다. 용토가 얼어 있는 상태에서 분갈이가 가능한 경우도 있다.

01 분에서 뺀 모양 그대로 나무 밑동 아랫부분을 가위로 크게 잘라서 분리한다.

02 나무 밑동을 자른 상태. 원래의 뿌리 양에 비해 1/5 정도로 줄었다. 남기는 뿌리의 양은 새로 심을 분보다 20~30% 정도 작은 정도가 기준이다.

03 원래 심었던 토분 크기의 1/3 이하의 분을 준비한다. 용토는 적옥토와 녹소토를 4 : 1의 비율로 섞어서 사용한다. 용토 배합은 환경이나 경험을 바탕으로 판단한다.

04 얕게 깐 용토 위에 나무 밑동을 올린 다음 젓가락 등으로 밀어넣어서 심고, 틈새에 용토를 넣는다. 분갈이한 뒤에는 분 전체에 물이 스며들도록 양동이에 물을 채우고 분째로 담가둔다.

POINT 마르지 않게 물이끼를 덮어준다.

05 분갈이 직후에는 물을 충분히 주고 선반 밑에 놓고 관리한다.

만들기 | 사리 만들기

사리 또는 신이라고 부르는 하얀 가지와 줄기를 사람의 힘으로 만들기 위해서는 가지와 줄기의 껍질(형성층)을 깎아서 물을 흡수하지 않는 부분을 만드는 과정이 필요하다. 잎이 나오지 않는 겨울에 작업하면 사후관리가 편하다.

꺾꽂이 8년차 나무의 가지와 잎을 어느 정도 잘라내고 껍질을 깎은 모습. 처음부터 완벽하게 깎는 것이 아니라 이런 상태로 상황을 지켜본다.

사리
형성층

POINT
100년 걸려서 1㎝ 자라는 자연적인 사리에 비해 수년 동안 1㎝를 만드는 인공적인 사리는, 세포조직이 치밀하지 않아서 살균 등의 손질이 중요하다.

시간이 지나 붉어진 부분(형성층)과 속껍질을 제거하고, 남은 가지와 잎도 정리한 상태.

사리
형성층

남은 가지에 철사를 감고 균형을 이루도록 모양을 만든 다음, 조금 작은 분으로 옮긴 상태. 사리 부분에는 붓으로 살균살충제를 바른다.(▶ p.69)

01 처음에는 가지치기로 어느 정도 가지를 잘라내고 잎을 떨어뜨린다. 조금 길게 자르는 것이 비결.

02 봄~가을에는 껍질을 벗기기 쉽지만, 벗긴 뒤에 부패하거나 흰개미가 붙기 쉽다(분재에서는 「노화」라고 부르는 현상). 겨울철에는 껍질이 잘 벗겨지지 않아 칼로 깎는다. 많이 깎아도 괜찮다.

붉어진 부분

03 시간이 지나면 형성층이 남아 있는 부분이 붉게 변하므로, 변한 부분을 꼼꼼하게 깎아낸다. 또한 껍질을 벗기다 보면 끝이 갈라지거나 벗겨지기 시작하는데, 이런 부분도 조각도 등으로 조금씩 깎아낸다.

04 분갈이도 동시에 한다. 건강하기 때문에 사리 만들기와 동시에 할 수 있다.

사리의 보호

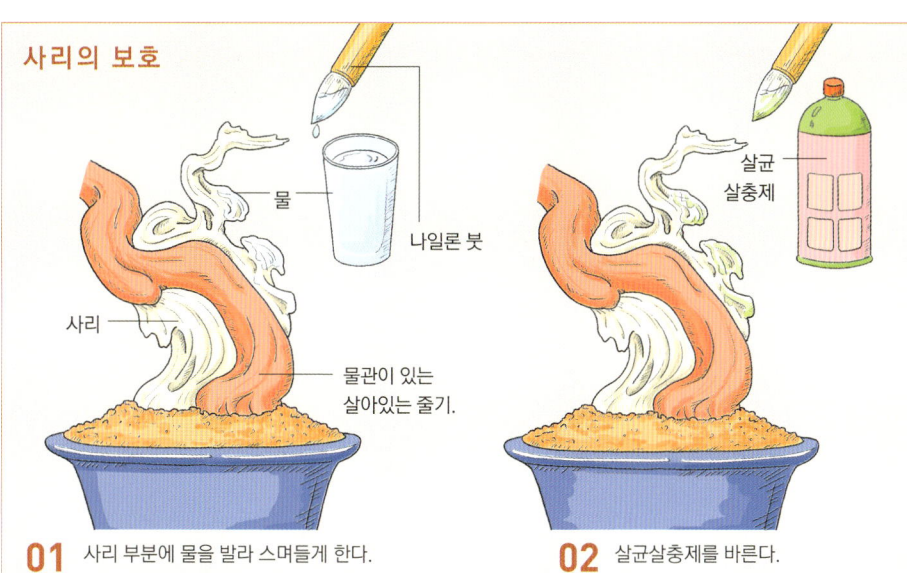

MINI INFO

사리는 만든 직후부터 정기적으로 살균살충제를 발라준다. 매일 물을 주기 때문에 부패하기 쉬우므로, 부패를 막고 해충을 예방하기 위해서이다. 또한 사리를 좀 더 하얗게 만드는 효과도 있다. 바르고 1달 정도 지나면 자연스러운 분위기가 된다. 살균살충제를 바르기 전 나무 전체를 말리고 원하는 부분만 물로 적신 다음에 바르면, 깔끔하게 바를 수 있다. 붓 등을 사용해서 꼼꼼하게 작업한다.

01 사리 부분에 물을 발라 스며들게 한다.

02 살균살충제를 바른다.

품격 높이기 | 작품 예

작품 ❶
엄격함과 기발함이 돋보이는 작품. 사리 부분이 많은 것도 놀랍고, 잎도 정리되어 조화를 이룬다. 「가지 선반나누기」라는 방법으로 만든 4단 가지가 시간의 흐름을 느끼게 한다.

◀ 상하 17㎝ / 좌우 23㎝

사리 만들기의 진수는 혹독한 대자연 속에서 일부는 백골화했지만, 다른 한쪽에서는 싱싱한 잎이 무성하게 달리는 나무의 강인함을 표현하는 데 있다. 작은 분 안에서 최대한 작게 키우지만, 그 안에서 오래된 나무의 느낌을 표현하는 분재 기술의 극치라고 할 수 있다.

나무키 20㎝ ▶

작품 ❷
전체적으로 왼쪽으로 흐르고 있지만, 갈색의 살아 있는 강한 줄기가 밑동을 잘 지탱하고 있다. 사리에는 박력이 있고, 싱싱한 잎이 잘 모여 있어서, 균형을 이룬 모습이다.

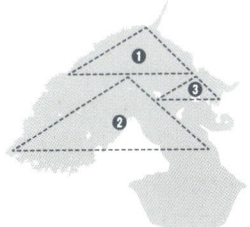

머리 부분인 ❶, 흐름을 보여주는 ❷, 틈 사이를 채운 ❸이라는 3개의 부등변삼각형이 전체를 안정시킨다.

소나무(적송)

한국을 대표하는 나무로 전국의 산야에서 자라는데, 자연 상태에서는 껍질이 붉은색을 띤 갈색이다. 곰솔에 비해 가늘고 부드러워서 눈바람을 맞아도 쉽게 부러지지 않는 나무모양이다.

    분재로 키우면 나무껍질은 붉은빛이 없지만, 잎이 부드럽고 눈은 가늘고 길며 붉은 기가 있다. 잎이 길기 때문에 곰솔(➡ p.62)처럼 단엽법으로 가지를 정리하면 효과적이다.

    우아한 느낌을 주는 나무이지만 곰솔 이상으로 나무자람새가 강하고 튼튼하다. 혹독한 환경의 한랭지나 토양이 부족한 용암지대에서도 잘 견딘다. 이러한 강인함 때문에 어떤 방법으로든 분재를 만들 수 있지만, 역시 문인목이나 취류형, 현애 등이 소나무의 부드러운 아름다움이나 기품을 표현하기에 가장 적합하다.

상하 6cm / 좌우 12cm ▶

별명 적송
학명 *Pinus densiflora*
영명 Korean red pine
일본명 아카마쓰
분류 소나무과 소나무속
나무모양 직간, 모양목, 현애, 문인목

관리 포인트

장소
햇빛이 잘 들고 바람이 잘 통하는 장소가 좋지만, 햇빛이 빨리 사라지는 반음지에서도 충분히 키울 수 있다.

물주기
곰솔과 마찬가지로 빨리 성장시키고 싶은 경우에는 많이 주고, 천천히 키우고 싶다면 조금 적게 준다. 건조에는 비교적 강한 성질.

비료
잎이나 가지의 수를 줄이고 싶은 경우에는 비료를 조금 적게 준다. 가지 수가 많은 경우에는 유지하기 위한 양을 줘야 하지만, 가능하면 많이 주지 않는 것이 좋다.

분갈이
성장이 빠르기 때문에 곰솔보다 분갈이를 빨리 해야 한다. 어린나무는 1~2년, 오래된 나무는 3년에 1번 정도를 기준으로 한다.

병해충
곰솔과 같다. 봄~가을의 생육기간에는 예방의 의미도 겸해 살균살충제를 4번 정도 뿌린다.

재배력	1월	2월	3월	4월	5월	6월	7월	8월	9월	10월	11월	12월
		분갈이								잎솎기		
					눈따기·눈자르기				눈솎기			
		비료							비료			
	철사감기·철사풀기								철사감기·철사풀기			

키우기 | 분갈이

생육이 왕성하고 뿌리도 빨리 자라는 나무라서 분갈이할 때는 뿌리를 과감하게 자르는 편이 좋다.

  시기는 곰솔처럼 눈이 나오기 직전까지 하는 것이 좋다.

  용토도 곰솔의 경우처럼 적옥토 위주로 사용하고, 어린나무일 때는 모래를 10~20% 섞는다.

  여기서는 실생 4~5년차의 곡을 넣은 포트묘를 이용해서, 가지에 철사를 감아 모양을 정리한 뒤 분갈이하는 방법을 소개한다.

BEFORE

AFTER

01 아래쪽 구부러진 가지는 살리고, 위쪽 가지의 흐름을 바꾸기 위해 철사를 감는다.

02 포트를 제거하고 핀셋 등으로 뿌리를 풀어주면서 흙을 털어낸다.

03 뿌리를 어느 정도 자른 다음, 선택한 분에 잘 맞는 크기로 조절한다.

밑동을 눌러서 고정하는 방법 (▶ p.37)

04 고정용 철사를 끼운 분에 굵은 적옥토와 동생사를 2 : 1의 비율로 섞은 용토를 얕게 깔고 나무를 심는다.

05 나무모양이 한쪽으로 기울어졌기 때문에, 펜치 등으로 나무 밑동을 단단히 고정한다.

06 젓가락 등으로 뿌리 틈새에 용토를 넣어주고, 물을 흠뻑 준다.

MINI INFO

뿌리를 자르고 바로 밑에서 보면 일부에 흰 뿌리가 있다. 뿌리가 새로 나기 시작한 것이다. 소나무의 뿌리는 자라면 껍질이 생기는데, 줄기와 마찬가지로 잘 벗겨지기 때문에 그로 인해 흙이 검게 변한다.

만들기 | 눈자르기

소나무는 잎의 성장이 빠르므로 곰솔보다 늦게 하는 것이 포인트. 단엽법을 활용하는 경우에는 봄의 눈따기와 동시에 자르고, 다시 7월경에 잎을 자른다. 잎의 성장이 생각하는 것보다 빠르다는 것을 잊으면 안 된다.

01 먼저 전년도 잎부터 줄인다. 균형을 보면서 잎이 붙어 있는 부분에서 2~3mm 남기고 잘라낸다.

02 잎의 성장이 상당히 빠르기 때문에 잎을 줄이면서, 다음 잎이 나오는 힘을 조절하기 위해 1/2로 자르거나 1/3로 자르기도 한다.

03 새로운 잎은 1묶음을 손가락으로 잡고 수평으로 자른다. 잎솎기와 동시에 눈따기한 뒤에 자란 2번째 눈도 자른다.

품격 높이기 | 석부작 만들기

석부작은 혹독한 자연환경에서 견디는 강인한 모습과 그 풍경을 작게 만들어 가까이에서 감상하기 위한 분재의 테크닉이다. 현실에서도 용암 위 등에 뿌리를 뻗는 소나무는 분재에서 그야말로 좋은 소재가 된다.

만드는 시기는 지역에 따라 다르지만 3월 하순~4월 상순 정도에 만들고, 분갈이의 일종이라고 생각하면 된다.

석부작을 만든 뒤에는 용토를 조절하기 위해 부분적으로 분갈이한다. 뿌리 사이에 용토를 보충하고 돌을 점점 노출시키거나, 양분이 많은 흙으로 덮어주는 등, 나무의 성장에 맞춰서 조절한다.

01 준비한 돌과 나무의 방향, 각도 등을 실제로 대보면서 여러 가지 가능성을 찾는다.

02 여기서는 세로로 결이 있는 돌을 쓰기로 결정하였다. 철사를 이용해서 임시로 고정시키고 이미지를 확인한다.

03 나무를 빼고 나무를 붙일 부분에 이탄흙(생명토)과 적옥토를 섞은 용토를 바른다.

> **POINT**
> 돌을 강조할지 나무를 강조할지는 키우는 과정에서 이미지를 보면서 조화를 이루어 나간다. 시간의 경과도 즐거움의 하나이다.

04 03에서 바른 흙 위에 나무를 붙이고 물에 담가둔 삼베 천을 두른 다음, 무명실이나 마끈 등 썩어서 없어지는 소재로 만든 실로 묶는다.

05 고정한 다음 다시 한번 이탄흙(생명토)을 위에 바르고 그 위에 이끼를 붙인다. 돌과 나무, 흙의 비율이 1:1:1로 흙의 부피가 조금 많으므로, 나무를 돋보이게 하는 「첨배(장식용 소품)」역할을 할 하초(바위떡풀)를 심었다.

노간주나무(두송)

바늘처럼 날카로운 잎이 있어서 일본에서는 그 잎을 쥐를 쫓는 데 사용했다고 해서 쥐를 찌른다는 의미로 「네즈미사시」라고 부르기도 한다.

눈향나무처럼 사리를 만들기 쉬우며, 곡선미는 눈향나무(진백) (➡ p.66), 직선미는 노간주나무를 꼽는다.

재배 자체는 어렵지 않지만 가지가 쉽게 말라죽기 때문에 마른 부분을 신으로 만들어서 관상 가치를 높이는 방법을 많이 사용하는데, 노간주나무의 사리나 신은 눈향나무에 비해 쉽게 노화해서 떨어지는 것도 있어서 관리가 조금 어렵다. 또한 눈따기에도 손이 많이 간다.

분재다운 멋이 생길 때까지 시간이 걸리기 때문에, 다른 나무로 어느 정도 경험을 쌓은 다음에 도전하는 것이 좋다.

별명	두송, 노가지나무, 노간주향나무
학명	*Juniperus rigida*
영명	needle juniper
일본명	네즈미사시
분류	측백나무과 향나무속
나무모양	직간, 모양목, 연근형, 현애, 모아심기

◀ 나무키 13㎝

관리 포인트

장소
햇빛이 잘 들고 바람이 잘 통하는 장소를 좋아하지만, 더위에 강하고 추위에 약하기 때문에 겨울에는 찬 바람을 맞지 않도록 주의한다.

물주기
물을 좋아하므로 표면의 흙이 마르면 듬뿍 준다. 여름철에는 물이 마르지 않도록 주의한다.

비료
4월~가을까지 생육 기간 중에는 눈따기를 반복하기 때문에, 나무가 약해지지 않도록 1달에 1번 분 위에 고형비료를 올려둔다. 한여름에는 비료를 주지 않는다.

분갈이
원래는 5~6월이 적기였지만, 최근 1~2월의 소한과 대한 사이에 분갈이를 해주면 나무가 상하지 않고, 초봄에 눈이 나온다는 사실이 알려졌다. 3~4년에 1번 정도의 간격으로 분갈이한다.

병해충
빨간 진드기 예방에는 잎에 직접 물을 주는 엽수가 효과적이다. 발생하면 즉시 살충제를 뿌린다.

재배력	1월	2월	3월	4월	5월	6월	7월	8월	9월	10월	11월	12월
			분갈이	눈따기		눈따기		눈따기				
			철사감기									
			고형비료(월 1회)				고형비료(월 1회)					

키우기 | 분갈이

과거에는 「뿌리 생육이 늦어서 5~6월에 분갈이한다」라는 것이 노간주나무 분재의 상식이었지만, 최근에는 소한과 대한 사이에도 분갈이가 가능할 뿐 아니라 오히려 나무가 상하지 않는다는 사실이 알려져서, 주로 겨울에 분갈이한다.

2월에 분에서 뿌리분을 빼낸 상태. 3년 분량의 뿌리가 층을 이루고, 표면에 이미 하얀 새뿌리가 보인다. 뿌리의 생육이 빠르고, 분갈이가 가능하다는 것을 알 수 있다.

만들기 | 눈따기

노간주나무는 직선으로 곧게 자라기 때문에 가지 모양이나 배치의 균형을 맞추려면 시간이 걸린다. 잎도 복잡해지기 쉬우므로, 나무모양을 유지하려면 눈따기를 자주 하는 것이 중요하다.

눈이 쉽게 복잡해지며, 눈따기를 한 곳에서도 눈이 나온다. 생장기에는 잎이 무성해져서 뭉치지 않도록 자주 핀셋으로 따주는 것이 좋다.

품격 높이기 | 작품 예

작품 ❶

똑바로 하늘을 가리키는 사리에, 노간주나무만의 장엄한 매력을 지닌 명품 분재. 유지하기 힘든 사리부분이 차지하는 비율이 크지만, 물관이 있는 살아있는 갈색 줄기에도 안정감이 있다. 가지가 굵고, 잎과의 밸런스에도 기품이 있어서, 노간주나무 고유의 매력이 충분히 발휘되었다.

BEFORE

가지 끝뿐 아니라 전년도 이전에 나온 가지에서도 눈이 나오기 때문에, 가지가 금새 보이지 않게 된다. 잎을 남겨두면 생육이 지나치게 왕성해져서 분위기가 손상된다.

AFTER

새눈을 대부분 따서 가지모양을 볼 수 있게 만들었다. 이런 모습을 유지하기 위해서는 눈따기를 자주 해야 한다.

나무키 100㎝ ▶

주목

해발 1,000m 이상의 고산지대에서 주로 자라는 나무로 내한성이 있고 튼튼하다. 정원수로 많이 심는 떨기나무인 눈주목나무는 주목의 변종 중 하나이다.

줄기에 붉은 심이 지나고 있어서 매우 단단하고 잘 썩지 않기 때문에, 일본에서는 여러 나무 중에서도 1등이라는 의미로 「이치이[一位]」라고 부른다.

나무자람새가 강하고 눈이 잘 나오기 때문에, 눈따기를 반복하면 가지 끝에 잎이 촘촘하게 모여서 가지 선반을 만든다. 그런 아름다운 나무모양과 광택이 있는 늘푸른잎이 주목의 매력이다.

오랜 세월 길러서 줄기가 검은빛을 띤 경우 표면을 벗겨내면 붉은 껍질이 드러나는 것이 특징이다. 또, 사리도 만들 수 있기 때문에 사리와 나무껍질의 대조가 아름다운 고목 명품 분재가 많이 있다.

학명	*Taxus cuspidat*
영명	Japanese yew
일본명	이치이
분류	주목과 주목속
나무모양	직간, 쌍간, 모양목

◀ 나무키 18cm

관리 포인트

장소
건조에 약하기 때문에 햇빛을 많이 받는 곳보다 음지~반음지에서 더 잘 자란다.

물주기
물을 매우 좋아하기 때문에 그늘에서 길러도 물을 많이 줘도 괜찮다. 물 부족에는 약하기 때문에 지나치게 건조하지 않게 주의한다.

비료
늘푸른 잎을 잘 유지하기 위해서는 많은 비료가 필요하다. 잎이 자라는 봄과 겨울의 준비 기간인 가을에는 1달에 1번 분 위에 올려두는 고형 비료를 준다.

분갈이
2년에 1번 정도 분갈이한다. 초봄, 눈이 나오기 전에 분갈이하는 것이 나무의 부담이 적다.

병해충
병이나 해충에 강한 나무이지만, 그늘에서 기르는 경우에는 곰팡이 발생에 주의한다.

재배력	1월	2월	3월	4월	5월	6월	7월	8월	9월	10월	11월	12월
			분갈이									
								눈따기				
				철사감기·철사풀기				철사감기·철사풀기				
				비료					비료			

만들기 | 철사감기

단단하기로 유명한 나무인만큼 가지가 빨리 딱딱해진다. 또 탄력성도 강하기 때문에 성장한 가지에 철사를 감아도 원래대로 돌아간다. 가지가 어리고 가늘 때 모양을 만들어야 한다.

철사를 감을 때는 진한 녹색 잎을 솎아내듯이 따는 것이 포인트. 잎이 붙어 있는 부분에서 눈이 나오기 때문에, 나중을 생각해서 지나치게 줄이거나 남기지 않도록 조절하는 것이 중요하다.

BEFORE
꺾꽂이 4~5년차. 길게 자란 제1지(내민가지)를 활용해서 반현애(▶ p.21) 나무모양을 구상하고 있다. 필요 없는 가지는 먼저 가지치기하지만, 가지 끝에 있는 생장점을 낮추기 위해 아래쪽 잎 2~3장을 남겨두고 자르는 것이 좋다.

AFTER
반현애로 만들기 위해 부등변삼각형이 되도록 나무모양을 정리했다. 잎의 양은 처음의 1/3 정도. 이 다음부터는 머릿속에 그려둔 삼각형에서 벗어나 자라는 부분을 가지치기한다.

01 나무모양의 중심이 되는 내민가지(제1지)에 줄기 밑동에서부터 철사를 감는다.

02 잎이 있는 부분은 잎이 철사에 감기지 않도록 걸리는 부분만 따낸다.

품격 높이기 | 분맞추기

BEFORE
철사를 감고 나서 1년 정도 지난 모습. 가을에 눈이 늘어나서 그 눈을 자른 곳에서 새눈이 많이 나왔다. 이런 성질을 고려해서 잎의 양을 조절한다. 나무모양이 잡히면 분맞추기를 한다.

NG 깊은 분
NG 정사각형 분

작업순서는 분갈이와 마찬가지인데 토분에서 기르다가 감상분으로 바꿀 때는, 나무와 잘 어울리고 나무가 편안하게 느낄 수 있는 분을 고르는 것이 좋다. 여기서는 3가지 분을 준비해서 맞춰보았는데, 정사각형 분은 무게감이 지나쳐서 나무가 가늘고 약해 보이며, 깊은 분도 지나치게 커서 무겁고 마찬가지로 나무가 약해 보이는 느낌이다.

AFTER 둥글고 얕은 분
둥글고 얕은 분은 앞으로 성장할 것을 생각하면 여유도 있고 밸런스도 잘 맞는다. 진열대 위에 놓고 감상하기 알맞은 분이다. 전시회 등에 출품하는 경우에는 나무의 굵기와 볼륨에 잘 맞는 작은 분을 선택한다.

삼나무

삼나무는 꽃가루 알레르기를 일으키는 원인으로 많이 알려져 있지만, 분재로 키운 삼나무는 꽃이 피지 않기 때문에 꽃가루 알레르기가 있는 사람도 안심하고 가까이에서 즐길 수 있다.

  재배하기도 쉽고 분재로 만들기도 쉬운 나무로 나무모양이 곧아서 패턴이 어느 정도 한정되지만, 그런 만큼 어떤 분재를 만들 것인지 계획을 세우기 쉽다. 가지치기와 눈따기만으로도 분재다운 매력이 있는 나무모양을 만들 수 있다. 뿌리도 줄기처럼 곧게 자라는 직근성이지만, 처음에는 깊은 분에서 키우면서 서서히 줄여나간다.

  일반적으로 보는 삼나무는 품종이 여러 가지여서 분재에 적합한지 알 수 없으므로, 분재 전문점 등에서 꺾꽂이로 기른 것을 재배하는 것이 좋다.

학명	*Cryptomeria japonica*
영명	Japanese cedar
일본명	스기
분류	측백나무과 삼나무속
나무모양	직간, 쌍간, 삼간, 주립형, 연근형

◀ 나무키 23cm

관리 포인트

장소
장소는 특별히 가리지 않아서 양지든 음지든 관계 없다. 물을 주기 쉬운 장소가 좋다.

물주기
습기가 많은 환경을 좋아하기 때문에 물을 많이 줘야 한다. 물을 충분히 줘서 항상 잎에 윤기가 있는 상태를 유지하면 잘 자란다.

비료
비료도 많이 주면 잘 자란다. 봄부터 6월까지의 생육기간과, 월동을 위해 힘을 비축하는 9~11월에 준다.

분갈이
어린나무는 깊이가 있는 큰 분에서 키우고, 3~4년에 1번 분갈이한다. 가지가 정리되면 분을 점점 작게 줄이고, 1~2년에 1번은 분갈이한다.

병해충
가지 끝이 마르는 것을 예방하기 위해, 초봄, 여름, 가을, 겨울에 살균 살충제를 뿌린다.

재배력

	1월	2월	3월	4월	5월	6월	7월	8월	9월	10월	11월	12월
				분갈이					잎솎기			
			눈따기									
		비료							비료			

만들기 | 강한 가지치기

아래쪽에 안정감이 있는 나무모양을 만들기 위해 어릴 때는 가지가 자라게 두고, 어느 정도 굵게 자란 다음 강한 가지치기를 한다.

아래의 예는 토분에 심은 뒤 비료와 물을 많이 주면서 키우고, 아래쪽 가지는 2년 넘게 계속 자라게 둔 것이다. 머리부분은 높이를 억제하기 위해 눈따기를 하지만, 나무모양을 정리할 단계가 되면 초봄부터 눈따기를 멈추고 어느 정도 자라게 둔다.

BEFORE
토분에 심은 지 2년된 나무. 아래쪽 가지는 자르지 않고, 머리부분도 봄부터 자라게 두었다.

AFTER
머리부분과 아래쪽 가지를 많이 자르고 나무모양을 정리한 모습. 가지뿐 아니라 자란 눈도 잘라서 잎을 줄여, 어느 정도 직간이 되었다.

머리부분에서 자란 눈은 중심이 될 부분을 전년도 잎까지 남기고 가위로 자르고, 그 외에는 잎줄기가 붙어 있는 부분에서 잘라낸다. 잎에 가위가 닿으면 그 부분부터 붉게 마르기 때문에, 잎의 줄기만 자르도록 주의한다.

만들기 | 눈따기

나무모양을 만든 뒤 나무의 위쪽 반은 눈따기를 자주 반복한다. 신록의 눈이 자라기 시작하면 아직 부드럽고 송이모양일 때 손으로 딴다. 아래쪽 반은 가지가 원하는 굵기가 될 때까지 자라게 두었다가 가지치기하는 작업을 간격을 두고 반복한다.

BEFORE

AFTER

가지치기하고 1년이 지난 모습. 평평한 분으로 분갈이한 뒤 눈을 따고 아래쪽 가지를 정리했다. 왼쪽 가지는 자라게 둔다.

송이모양의 눈을 손으로 따는 모습. 눈 끝에 생장점이 있으므로 이를 제거하는 작업이다.

아래쪽 반에서 자란 가지와 잎은 가위로 줄기를 자른다. 앞으로 만들 모양을 구상하면서 가지를 선택한다.

섬잣나무(오엽송)

고산지에 자생하여 매서운 눈바람을 견디며 자라는 튼튼한 나무이다. 섬잣나무가 분재를 대표하던 시대도 있었지만 점점 곰솔(➜ p.62)이 주류를 이루게 되고, 또 높은 지대에서 자라는 고산성이기 때문에 유통량이 줄어들어 그 수가 적어졌다. 그러나 유연하고 늘름한 나무모양은 역시 섬잣나무만의 매력이다. 곰솔이 강인함을 대표한다면 섬잣나무는 위엄, 품격의 대표라고 할 수 있다.

잎이 짧고 5개씩 뭉쳐서 나오기 때문에 빽빽해진다. 잘라서 짧게 만들 필요가 없고, 또한 가을이 되면 대부분의 묵은잎이 떨어지므로 힘들이지 않고 기를 수 있다.

단, 생장이 현저하게 늦기 때문에 나무껍질이 거칠어지는 데도 오랜 시간이 걸린다. 단기간으로는 변화를 느낄 수 없기 때문에, 천천히 오래 만들어야 하는 나무종류이다.

별명	오엽송
학명	*Pinus parviflora*
영명	Japanese white pine
일본명	고요마쓰
분류	소나무과 소나무속
나무모양	직간, 쌍간, 삼간, 오간, 모양목, 연근형, 벌취형

상하 25cm / 좌우 29cm ▶

관리 포인트

장소
잎이 빽빽하기 때문에 조금 추워도 바람이 잘 통하는 장소를 선택한다. 따뜻한 곳은 특히 주의한다.

물주기
봄에 눈이 나오는 시기부터 여름까지 잎이 자라는 기간 중에는 물을 적게 주고, 여름 후반 이후부터는 많이 준다.

비료
초봄부터 여름까지는 비료를 주지 않는다. 9~11월에는 월동할 힘을 키우기 위해 1달에 1번 정도 주는데, 양은 많이 주지 않는 것이 좋다.

분갈이
뿌리의 성장이 늦기 때문에 뿌리가 가득차는 일은 별로 없다. 자주 분갈이하면 오히려 나무의 분위기가 손상된다. 3~5년에 1번 정도면 좋다.

병해충
빽빽한 잎에 진딧물이나 진드기가 발생하기 쉽고, 또 곰팡이에 의한 「잎떨림병」에도 약하기 때문에, 자주 살균해서 예방한다.

재배력	1월	2월	3월	4월	5월	6월	7월	8월	9월	10월	11월	12월
			분갈이			눈자르기				잎솎기		
			철사감기							철사감기		
										철사풀기		
				씨모의 분갈이				비료				

키우기 | 씨모 심기

섬잣나무의 경우 시중에서 판매하는 묘목은 어느 정도 시간이 지난 것으로 곡을 넣을 수 없다. 마음에 드는 묘목을 찾지 못했다면 직접 씨앗부터 길러서 원하는 모양으로 분재를 만들어보자.

씨앗부터 기른 씨모(실생묘)는 줄기가 부드럽기 때문에 구부릴 수 있다. 1~2년생은 줄기가 너무 가늘기 때문에 3년생 정도가 적당하다. 작업은 2월 중순~3월에 한다.

준비물

3년 전에 씨를 뿌린 씨모(실생묘). 몇 개의 다발을 모판에서 꺼내, 가볍게 흙을 털어낸다.

씨모(실생묘)

묘목 다발에서 분리한 묘목. 분리할 때 뿌리 끝이 다치지 않게 주의한다.

철사(각 2줄)

토분(각 1개)

01 묘목을 분 중앙에 고정시키기 위해, 곡을 넣지 않는 경우에도 줄기에 철사를 감는다. 곡을 넣을 때는 2줄의 철사를 겹치지 않게 감으면, 잘 부러지지 않아서 구부리기 쉽다.

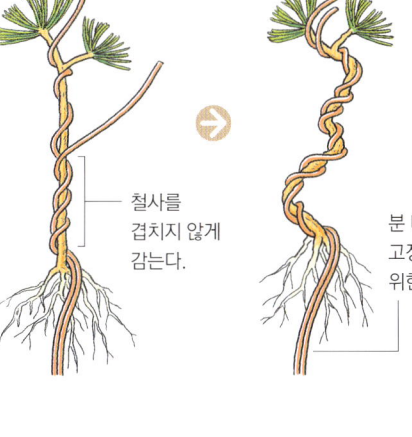

구부리기 전 / 구부린 뒤

철사를 겹치지 않게 감는다.

분 바닥에 고정하기 위한 철사

남는 철사는 잘라낸다

02 묘목 위쪽의 남는 철사는 잘라내고, 아래쪽 철사는 미리 분 바닥 구멍에 깔아둔 망을 통해 밑으로 빼낸다. 용토를 넣기 전에 철사를 구부려서 고정시키면 작업하기 쉽다.

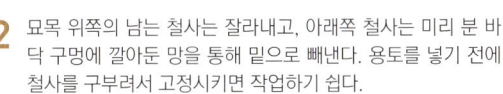

구부려서 고정시킨다

MINI INFO

소나무류의 뿌리에는 종종 공생균이 기생해서 뿌리 끝 등이 둥글게 부풀기도 한다. 이 부분을 제거하면 나무가 기운을 잃기 때문에 남겨두는 것이 좋다.

03 여기서는 적옥토와 녹소토를 2 : 1의 비율로 섞은 용토를 사용한다. 용토 배합은 환경에 따라 달라지므로 경험으로 판단한다.

04 묘목을 심은 뒤 적옥토로 표면을 덮고 물을 준다. 처음에는 마르기 쉽기 때문에 물이끼로 습기를 유지하는 것이 좋다.

키우기 | 눈 정리

초봄에는 새눈이 나오지만 이 눈을 그대로 자라게 두면, 섬잣나무의 경우에는 특히 잎이 지나치게 빽빽해져서 문제가 생기기 쉽다. 이 시기에 눈과 잎을 정리해야 한다.

여기서 예를 든 나무는 20년이 지난 나무이다. 여기저기에 눈이 부풀어 있는데, 눈을 키우고 싶은 부분은 묵은잎을 줄이고 키우고 싶지 않은 눈은 잘라내서 조절하면, 짜임새 있게 분재를 만들 수 있고 나무에도 힘이 생긴다.

BEFORE
새눈이 나와서 잎이 빽빽해지기 시작한 나무.

AFTER
키우고 싶지 않은 눈과, 키우려는 눈 주변에 있는 묵은잎을 정리한다.

01 묵은잎 쪽을 잘라낼 때는 5장을 한꺼번에 손으로 잡고, 잎이 붙어 있는 부분을 2㎜ 정도 남기고 자른다. 가위를 이용하면 쉽게 작업할 수 있다.

02 눈도 마찬가지로 가위로 잘라낸다. 잎이 잘 자라게 만들고 싶은 부분은 큰 눈을 남겨두고 묵은잎을 잘라내고, 그대로 두고 싶은 부분은 작은 눈도 잘라낸다.

키우기 | 눈자르기·5월

가끔은 5월경에 새눈이 눈에 띌 정도로 자라는 경우가 있다. 다른 소나무류라면 가을까지 눈을 자를 기회가 있지만, 섬잣나무의 경우 5월 중에 자르지 않으면 가지가 되어 웃자라기 때문에 빨리 잘라야 한다.

눈을 정리하기 전, 초봄의 눈 상태. 이 눈을 정리해도 생육이 왕성한 나무의 경우, 눈이 새로 자라는 경우가 있다. 섬잣나무의 경우에는 자란 눈이 잎이 되는 기간이 짧기 때문에, 가지가 되는 경우가 많다.

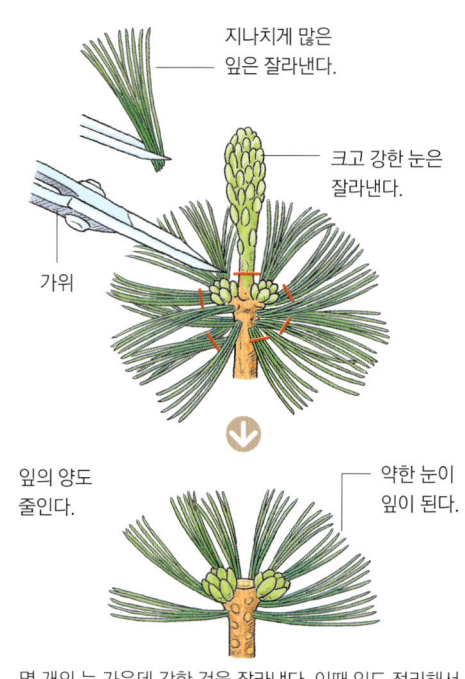

몇 개의 눈 가운데 강한 것을 잘라낸다. 이때 잎도 정리해서 양을 줄이면, 겨드랑이에 붙어 있는 약한 눈이 그해 안에 잎이 된다.

만들기 | 철사감기

15년 정도 지난 나무에 철사를 감아 모양을 정리한다. 잎의 성질(➡ 아래 MINI INFO 참조)은 그다지 좋지 않지만, 원줄기 밑동에서 철사를 감아 현애 모양으로 구부린다.

여기서는 가지 부분을 자르면서 모양을 정리했다. 가지로 모양을 만들 때는 무리하게 구부리는 것이 아니라, 손으로 만져서 그 가지가 잘 구부러지는 방향을 확인하면서 구부려야 한다.

BEFORE 원줄기의 그루솟음새에 곡을 넣어 현애 모양으로 만든 나무.

AFTER 각각의 가지의 굵기에 맞는 철사를 감아 모양을 정리한다.

MINI INFO

섬잣나무의 잎은 푸른빛이 도는 은엽과 밝은 녹색의 병엽이 있다. 이 잎은 색깔뿐 아니라 성질도 다른데, 특히 묘목의 경우 잎을 많이 만져보면 알 수 있다. 은엽은 모가 나고 단단하다. 장엄한 분위기의 분재를 만들기 위해서는 은엽을 가진 섬잣나무가 좋다.

은엽(銀葉)

병엽(並葉)

01 반현애를 만들기 위해 구부릴 예정인 가지가 붙어 있는 부분에 철사(구리)를 건다.

02 굵은 철사를 3개의 가지에 각각 감은 모습. 가지 굵기에 따라 철사의 굵기도 바꾼다.

03 가지 중간까지 조금 가는 철사를 감다가, 가지가 갈라진 부분에서 각각 따로 감았다.

매우 가는 철사

04 가지 끝의 가늘고 약한 부분은 매우 가는 철사를 감는다. 철사의 굵기를 바꿀 때는 원래 감던 철사의 끝부분과 다음에 감을 철사의 시작부분이 조금 겹치는 것이 좋다.

품격 높이기 | 작품 예

작품 ❶
모양목에서 반간의 경지에 이른 나무모양. 머리부분이 둥글어지면서 정리된 부등변삼각형을 그리고 있다. 이끼가 있는 줄기 밑동에서 보이는 거친 나무껍질이 긴 세월을 거쳐왔음을 상징한다.

작품 ❷
문인목 스타일에서 시작해 세월을 거치며 사간 스타일이 된 나무모양. 둥근 머리 모양이 세월을 말해준다. 문인목의 마지막 단계이다. 앞으로 개작을 통해 머리부분을 작게 만드는 것이 좋다.

◀ 나무키 17cm

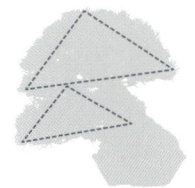

완만한 둔각의 부등변삼각형이 분재가 겪은 세월을 응축해서 표현한다.

◀ 나무키 16cm

작품 ❸
몸집은 작지만 15년 이상 지난 석부작 분재. 섬잣나무는 물이 별로 필요 없어서 다양한 표현이 가능하다.

나무키 12cm ▶

작품 ❹
현애와 대현애(▶ p.21)의 중간이라고 할 수 있는 나무모양. 뿌리뻗음의 아랫부분에 있는 「사바간(고사한 부분)」이 거친 자연과 세월을 느끼게 한다. 척박한 환경에서 살아가는 큰 나무의 박력을 표현하였다.

▲ 상하 16cm / 좌우 26cm

상엽 분재

느티나무 | 참느릅나무 | 중국단풍
좀마삭줄(쫄쫄이마삭줄) | 애기노각나무 |
일본단풍나무 | 쥐똥나무 | 사향단풍 | 검양옻나무
용신담쟁이덩굴 | 담쟁이덩굴 | 배롱나무

느티나무

한국이나 일본 대부분의 지역에서 볼 수 있는 갈잎큰키나무로, 넓은 하늘을 향해 가지를 뻗은 모습이 눈에 잘 띈다. 시골 풍경에서 빠지지 않는 상징적인 나무로 온화한 분위기를 자아내기 때문에, 이 모습을 작고 친근하게 즐기고 싶어지는 것도 당연한 일이다. 분재에서는 옛날부터 인기 있는 나무종류이다.

붉은색과 노란색 단풍, 겨울에는 잎을 떨어뜨리고 가느다란 가지만 남아 있는 겨울나무(한수), 새로 눈이 나온 어린잎 등 계절마다 볼거리가 다채롭고, 여러 종류의 나무가 섞여서 자라는 숲처럼 보이는 모아심기로 만들어도 색다른 정취가 느껴진다.

느티나무는 단풍 색깔이 다르거나, 빗자루형으로 자라는 나무, 잎이 작은 나무 등 개체차가 큰데, 어느 정도는 교정을 통해 조절할 수 있다.

이 책에서는 다루지 않았지만 팽나무도 기본적인 재배방법은 느티나무와 비슷하기 때문에, 같은 방법으로 분재를 만들 수 있다.

▶ 나무키 21㎝

별명	규목(槻木)
학명	*Zelkova serrata*
영명	Sawlef zelkova
일본명	게야키
분류	느릅나무과 느티나무속
나무모양	빗자루형, 주립형, 모아심기

관리 포인트

장소
햇빛이 잘 들고 바람이 잘 통하는 곳을 좋아한다. 햇빛이 부족하면 가지가 웃자라는 경우도 있다.

물주기
물을 좋아하기 때문에 매일 듬뿍 준다. 들판의 느티나무는 물이 풍부한 땅에서 자라야 거목이 된다.

비료
여름부터 가을에 걸쳐 1달에 1번 정도 준다. 비료를 많이 주면 가지가 자라서 나무모양이 망가지기 쉽다. 여름 이후에 주는 비료는 가지를 충실하게 만들기 위한 것이다.

분갈이
어린나무는 1~2년, 자리를 잡으면 2~3년에 1번 간격으로 한다. 분갈이할 때 뿌리 굵기를 고르게 만들면 나무모양이 깔끔해진다.

병해충
새눈이 나오는 시기의 진딧물이나 질병 예방을 위해, 겨울에 살살충제를 줄기나 가지에 바른다. 초봄에는 살균살충제를 뿌린다.

재배력

1월	2월	3월	4월	5월	6월	7월	8월	9월	10월	11월	12월
		분갈이							잎솎기		
	눈따기·가지치기									가지 교정	
				잎따기		비료					

키우기 | 분갈이

느티나무는 생육이 왕성하기 때문에 분에서 기르면 뿌리가 한쪽으로 치우치기 쉽다. 분재에서는 곧게 자란 나무모양의 아름다움을 감상하는 나무이기 때문에, 분갈이할 때 뿌리를 잘 조절하는 것이 중요하다. 굵은 뿌리에 영양분이 집중되어 점점 전체가 기울어진다.

특히 어린나무는 뿌리가 튼튼해서 조금 늦게 자라더라도 자주 분갈이하는 편이 그루솟음새가 보기 좋고, 가지도 촘촘한 나무모양이 된다.

01 흙과 잔뿌리를 털어낸다. 핀셋을 줄기에서 사방으로 움직여서 턴다.

02 길게 자란 부분을 크게 잘라내고, 가지가 퍼져 있는 모양과 비슷한 모양으로 만든다.

방사형으로 정리한다

03 이 단계에서 뿌리 상태를 잘 관찰하고, 방사형 방향에 맞지 않는 굵은 뿌리를 확인한다.

방향이 다른 뿌리

04 방향이 다르거나 굵은 뿌리에서 새로 나온 뿌리 등을 가위로 짧게 잘라서 균형을 맞춘다.

05 중심에서 바로 밑으로 자란 굵은 뿌리가 있으면 과감히 자른다.

06 본격적으로 짧게 자른 뒤에 오래 두면 뿌리가 약해지므로, 이 단계에서 분에 맞춰본다.
(다음 페이지에 이어서 ➡)

MINI INFO
느티나무의 분갈이는 눈이 조금씩 나오기 시작하는 시기에 하는 것이 좋다. 가지 끝에 작은 잎이 보이기 시작하면 분갈이 할 때이다.

07 분에 철사를 통과시키고 굵은 적옥토를 깔아서 심을 준비를 한 다음, 뿌리를 좀 더 짧게 자른다.

사방으로 고르게 퍼지도록 정리한다

08 상당히 짧게 자른 상태. 이대로 공기에 오래 노출되지 않도록 재빨리 심는다.

09 적옥토 위에 나무를 놓고 용토로 뿌리의 자른 면을 덮은 다음, 철사로 밑동을 고정시킨다(▶ p.37).

10 입자가 작은 용토로 겉면을 덮고 바로 물을 준 뒤, 다시 눈이 나올 때까지 반음지에서 관리한다.

키우기 | 분갈이 후의 비료주기

느티나무는 섬세한 가지모양이 아름다우므로 분갈이를 해도 비료를 줄 필요는 없다. 단, 눈따기를 계속해야 되는 어린나무나 약해진 나무 등은 힘이 나게 비료를 주는 것이 좋다.

그런 경우에는 분 위에 올리는 고형비료나 액체비료를 조금씩 줘도 좋지만, 잘게 부순 고형유기비료를 흙 표면에 뿌리는 방법도 있다. 부드럽게 작용하기 때문에 나무를 비료에 길들이는 첫 번째 비료주기에 적합하다.

01 용토를 넣어둔 용기 등에 고형유기비료를 놓고 펜치로 잘게 부순다.

02 흙먼지만큼 잘게 부순 다음 흙에 섞으면 눈에 잘 띄지 않는다.

03 비료가 줄기에 직접 닿지 않게 주의하면서 흙주걱으로 붓는다. 물이끼를 깐 위에 뿌리고 1주일 정도 지나면, 물이끼가 파랗게 물들어서 비료의 효과를 눈으로 확인할 수 있다.

만들기 | 눈따기

봄이 되면 가지가 자라고 잎이 무성해지는데, 느티나무는 특히 생육이 왕성하다. 어린나무일수록 잘 자라므로 빨리 대처해야 한다.

가지에 따라 눈이 2~3개 나오거나 1개만 나오는 등 차이가 있다. 내버려두면 차이가 커지고 나무모양이 흐트러지므로 눈을 따서 균형을 잡는다.

잎이 지나치게 무성해지지 않도록 미리 대처하면, 바람이 잘 통하고 햇빛도 고르게 들기 때문에 병충해도 예방할 수 있다.

만들기 | 힘의 억제

잎 면적이 크면 힘도 강해져서 나무모양이 기울어지는 원인이 된다. 빨리 힘을 억제하기 위해 잎 크기를 조절한다.

어린나무일 때는 가지 전체를 손으로 살짝 잡고 자르는 방법도 있다. 자연스러운 반원형으로 만들고, 삐져나온 잎을 정리한다.

상엽분재 / 느티나무

BEFORE

분갈이(▶ p.87)하고 1달 정도 지난 나무. 표면의 흙은 물이끼로 수분을 유지하고 있다. 어린나무의 경우 1달 뒤에는 눈따기가 필요하기 때문에, 비료를 조금 줘서 힘을 기른다.

AFTER

눈따기로 정리한 모습

비료를 준다

크고 눈에 띄는 잎은 윤곽에 맞춰서 반으로 자른다. 이렇게 하면 작은 잎도 햇빛을 고르게 받을 수 있다.

이대로 당겨서 딴다

나무모양에서 벗어나는 가지나 잎을 가지치기해서 정리한다. 눈이 2~3개 나온 가지 끝을 자를 때는 가위를 사용하고, 아직 자라지 않은 가지의 잎 바로 밑에 나와 있는 눈은 그 눈만 손끝으로 딴다.

어린나무는 가지 전체를 모아서 윗면을 똑바로 자르면, 펼쳤을 때 자연스럽게 반원형이 되므로 나무모양을 만들기 좋다.

POINT
빗자루형은 나무갓을 반원형으로 만드는 것이 포인트.

MINI INFO

잎이 무성하거나 가지가 얽혀서 뭉친 부분은, 젓가락 같은 막대기로 빗질하듯이 가볍게 풀어주면 자라는 방향이나 나무모양이 잘 보인다. 윤곽에서 삐져나온 부분이 잘 보이므로, 눈따기나 가지치기 전에 풀어두면 작업하기 편하다.

만들기 | 필요 없는 가지의 정리

느티나무의 필요 없는 가지(방사형으로 자라지 않는 곁가지, 옆으로 자라는 가지나 위로 뻗은 가지 등 ▶ p.35)는 굵어지기 전에 잘라서 정리해야 나무의 부담이 적다.

MINI INFO

가지 수가 지나치게 많으면 가지 밑동 부분이 굵어져서 위화감이 생긴다. 이런 경우에는 옆으로 자란 가지 등을 잘라서 조절하는데, 느티나무의 경우에는 자른 부분에 시판 유합제를 사용하면 오히려 혹이 생기기 쉽다. 큰 효과는 없지만 유합제 대신 먹물을 바르는 정도로 보호하는 것이 좋다.

만들기 | 웃자람가지의 정리

BEFORE → AFTER

느티나무는 봄에 생육이 빨라서 손질이 조금 늦어지면 웃자라는 가지가 눈에 띈다. 웃자람가지를 자를 때 가지와 잎의 정리나 눈따기를 동시에 하는 것이 좋다.

만들기 | 겨울 가지교정

잎이 떨어진 겨울에는 가지의 상태가 잘 보인다. 3~4년생 어린나무일 때 가지가 갈라져서 빈 공간이 커질 것 같으면, 늦가을부터 겨울에 걸쳐 가지를 묶어서 나무의 성질을 교정할 수 있다.

가지교정

가지 밑동에 큰 부담이 되지 않도록 철사를 살짝 둥글게 만들어서 걸고, 가지 끝을 향해서 빙빙 감는다.

〈교정 시기〉
가지가 겨울 준비에 들어가기 전, 잎이 떨어진 다음 2~3주 이내에 하는 것이 좋다.

품격 높이기 | 작품 예

◀ 나무키 17cm

작품 ❶
굵은 가지가 갈라져서 여유 있는 흐름을 보여주는 작품. 살짝 오른쪽으로 기운 그루솟음새에서 왼쪽으로 흐르는 가지의 밸런스가 잘 맞고, 가지 끝까지 길게 뻗은 어린 잔가지도 잘 풀어져 있다. 분이나 이끼와의 조화가 아름답고, 광대한 풍경을 보는 듯한 환상에 빠지게 해준다.

나무키 19cm ▶

작품 ❷
줄기 밑동의 굵기가 세월을 말해주고, 그곳부터 휘어지지 않고 똑바르게 좁아지면서 쭉 뻗어 올라간 모양이 이 나무의 특징. 늦가을이면 느티나무의 알록달록한 단풍도 훌륭한 볼거리가 된다.

◀ 나무키 18cm

작품 ❸
섬세한 가지모양을 강조함으로써 느티나무 본래의 품격을 높인 빗자루형 분재. 원줄기에서 한꺼번에 가지가 갈라져 나오는 나무모양을 보면, 저절로 거목을 밑에서 올려다보는 구도가 떠오른다. 개방감이 느껴지는 걸작.

참느릅나무

느릅나무과에 속하는 갈잎큰키나무로, 잎이 작고 느티나무 잎과 닮았다. 냇가 근처에서 잘 자라며, 한국 ·일본 ·타이완 ·중국 등지에 분포한다.

    줄기가 빨리 굵어지고 가지도 만들기 쉬우므로 소품분재를 만들기 좋다. 4~5㎝ 정도의 분으로 작게 키우는 손바닥 크기의 미니 분재로도 다양한 작품과 품격을 즐길 수 있어, 초보자도 분재의 즐거움을 맛볼 수 있다.

    가을이면 노란색 단풍이 선명하고, 가지모양이 섬세하며, 겨울이면 잎이 모두 떨어진 나목의 자태가 아름답고, 봄이면 새눈의 색깔이 밝고 사랑스럽다. 이처럼 사계절 변화무쌍한 모습을 보여주기 때문에 분재로서의 매력 포인트가 풍부한 것도 큰 장점이다. 새눈이 마치 꽃이 핀 것처럼 보이는 「난티나무」라는 황엽종과 잎에 무늬가 있는 품종도 있다.

학명	*Ulmus parvifolia*
영명	Chinese elm
일본명	니레케야키
분류	느릅나무과 느릅나무속
나무모양	쌍간, 삼간, 모양목, 빗자루형, 연근형, 벌취형

나무키 7㎝ ▶

관리 포인트

장소
양지나 반음지에서 키울 수 있다. 햇빛을 받으면 잘 자라지만, 여름에는 잎이 타지 않도록 주의한다.

물주기
물을 많이 주면 줄기가 굵어지고, 조금 주면 생장이 느려진다. 건조에는 강하기 때문에, 물의 양으로 키우는 방식을 조절할 수 있다.

비료
기본적으로 생장이 빠른 나무이므로 비료는 많이, 자주 준다. 비료가 부족하면 나무가 가지의 양을 줄이기 때문에, 생각지도 못한 부분이 마를 수 있다.

분갈이
뿌리의 성장이 빨라서 뿌리참 현상이 일어나지 않게 주의해야 한다. 어린나무는 1년에 1번, 자리를 잡은 뒤에도 적어도 2년에 1번은 분갈이한다.

병해충
새로운 눈이 나올 때의 진딧물 외에 줄기에 하늘소나 하늘소 유충이 발생하기 때문에, 침투성 살충제로 예방한다.

재배력

	1월	2월	3월	4월	5월	6월	7월	8월	9월	10월	11월	12월
눈따기 · 눈자르기 · 가지치기			■	■					■	■		
분갈이			■	■								
철사감기			■	■								
휘묻이				■	■	■						
잎솎기									■	■		
비료				■	■	■	■	■	■	■		

※ 철사는 적당한 시기에 풀어준다.

키우기 | 눈따기

생육이 왕성해서 봄의 새눈에서 가지가 빨리 자라기 때문에 미리미리 눈을 따야 한다. 눈을 딴 바로 밑에서 새가지가 나오므로, 가지를 촘촘하게 만들기 위해서도 필요한 작업이다. 봄부터 여름까지의 생육기간 중에 가능하면 2번 정도 눈따기를 한다.

만들고 싶은 이미지에 맞게 다듬어도 금새 다시 자라므로, 초여름에 눈따기를 할 때는 생각한 윤곽보다 10% 정도 작게 잘라두는 것이 좋다. 그러면 가을에 생각한 이미지 그대로의 밸런스가 된다.

참느릅나무는 생육이 매우 활발하지만 환경 변화에 민감해서, 물이나 비료가 적으면 그 상황에 적응한 모양으로 자란다. 적응력이 뛰어나지만 그에 반해 가지가 잘 부러지는 약한 면도 있다. 눈따기할 때나 철사를 감을 때 주의한다.

5월 중순에는 새눈이 잎이 되고 가지가 자라기도 하는데, 내버려두면 가지가 웃자라기 때문에 눈따기로 윤곽을 정리한다.

50일 후

눈 끝의 부드러운 부분은 손가락이나 핀셋으로 떼어내지만, 가지가 자란 부분은 가위로 자르는 것이 좋다. 가지 끝의 눈을 자르면 겨드랑눈이 가지로 자라서 가지가 촘촘해진다. 이 단계에서 옆으로 자란 가지나 줄기에서 직접 나오는 눈도 잘라둔다.

7월 하순, 앞에서 눈을 딴 나무에 웃자란 가지가 많이 보인다. 눈에 띄게 굵어진 가지도 있어 빠른 성장이 실감난다.

여분의 가지와 잎을 가위로 짧게 잘라낸다. 머릿속으로 생각한 나무모양보다 10% 정도 작게 자르는 것이 좋다. 가지가 쉽게 부러지기 때문에, 실수로 필요한 가지를 부러뜨리지 않도록 주의한다.

키우기 | 분갈이

참느릅나무는 눈이 나오기 시작한 뒤부터 생육이 빨라지므로 분갈이를 일찍 한다.

빨리 키우고 싶은 경우에는 적옥토 소립과 녹소토 또는 동생사를 2 : 1 정도의 비율로 섞은 용토에 물이 잘 빠지게 심고, 나무 모양이 자리를 잡으면 적옥토의 비율을 늘리는 것이 좋다.

01 월동한 상태로 웃자란 가지가 있으므로 가지치기한 뒤 분갈이한다.

02 굵은 뿌리가 감겨 있는 것이 이 나무의 특징이다. 대충 자른 다음 풀어준다.

03 용토를 얕게 깐 다음, 분에 맞게 자른 뿌리 밑동을 철사로 단단히 고정시키고 용토를 넣는다.

만들기 | 휘묻이 ①

생장이 빠른 나무는 의외로 나무키가 커지는 경우가 있다. 또한, 처음 생각한 대로 자라지 않거나, 나무가 자라는 모습을 보고 처음에 생각했던 이미지를 수정하고 싶어지는 경우도 있다.

그런 경우에 나무모양을 다시 만드는 기술이 휘묻이(p.44)인데, 참느릅나무는 뿌리를 잘 내리고 적응력도 높아서 휘묻이하기 쉬운 나무종류이다. 작업할 때 나무껍질(형성층)도 쉽게 벗길 수 있다.

발근제 준비(▶p.96·07에서 사용)

분말 발근제와 트레이, 물, 휴지 등을 준비한다.

물을 줄 때 발근제가 흘러내리지 않고, 효과가 고르게 나타나도록 휴지에 잘 스며들게 한다.

적당량의 분말을 페이스트 상태가 되도록 물에 녹인다.

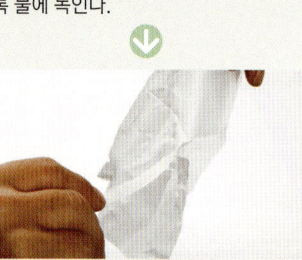

휴지를 1~1.5cm 폭의 끈모양이 되도록 세로로 찢는다.

끈모양의 휴지를 페이스트 상태의 발근제 위에 올려서 스며들게 한다. 휴지 대신 물이끼를 사용해도 좋다.

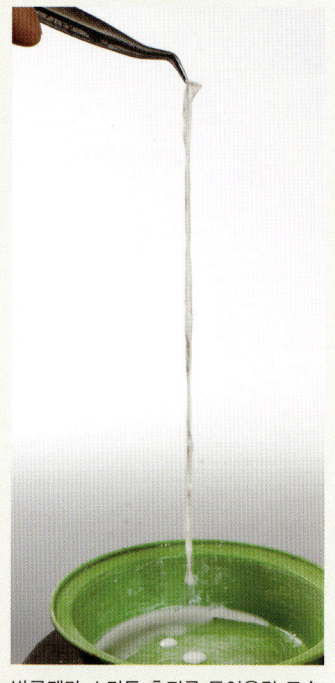

발근제가 스며든 휴지를 들어올린 모습. 발근제를 페이스트 상태로 만들어서 직접 바르는 것보다 작업하기 편하다.

그러나 아무리 튼튼해도 나무에게 있어서 휘묻이는 양분의 흐름을 잠시 차단하는 큰 수술과 같다.

나무껍질을 벗긴 뒤에 초록색 형성층이 얇게라도 남아 있으면 나무가 캘러스(Callus)를 형성해서 상처를 덮어 뿌리를 내리지 않을 수 있다. 또한 발근제가 상처에 닿아서 썩는 경우도 있다.

나무를 아끼는 마음으로 세심하게 신경 써서 작업해야 한다.

BEFORE

봄의 눈따기 후 가지가 자라고 나무키도 커졌기 때문에, 나무모양을 다시 만들기 위해 휘묻이를 하기로 결정했다.

AFTER

휘묻이 준비가 끝난 모습. 박피한 부분을 물이끼로 덮고 비닐로 감쌌다(▶ p.44).

01 먼저 가지치기를 한다. 새로 만들고 싶은 나무모양을 생각하면서 정리한다.

02 껍질을 벗길 부분의 위아래에 각각 둥글게 칼집을 낸다. 껍질을 벗기는 범위는 줄기 두께의 1.5배 정도가 적당하다.

03 위아래 칼집 사이에 세로로 칼집을 내고, 접칼 등으로 나무껍질을 벗긴다.

04 남아 있는 형성층을 조금씩 깎아낸다. 너무 깊게 깎아서 줄기를 부러뜨리지 않도록 주의한다.
(다음 페이지에 이어서 ➡)

갈색부분은 남아 있는 형성층

05 깎기를 대강 끝낸 모습. 미세하게 갈색과 녹색이 보이는 부분에는 형성층이 아직 남아 있다.

06 칼로 얇게 깎아서 형성층을 벗겨내고, 끝나면 발근제를 흡수한 휴지를 준비한다.

발근제를 흡수한 휴지

07 발근제를 흡수한 휴지를 감은 모습. 껍질을 벗긴 부분에 닿지 않도록 주의한다.

08 껍질을 벗긴 부분에 물에 적신 물이끼를 감아서 붙이고 비닐로 감싼다(▶ p.44).

만들기 | 휘묻이 ②

휘묻이 준비를 마친 지 1달쯤 지나면 비닐 위로 자라는 뿌리가 잘 보이게 된다. 2달 정도 지나서 가는 뿌리도 많이 나오면 휘묻이를 완성할 때이다.

여기서는 뿌리가 다시 나온 나무 윗부분을 휘묻이하는 경우를 예로 들었지만, 휘묻이한 뒤에 잘라낸 나무 밑동도 살아있기 때문에 눈이나 가지가 나온다. 밑부분에도 가지를 남겨서 휘묻이한 다음 2개를 함께 길러도 좋다.

BEFORE

2달 뒤

잔뿌리도 늘어나서 비닐을 밀어낼 정도가 되었으므로, 휘묻이 완성 작업을 진행할 수 있다.

AFTER

01 먼저 뿌리가 자라는 힘을 잃지 않도록 내버려둔 가지와 잎을 정리한다. 심하게 웃자란 가지는 그 전에 잘라내도 좋다.

품격 높이기 | 작품 예

시간을 많이 들이지 않아도 줄기나 밑동에 품격이 감도는 나무이다. 다양한 기술을 시도하고 결과를 빨리 확인할 수 있는 것도 장점이다. 즐기면서 분재의 기술을 연마하기에 가장 좋은 나무종류.

상엽분재

참느릅나무

02 비닐을 벗기고 물이끼를 어느 정도 제거하면 뿌리가 보인다. 잘 관찰해서 위아래로 나와 있는 필요 없는 굵은 뿌리는 정리한다. 줄기는 「가지용 가위」(▶ p.29)로 조금씩 자른다.

작품 ❶

근상형으로 만든 작품. 분갈이할 때 굵어진 뿌리를 줄기처럼 보이게 만든 것이다. 아직 어린나무이지만 분과 잘 어울리고, 전체의 밸런스가 훌륭하다.

03 뿌리가 나와 있는 부분 바로 밑에서 줄기를 자른 다음, 남은 줄기를 「가지용 가위」 등으로 뿌리쪽까지 잘라낸다. 줄기나 혹을 단번에 자르면 줄기가 갈라질 수 있으므로 주의한다.

뿌리를 자르지 않도록 주의해서 줄기만 천천히 자른다.

줄기를 자른다

◀ 나무키 14㎝

04 뿌리를 정리해서 짧게 자르고, 뿌리 사이의 물이끼도 제거한 상태. 그대로 심는 방법도 있지만, 이때 뿌리를 정리하면 나무의 부담이 적어진다.

작품 ❷

p.92의 작품은 사실 손바닥 크기이다. 눈따기와 분갈이를 되풀이함으로써, 작은 나무로 거목의 느낌을 맛볼 수 있는 것은 소품분재의 가장 큰 매력이다.

05 뿌리를 좀 더 자른 다음 심은 모습. 뿌리가 자리를 잡을 때까지 물이끼를 깔아서 마르지 않게 관리한다.

◀ 나무키 7㎝

중국단풍

단풍나무과 단풍나무속에는 많은 종류의 나무가 있는데, 분재에서 단풍나무라고 하면 잎이 3갈래로 갈라진 중국단풍과 그 변종(*Acer buergerianum* var. *formosanum*)을 말한다. 그 밖에 단풍나무속에 속하는 일본단풍나무(➡ p.110)의 수많은 원예품종이 있다.

중국단풍은 이름 그대로 중국에서 건너온 나무인데, 가지가 섬세하고 다양한 나무모양을 만들 수 있다. 또한 잎도 작고 형형색색의 단풍이 아름답다.

최근에는 가로수로도 흔히 볼 수 있을 만큼 튼튼하고 생육이 왕성하며, 더위나 추위에도 강하고, 생장이 빨라서 가지와 뿌리가 잘 자란다. 보기 좋게 만들려면 자주 손질을 해줘야 한다.

항상 신경 써서 관리하면 그 마음에 보답하듯이 잘 자라는 나무이다.

학명	*Acer buergerianum*
영명	Trident maple
일본명	가에데
분류	단풍나무과 단풍나무속
나무모양	직간, 모양목, 현애, 취류형, 주립형, 모아심기

나무키 19㎝ ▶

관리 포인트

장소
햇빛과 바람이 잘 통하는 환경을 좋아하지만, 환경 조건보다는 눈에 잘 보여서 자주 손질할 수 있는 장소에 두는 것이 중요하다.

물주기
잎따기를 반복해야 하므로 물을 많이 주는 것이 좋다. 새잎이 계속 나오는 힘이 된다.

비료
잎따기를 반복하는 기간에는 1달에 1번 정도로 자주 준다. 어린나무일 때는 많은 비료로 생장을 촉진하고, 가지가 촘촘해지면 적게 준다.

분갈이
뿌리도 생장이 빠르기 때문에 뿌리가 가득차기 전에 분갈이하는 것을 잊지 않도록 주의한다. 가능하면 1년에 1번 분갈이한다.

병해충
초봄의 진딧물과 흰가룻병을 예방하기 위해 미리 살충살균제를 사용한다. 하늘소 유충을 예방하기 위해서는 겨울철에 살균살충제를 사용하는 것이 효과적이다.

재배력

	1월	2월	3월	4월	5월	6월	7월	8월	9월	10월	11월	12월
분갈이		분갈이										
		눈따기·눈자르기·가지치기									눈따기·눈자르기·가지치기	
잎따기						잎따기						
비료				비료					비료			
철사감기			철사감기									

※ 철사는 적당한 시기에 풀어준다.

키우기 | 분갈이

중국단풍의 분갈이도 가능하면 눈이 나오기 전에 하는 것이 좋지만, 나무자람새가 강해서 잎이 난 상태에서 분갈이 하는 것도 가능하다. 뿌리가 빨리 자라기 때문에 뿌리가 가득찬 것처럼 보이면, 장마철이라도 분갈이하는 것이 좋다.

잎의 생육기간인 봄에 분갈이하는 경우, 뿌리를 자르면 어린잎이 물 부족으로 시들어버린다. 미리 전체적으로 잎따기(➡ p.34)를 한 다음에 분갈이하면 나무의 부담이 적어진다.

BEFORE
봄에 잎이 상당히 많이 나온 상태. 잎은 아직 어리고 부드럽다. 뿌리를 자르면 시들어 버리기 때문에, 분갈이 하기 전에 모두 잘라낸다.

AFTER
분맞추기한 뒤 분갈이를 끝낸 모습. 겉면에 물이끼를 깔아 수분 보존력을 향상시키고, 분을 조금 기울여서 물이 잘 빠지게 한 다음, 반음지에서 관리한다.

01 잔가지를 훼손하지 않도록 잎은 1장씩 잎자루 가운데를 가위로 자른다. 필요 없는 가지는 정리해도 좋다.

02 잎따기를 끝낸 모습. 나무모양이 잘 보여서 분맞추기할 때도 좋다.

03 분에서 꺼내면 굵은 뿌리가 가득차 있다. 이대로는 물도 영양도 부족해진다. 먼저 가위로 어느 정도 잘라내고, 풀어주면서 잘게 잘라 정리한다.

04 전체의 4/5 정도를 자른 모습. 이 단계에서 분맞추기를 하고 분을 준비한다.
(다음 페이지에 이어서 ➡)

상엽분재 중국단풍

05 깔망(▶ p.31)과 철사를 끼운 분(▶p.37)에 바닥흙(배수토)을 깔고 나무를 올려본다.

06 줄기와 가지의 균형을 보면서 위치를 정한다. 이 경우에는 조금 왼쪽으로 치우치게 놓고 앞뒤에서 고정시켰다.

07 철사를 펜치로 잡아당겨서 단단히 조인다. 잘 고정시키지 않으면 뿌리가 흐트러지기 쉽다.

08 용토를 넣고 젓가락으로 찔러서 뿌리 틈새에도 골고루 들어가게 한다.

만들기 | 잎따기

중국단풍이나 일본단풍나무처럼 단풍을 즐기는 나무의 경우, 잎따기가 매우 중요하다. 잎이 지나치게 두껍지 않아야 단풍이 보기 좋게 들기 때문에 부지런히 잎따기를 해준다.

전체적인 잎따기는 1년에 1번이면 충분하지만, 그 뒤로 자라는 새롭고 튼튼한 잎은 부드러울 때 손가락으로 딴다. 이 과정의 반복으로 잎의 생장을 억제하고 비료로 힘을 주면 줄기에 힘이 생긴다.

BEFORE

AFTER

잎따기는 나무에게 있어서 햇빛이라는 에너지원을 잃게 되는 일이다. 감소한 영양분을 보충하기 위해 작업 후에 반드시 비료를 주면 좋은 결과로 이어진다.

01 성장세가 강해서 눈에 띄는 부분의 바로 밑에 눈이 붙어 있는 새잎을 2~3장 모아서 손가락으로 잡는다.

손가락으로 잡아서 딴다

02 가지까지 잡아당기지 않도록 힘을 조절해서 딴다. 자주 해주면 손으로 딸 수 있는 부분만 작업할 수 있다.

품격 높이기 | 작품 예

상엽분재 / 중국단풍

작품 ❶

주립형으로 만든 작품. 선명한 빨강과 주황, 노랑이 뒤섞여서 깊이 있는 색깔이 중국단풍의 매력이다. 이끼 위에 낙엽이 떨어져 있는 모습이 눈부신 가을 경치를 연상케 한다.

◀ 나무키 14㎝

나무키 11㎝ ▶

작품 ❷

우아하게 쌍간형으로 만든 작품. 초가을의 푸른 잎도 시원하고 상쾌한 느낌을 준다. 밸런스, 분맞춤 모두 깔끔하고 아름답다.

나무키 15㎝ ▶

작품 ❸

아마도 휘묻이해서 만든 것으로 보이는 석부작. 뿌리가 돌을 잘 품고 있는 것이 특징이다. 또한 많은 잔가지가 촘촘하게 나 있는 모습도 훌륭하다.

작품 ❹

가지를 중간에 잘라서 새로운 가지가 나오게 하는 되돌려자르기로, 줄기 덩어리에서 가지들이 뻗어나오는 독특한 나무모양을 만들었다. 각각의 가지의 흐름도 표정이 풍부하고 역동적인 박력이 있다.

◀ 나무키 17㎝

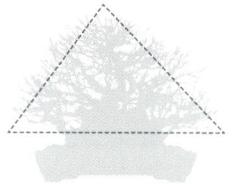

머리부분이 넓게 펼쳐진 부등변 삼각형. 밑변이 분보다 넓기 때문에 나무가 커 보이고 호쾌하며 강한 느낌을 준다.

좀마삭줄(쫄쫄이마삭줄)

「쫄쫄이마삭줄」은 분재에서 부르는 이름으로 마삭줄의 일본 원예품종 중 하나이다. 마삭줄에서 가지변이한 소형 품종이 고정된 것으로, 기본종에 비해 잎이 매우 작고 끝이 뾰족한 피침형이다.

   잎 윗면에 오글오글한 주름이 있고 녹색 잎 외에 잎에 노란색이나 흰색 무늬가 있는 품종도 있다. 서서히 분을 작게 줄이다 보면 잎도 작아진다.

   윤기 있고 단단한 잎은 초록색으로 아름다우며, 가을이면 진홍색으로 물든 성숙한 잎에 비단같은 무늬가 생긴 모습이 압권이다. 또한 나무껍질의 고운 결도 기본종에는 없는 좀마삭줄만의 매력이다.

   덩굴성이어서 웃자라면 가지가 가늘고 길어지지만, 자주 가지치기하면 줄기가 굵어지고 가지모양이 세밀해진다.

학명	*Trachelospermum asiaticum* '*chirimen*'
영명	Japanese star jasmine
일본명	지리멘카즈라
분류	협죽도과 마삭줄속
나무모양	모양목, 현애, 석부작

나무키 16.5cm ▶

관리 포인트

장소
생장기에는 양지에서 잘 자라지만, 분을 작게 줄인 뒤에는 오후부터 그늘이 지는 반음지가 더 좋다.

물주기
물을 충분히 주면 잘 자란다. 여름철에는 아침저녁으로 듬뿍 주고 겨울 휴면기에는 적게 주는데, 흙 표면이 지나치게 마르지 않도록 주의한다.

비료
비료를 많이 주면 잘 자라기 때문에, 생장기에는 1달에 1번 정도 준다. 잎따기로 눈의 수를 늘리기 때문에 나무에게 힘을 줘야 한다.

분갈이
분갈이 간격은 3년에 1번 정도. 가지와 잎을 작고 촘촘하게 만들기 위해 뿌리도 촘촘하게 만들면, 웃자람 가지가 자라지 않아 기르기 쉽다.

병해충
새눈이 나올 때의 진딧물 외에는 별다른 피해가 없다. 상처의 치유가 빠른 튼튼한 나무.

재배력

	1월	2월	3월	4월	5월	6월	7월	8월	9월	10월	11월	12월
분갈이				■	■							
꺾꽂이, 눈따기, 잎따기, 가지치기					■	■	■					
가지고르기				■	■							
비료			■	■	■	■			■	■	■	
철사감기, 철사풀기		■	■	■	■							

키우기 | 웃자람가지 정리

사방팔방으로 뻗어가는 덩굴성 특유의 웃자람가지. 잎이 붙어 있는 마디 사이가 각각 자라서, 매우 기세 좋게 퍼져나간다.

POINT
웃자란 가지를 찾아서 밑동에 가위를 대고 자른다.

웃자랄 정도로 기세가 좋은 가지는 가지만 굵어지고 줄기는 굵어지지 않으며 밑동 부분이 혹처럼 변하기도 하므로, 빨리 가지 밑동에서 잘라내는 것이 좋다.

키우기 | 눈따기

가지째로 자른다

쫄쫄이마삭줄의 눈은 잎자루(엽병) 없이 가지에서 직접 나온다. 전체적인 나무모양에서 삐져나와 있거나, 잎이 좌우 대칭으로 자라지 않은 눈은 가지째로 잘라버리는 것이 좋다. 잎눈만 따면 바로 눈이 나와서 가지가 더 자란다.

키우기 | 잎따기

줄기 가까운 쪽에 있는 성숙한 잎 위에 2개의 눈이 나와 있는 경우에는, 아래쪽 커다란 잎을 밑에서 잘라낸다. 큰 잎이 자라면 가지가 자라는 힘이 생겨서 웃자람가지가 되기 쉽다. 이런 힘을 억제하고 짧은 가지를 많이 만들도록 조절하는 것이 포인트.

만들기 | 철사감기

덩굴성 식물은 원래 가지를 뻗어 널리 퍼지고, 넓은 범위에서 살아남으려는 성질이 있다. 가지 끝이 무언가에 부딪히면 휘감고 위를 향해 좀 더 햇빛을 잘 받을 수 있는 장소를 찾는다.

이런 덩굴성 식물을 분재로 기를 때는 오로지 눈따기와 잎따기로 그 힘을 억제하고, 봉긋하고 작은 나무모양으로 싱싱하게 자라도록 다듬어야 한다. 또한 묘목일 때 철사를 감아서 가지의 방향을 잡아주면 다양한 분재를 만들 수 있다.

다만, 묘목일 때는 짧은 줄기의 그루솟음새에서 가지가 제멋대로 늘어나기 때문에, 좀처럼 나무모양을 구상하기 어려울 수도 있다. 분올림해서 심기 전에 가지의 굵기나 흐름으로 주요 가지의 방향을 판단하고, 구부리기 쉬운 부분 등도 확인해야 한다. 나무의 개성에 맞게 구상해서 나무모양의 이미지를 만들어간다.

01 꺾꽂이모를 분갈이한 뒤 2개월이 지난 모습. 철사를 감아서 나무모양의 기본을 만든다.

02 줄기 밑동부터 철사를 감기 시작해서, 먼저 줄기에서 제1지의 모양을 만든다. 철사 1줄로 안 되면 2줄을 감고 구부리는 방향으로 감는다. 여기서는 굵은 줄기를 반현애형으로 만들었다. 굵은 줄기가 완성되면 그 줄기에서 나온 굵은 가지부터 순서대로 구부린다.

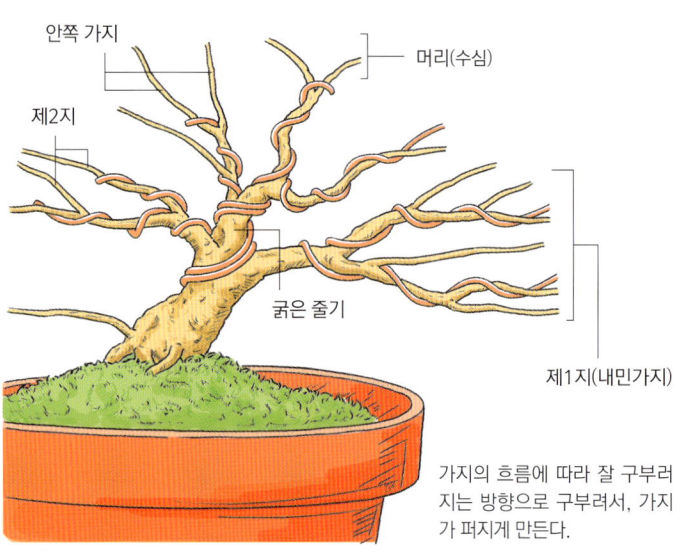

가지의 흐름에 따라 잘 구부러지는 방향으로 구부려서, 가지가 퍼지게 만든다.

MINI INFO

꺾꽂이 3년차 묘목. 덩굴성답게 가지가 제각각 뻗어 있다. 강한 눈이 햇빛을 향해 자라지만, 그늘 방향으로도 가지가 자라거나 뒤엉키기도 한다. 긴 막대 등으로 천천히 머리를 빗듯이 사방으로 풀어주면 가지의 방향이 보인다.

품격 높이기 | 작품 예

상엽분재

좀마삭줄

작품 ❶

작은 나무모양에도 불구하고 여유 있는 큰 나무의 품격이 감도는 모양목. 줄기의 곡이 잘 살아 있다. 줄기 밑동에도 안정감이 있고 가지와 밸런스가 잘 맞는다.

▶ 나무키 15㎝

작품 ❷

단풍이 시작된 늦가을~초겨울의 모습. 크게 오른쪽으로 솟아오른 줄기와 완만한 나무갓에, 섬세한 가지나누기의 구성. 오른쪽으로 방향을 잡은 흐름의 균형이 훌륭하다.

◀ 상하 21㎝ / 좌우 27㎝

작품 ❸

내민가지(제1지)를 잘 만든 모양목. 왼쪽으로 흐르는 나무모양에 반현애 같은 유동감이 있다. 줄기의 굵기, 그루솟음새의 높이와 밸런스, 나무껍질의 질감, 가지모양의 세밀함 등 모든 부분이 높은 완성도를 보여준다.

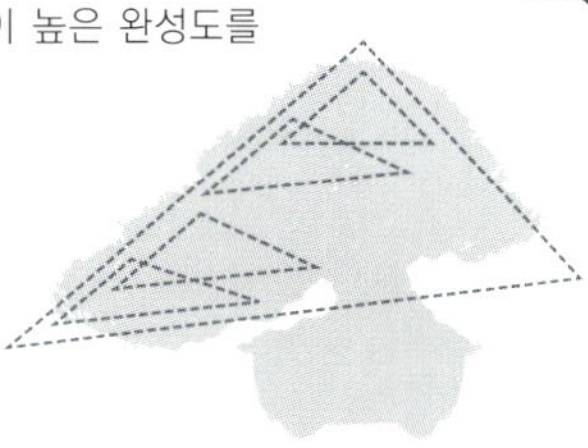

작은 삼각형이 왼쪽으로 흐름을 만들고, 전체적인 삼각형이 오래된 큰 나무의 관록을 보여준다.

▶ 나무키 19㎝

105

애기노각나무

노각나무와 같은 속에 속하지만 단순히 작은 것이 아니라 종류가 다른 나무이다. 꽃이나 잎도 노각나무보다 상당히 작아서 분재에 적합하다.

   가장 특징적인 부분은 나무껍질인데 세월이 갈수록 붉은빛을 띠며, 무심코 만져보게 될 정도로 매끄러운 질감을 자랑한다.

   일본 하코네 지역의 아시노 호반에 있는 유명한 애기노각나무 숲처럼, 모아심기로 숲 풍경을 즐기는 것도 좋은 방법이다. 또 부드럽고 완만한 곡으로 모양목을 만들어도 애기노각나무 고유의 매력이 살아난다.

   초여름에는 하얀 꽃이 피고, 가을의 단풍은 선명하고 아름다우며, 낙엽이 진 뒤에도 부드럽고 우아한 가지모양과 나무껍질을 즐길 수 있는, 계절마다 볼거리가 풍부한 나무이다.

별명	큰일본노각나무, 모나델파 노각
학명	*Stewartia monadelpha*
영명	tall stewartia
일본명	히메샤라
분류	동백나무과 노각나무속
나무모양	직간, 모양목, 주립형, 모아심기, 문인목

나무키 20㎝ ▶

관리 포인트

장소
원래는 햇빛을 좋아하는 나무이지만, 양지에 두면 위로 자라서 아래쪽 가지가 말라 떨어진다. 음지~반음지에서 키운다.

물주기
다른 나무종류와 달리 흙 표면 가까이에 주요 뿌리를 뻗는 것이 특징이다. 흙 표면이 완전히 마르기 전에 부지런히 물을 준다.

비료
비료를 넉넉하게 주어야 약한 눈을 유지할 수 있다. 나무자람새를 보면서 나무모양이 정리되면 조절한다.

분갈이
표면쪽에 있는 뿌리가 중요하므로, 뿌리가 딱딱해지면 분갈이한다. 대략 2~3년에 1번 정도 한다.

병해충
병충해에 약하지만 약의 농도가 진하면 잎이 떨어질 수 있다. 농도를 약하게 조절하고 물을 준 뒤에 살포한다.

재배력	1월	2월	3월	4월	5월	6월	7월	8월	9월	10월	11월	12월
분갈이			■									
잎따기					■	■						
눈따기			■	■								
철사감기	■	■										
철사풀기								■	■			
비료				■	■	■						
비료								■	■			

키우기 | 잎따기

눈이 많이 나오지 않기 때문에, 눈따기 이후의 잎따기는 나무모양이 흐트러진 부분을 잘라내는 정도만 한다. 잎이 지나치게 적으면 꽃이 나오지 않는 경우도 있지만, 나무모양을 다듬을 때는 가지의 흐름이나 힘의 강약을 보기 위해 잎따기와 가지고르기(정지)가 필요하다.

전체적으로 잎따기하고 필요 없는 가지는 가지치기했다. 키우고 싶은 가지에는 잎을 남기고, 철사를 감아 나무모양을 정리했다.

나무모양이 완성된 나무는 삐져나온 잎을 잘라낸다. 잎 크기의 1/5 정도만 잘라내도 좋다.

POINT
나무모양을 정리할 때는 잎을 자르면서 가지의 강약과 방향을 보고, 필요 없는 가지가 있으면 그것도 가지치기한다.

MINI INFO
분갈이 2년차인 애기노각나무를 분에서 빼낸 모습. 2년이 지나도 뿌리가 아래로 향하지 않고, 흙 표면 가까이에서 자란다. 마르기 쉬운 부분에 뿌리가 집중되어 있으므로, 물이 마르지 않게 주의한다.

키우기 | 상처의 처치

굵은 가지를 잘랐을 때는 자른 면을 보호한다.

01 굵은 가지를 자른 경우에는 잘 드는 접칼 등으로 자른 면이 매끈해질 때까지 깎는다.

02 상처를 통해 잡균이 들어가지 않도록 시판되는 페이스트 상태의 유합제를 자른 면에 발라준다.

유합제를 바르고 3개월이 지난 모습. 새로운 조직이 상처를 덮어거의 눈에 띄지 않는다. 애기노각나무는 나무껍질이 곱지만 쉽게 상처가 나기 때문에 잘 보호해야 한다.

3개월 뒤

만들기 | 철사감기

애기노각나무는 자연적인 나무모양이나 단풍을 즐기는 것만으로도 좋지만, 아래쪽 가지는 떨어지고 가지가 계속해서 위쪽으로 자라는 성질이 있기 때문에, 분재다운 모양으로 만들고 싶다면 철사를 감아서 가지에 표정을 만들어준다.

철사감기는 잎따기나 가지치기와 동시에 진행하고, 약한 부분이나 굵게 만들고 싶은 가지의 잎은 남겨둔다.

MINI INFO

분재다운 나무모양의 기본은 상엽분재의 경우에도 부등변삼각형이다. 머리와 제1지로 긴 빗변을 그리고, 제2지와 안쪽가지로 균형을 잡는다. 굵게 만드는 제1지에는 잎을 남겨서 힘을 준다.

나무모양을 만드는 철사감기

01 줄기 부분부터 철사를 감기 시작해서 가지, 잔가지 순서로 감는다. 나무껍질이 상하기 쉬우므로 구리 철사보다는 부드러운 알루미늄 철사가 적합하다.

02 잎따기와 가지치기를 동시에 하면, 철사를 감으면서 조절할 수 있다. 모양을 만든 다음, 지나치게 긴 눈 1개를 자르는 모습.

03 철사를 감으면 가지가 갈라지지 않고 자라서 가지 끝에만 잔가지가 나오는 현상을 억제할 수 있기 때문에, 윤곽뿐 아니라 가지모양도 감상할 수 있는 분재가 된다.

품격 높이기 | 작품 예

작품 ❶

파도가 넘실거리는 듯한 곡이 눈길을 끄는 모양목. 강인한 나무모양이 눈바람을 견디는 자연의 모습과 나무 자체가 살아온 세월을 표현한다. 경쾌하면서도 오묘한 가지모양과 중후한 품격이 훌륭하게 균형을 이루어서, 이 분재의 개성을 돋보이게 해준다.

◀ 나무키 19㎝

나무키 19㎝ ▶

작품 ❷

대지를 단단히 움켜쥐고 있는 듯한 뿌리뻗음에서 세월이 느껴진다. 매끈하게 뻗은 줄기는 애기노각나무 특유의 아름다운 나무껍질을 보여주고, 가지 끝까지 부드럽게 벌어진 모습과 섬세한 가지모양이 정성에 대한 보답으로 느껴지는 걸작.

◀ 나무키 21㎝

작품 ❸

어린나무이면서도 전체적으로 균형이 잡혀 있고, 녹음의 상쾌함이 느껴진다. 이 종류 특유의 부드러운 모습이 잘 나타나 있는 모양목으로, 꽃이 핀 모습도 기대된다. 앞으로 오래도록 분재로 즐길 수 있는 나무.

상엽분재 · 애기노각나무

일본단풍나무

분재에서는 단풍나무과 단풍나무속에서 잎이 5갈래 이상으로 갈라진 작은 잎을 가진 단풍나무와 변종인 뜰단풍(일본산단풍)을 통틀어서 일본단풍나무라고 부른다.

원예품종이 매우 많고, 잎 색깔, 잎 모양, 나무모양에 저마다 개성이 풍부하다. 가을의 단풍이 아름다운 것은 물론, 봄부터 진홍색이나 자홍색 눈을 틔우는 것, 가을에 노랗게 물드는 것, 무늬가 있는 잎이나 잎 끝이 가늘게 갈라진 사자엽, 또는 가는 잎이 있는 것, 나뭇가지가 아래로 늘어지는 것 등 다양한 품종이 있으므로 원하는 것을 고를 수 있다.

분재로서는 잔가지까지 가지배치를 세심하게 조절하기 쉬우며, 줄기가 쉽게 굵어져서 해마다 성장을 실감할 수 있는 것도 매력이다. 품격 있는 단간과 쌍간, 정취가 있는 모아심기 등 다양한 분재 작품을 만들 수 있으며, 가지가 아래로 늘어지는 지수성 나무는 문인목이나 현애, 석부작 등으로도 좋다. 씨앗도 많기 때문에 실생으로도 즐길 수 있다.

학명	*Acer palmatum*
영명	Japanese maple
일본명	모미지
분류	단풍나무과 단풍나무속
나무모양	단간, 쌍간, 삼간, 모아심기, 문인목, 현애, 석부작

◀ 상하 11cm / 좌우 15cm

관리 포인트

장소
반음지에서 더 잘 자란다. 햇빛과 바람이 잘 통하는 곳에서도 잘 자라지만, 건조에 주의해야 한다.

물주기
표면의 흙이 마르면 물을 넉넉히 준다. 물을 좋아하므로 가능한 한 자주 물을 준다.

비료
비료를 많이 주면 잎이 늘어나고 줄기도 빨리 굵어진다. 나무모양이 정리된 뒤에는 적게 준다.

분갈이
잔가지를 유지하기 위해서는 간격을 길게 둔다. 2~3년에 1번을 기준으로 한다.

병해충
눈이 나오는 시기에 해충 예방을 위해 살균살충제를 뿌린다. 또한 겨울에는 나무껍질 관리와 벌레 알의 월동을 막기 위해 살균살충제를 발라 준다.

재배력	1월	2월	3월	4월	5월	6월	7월	8월	9월	10월	11월	12월
			분갈이				잎따기					
			눈따기				휘묻이		가지치기			
						비료			철사감기			
			실생			철사풀기				실생		

키우기 | 잎따기

단풍을 아름답게 만들고 가지 수를 늘리기 위해 일본단풍나무를 키울 때 빼놓을 수 없는 작업이다. 눈따기 후에 나오는 잎은 크기와 두께가 제각각으로 자라므로, 초록잎이 무성해지는 초여름에 아쉬워하지 말고 다 따낸다.

그런 다음에 나오는 2번째 눈은 크기도 고르고 두께도 얇은 잎이 된다. 가지가 보이기 때문에 나무모양의 방향을 잡을 수 있는 좋은 기회가 된다.

BEFORE
이른봄에 철사를 감고, 봄철에 눈따기를 한 다음, 초여름에 잎이 무성해진 뿌리씻음 분재. 일찍 나온 묵은잎은 크게 자라고 작은 새눈이 계속 달린다.

AFTER
잎따기를 마친 모습. 필요 없는 가지도 정리하고 철사를 풀었다. 곧 새눈과 잔가지가 자라난다.

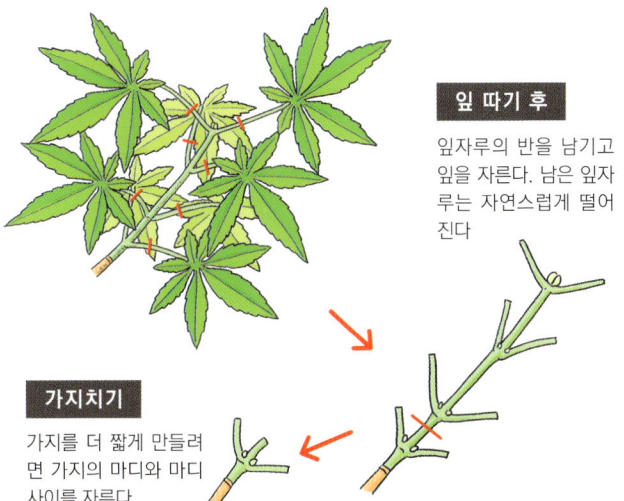

잎 따기 전

잎 따기 후
잎자루의 반을 남기고 잎을 자른다. 남은 잎자루는 자연스럽게 떨어진다

가지치기
가지를 더 짧게 만들려면 가지의 마디와 마디 사이를 자른다.

키우기 | 꺾꽂이

원예품종의 경우 씨앗으로 키우면 어미나무와 같은 성질이 나온다고 장담할 수 없지만, 꺾꽂이를 하면 같은 성질의 묘목을 얻을 수 있다. 발근율은 품종에 따라 차이가 있지만, 뜰단풍 계열이 뿌리를 잘 내린다.

딱딱하고 조금 굵어진 줄기는 구부리기 힘든 것도 일본단풍나무의 특징이다. 그루솟음새를 자유롭게 만들 수 있는 것은 꺾꽂이나 실생의 큰 매력이다.

BEFORE
잎이 작은 팔방성 품종의 일본단풍나무. 새가지가 자라기 시작했기 때문에 가지고르기(정지)와 동시에 그 가지를 꺾꽂이해서 번식시킬 계획을 세운다.

AFTER
자란 새눈의 끝을 잘라서 가지런히 정리한 모습.

꺾꽂이

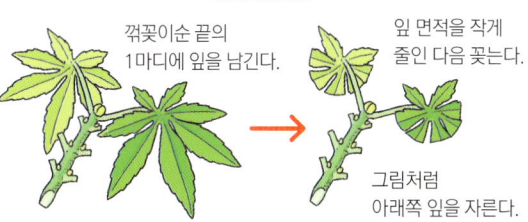

꺾꽂이순 끝의 1마디에 잎을 남긴다.

잎 면적을 작게 줄인 다음 꽂는다.

그림처럼 아래쪽 잎을 자른다.

팔방성은 마디 간격이 짧다.

포트
1개씩 꽂는다.

바닥흙(배수토)

꺾꽂이판
꺾꽂이판에 나란히 꽂는다.

1.5cm 정도 들어가게 꽂는다.

품격 높이기 | 작품 예

작품 ❶

줄기가 각 가지에 대응하여 곡을 이루고 있는 모습에서 나무가 어릴 때부터 정성껏 만들었다는 것을 알 수 있다. 오랜 정성이 줄기모양과 밸런스에 응축된 뛰어난 작품.

나무키 13㎝ ▶

나무키 17㎝ ▶

작품 ❷

잎에 주름이 있는 팔방성 「사자두(獅子頭) 단풍나무」는 잔가지가 많이 갈라지지 않아서 세월감을 보여주기 어려운 나무이지만, 이 나무는 가지가 갈라진 모습에서 세월이 느껴진다. 분맞춤도 뛰어난 명품.

나무키 4㎝ ▶

작품 ❸

팔방성 「사자두 단풍나무」. 사진으로는 알기 어렵지만 나무키 4㎝, 폭 4㎝의 미니 분재이다. 언뜻 보기에는 귀엽고, 가까이에서 보면 품격이 느껴진다. 굵은 가지를 휘묻이해서 만든 것으로, 분맞추기로 더 멋있어졌다.

작품 ❹

일본단풍나무 분재의 대표적인 나무모양. 나무는 조금 어리지만 줄기의 완만한 곡과 가지와 잎이 균형을 이룬 모양이다. 앞으로 세월이 지나면서 품격을 더해갈 모습이 기대되는 청년기의 나무.

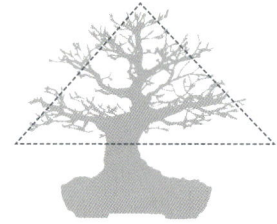

나무키 17㎝ ▶

일본단풍나무의 전형적인 나무모양에서는 머리가 뾰족하지 않게 잔가지로 모양을 만들고, 아래쪽 가지의 퍼짐으로 큰 부등변삼각형을 만들며, 줄기의 굵기로 안정감을 강조한다

쥐똥나무

전국 각지에 자생하는 갈잎나무. 생울타리로 많이 이용되는 광나무와 같은 속으로, 여름에는 하얀색 꽃송이가 달리고, 가을~겨울에는 자흑색 열매도 달린다.

분재로 만들기엔 최고라고 할 만큼 강건한 나무로 힘들이지 않고 유지할 수 있다. 그런 반면 20년 이상 키워도 좀처럼 줄기가 거칠어지지 않고 반들거리기 때문에 오래된 느낌은 부족하다.

그런데 황피성 쥐똥나무 품종은 나무껍질이 잘게 터져서 거칠고 오래 묵은 것처럼 보이기 때문에, 10년이 안 되어도 줄기가 터져서 오래된 느낌을 낼 수 있다. 이 황피성 쥐똥나무가 널리 알려지면서 매우 인기가 높아졌다. 유지 관리가 힘들지 않은 만큼 [만들기]에 힘을 쏟을 수 있는 나무종류이다.

학명	*Ligustrum obtusifolium*
영명	border privet
일본명	이보타
분류	물푸레나무과 쥐똥나무속
나무모양	모양목, 주립형, 현애, 연근형

◀ 나무키 16cm

관리 포인트

장소
장소를 가리지 않는 튼튼한 나무이지만 햇빛을 많이 받으면 줄기가 굵어지고, 음지에서 키우면 가지 수가 증가하는 경향이 있다.

물주기
물의 양으로 자라는 방식이 달라지는 것은 다른 종류와 같지만, 건조에 매우 강하다.

비료
비료의 양에 따라 시들거나 하지 않지만, 지나치게 많이 주면 웃자람가지가 강해져서 나무모양을 만들기 힘들다.

분갈이
잔가지를 늘리면서 자주 분갈이를 해야 한다. 뿌리도 생육이 왕성하기 때문에, 1년에 1번은 분갈이를 해야 쉽게 키울 수 있다.

병해충
별다른 병충해는 없지만 하늘소가 나무껍질을 갉아먹는 경우가 있으므로, 하늘소 유충의 예방에 신경 써야 한다.

재배력

1월	2월	3월	4월	5월	6월	7월	8월	9월	10월	11월	12월
분갈이·가지고르기								눈따기·잎따기			실생
	실생		비료						비료		
				철사풀기					철사감기		

키우기 | 모양잡기와 비료

잎을 즐기는 나무종류의 대부분은 새눈이 직선으로 곧게 자라므로 가지고르기(정지)가 중요하다. 쥐똥나무도 예외는 아니지만 한 번에 지나치게 많이 자르면 가지모양을 만들기 어려우므로, 조금씩 자주 하는 것이 좋다.

곧게 뻗은 가지는 바로 밑동에서 잘라내지 말고 잎따기로 튀어나온 부분을 조절하면서, 모양이 좋은 가지와 필요 없는 가지를 구분한다.

부드러운 가지로 만들기 위해서는 잎이 달리는 마디와 마디 사이를 짧게 유지하는 것이 중요하므로, 잎따기와 가지치기를 자주 해서 힘을 억제한다. 손은 조금 많이 가지만 그런 만큼 나무를 보면서 느끼는 즐거움도 큰 나무이다.

튼튼해서 쉽게 휘문이할 수 있는 나무이기 때문에, 그런 목적으로 분위기 있는 가지를 굵게 기르는 방법도 있다. 오랫동안 시간을 들여서 만들기 좋은 나무로, 분재에서만 맛볼 수 있는 특별한 기쁨을 준다.

BEFORE 웃자람가지가 직선으로 곧게 자랐는데, 모양이 좋은 가지도 있다.

모양이 좋은 가지

AFTER

철사를 감아서 옆으로 눕힌다

웃자람가지 1개를 남겨서 철사를 감아 옆으로 눕혔다. 부분적으로 잎따기를 하면 가지모양이 보이므로, 가지를 선택해서 나무모양을 결정할 수 있다.

01 여분의 가지나 잎은 나무모양에 맞게 가위로 짧게 자른다. 위로 곧게 올라오는 필요 없는 가지는 밑동에서 잘라내는 것이 좋다.

02 옆으로 뻗은 가지는 나무모양과 연결되므로, 철사를 감아 곡을 만들어 옆으로 눕힌다. 평소에 구상을 해두면 좋은 기회가 있을 때 살릴 수 있다.

03 잎따기 후, 뿌리나 줄기에 닿지 않게 흙 위에 고형비료를 올려둔다. 바람 등으로 움직이지 않도록 철사로 고정한다.

잎따기나 가지고르기 작업 뒤에는 반드시 비료를 줘야 한다. 부분적인 잎따기에도 나무는 에너지를 소모하기 때문이다. 또한, 비료로 영양을 보충하면 뿌리부터 흡수하게 되므로, 잎에서 햇빛으로 영양을 섭취하는 것보다 직접적으로 줄기에 힘을 줄 수 있다. 줄기를 굵게 만들어서 나무키를 억제하는, 분재의 기본이라고 할 수 있는 기술이다.

04 나무 밑동을 둘러싸듯이 분 위에 비료를 올려둔 모습. 방사형으로 고르게 배치한다.

MINI INFO

고형비료를 분 위에 올려둘 때는 바람이 불거나 물을 줄 때 날리지 않게 1개씩 철사로 단단히 묶어둔다. 뿌리씻음 분재에서 경사면에 비료를 올려둘 때도 같은 방법을 사용한다.

흙속에 꽂는다

- 고형비료
- 알루미늄 철사
- 꽂기 힘들 때는 알루미늄 철사 끝을 비스듬히 자른다.
- 흙속에 꽂는다.
- 고형비료
- 가운데에 알루미늄 철사를 감고 펜치 등으로 비틀어서 고정시킨다.

품격 높이기 | 작품 예

쥐똥나무는 매우 튼튼해서 기르는 사람이 오래 입원하는 경우에도 잘 살아 있을 정도라고 한다. 그런 만큼 다양한 작품을 만들어볼 수 있어서 창조성을 마음껏 발휘하게 해주는 나무이다.

그중에서도 황피성 쥐똥나무는 몇 년 안에 품격까지 더해지기 때문에, 휘문이로 손끝으로 집을 수 있을 정도로 작은 미니 분재를 만들어도 고목의 깊은 맛을 즐길 수 있다.

작품 ❶
분과의 조화로 두꺼운 밑동이 강조되었다. 대목의 품격이 있고, 전체를 봉긋하게 반구형으로 감싼 나무갓에서 고목의 분위기가 느껴진다. 작은 공간에서 큰 풍경을 보여주는 분재의 극치라 할 수 있다.

◀ 나무키 10cm

상하14cm / 좌우22cm ▶

작품 ❷
현애 작품. 뿌리와 그루솟음새가 대지를 단단히 움켜쥐고 있고, 줄기가 균형 있게 왼쪽으로 흐르고 있다. 나무껍질의 거친 상태가 고풍스러운 느낌을 잘 표현하고 있다.

상엽분재 / 쥐똥나무

사향단풍

일본 동해와 긴키 이서에 분포하는 갈잎나무로, 잎, 줄기, 뿌리에 향기가 있다. 식물학적으로는 중국단풍(p.98)과 관계없지만, 작은 잎이 단풍잎을 닮아 사랑스럽고, 중국단풍이나 일본단풍나무로는 만들기 힘든 미니 분재도 만들 수 있다. 늦가을이면 다른 나무보다 먼저 잎이 노랗게 물들고, 색을 유지한 채로 낙엽이 진다.

튼튼하고 건조에 강하며 눈은 늦봄에 나오는데, 그 뒤로는 눈이 계속 나오기 때문에 분재를 만들기 쉬운 나무이다. 단, 눈따기를 시작하면 줄기가 굵어지지 않기 때문에, 키우기 시작할 때는 줄기 만들기를 목표로 한다.

줄기가 굵어지고 나무모양도 정리된 다음에는 한동안 눈따기와 잎따기를 반복한다. 2~3년 정도는 모양이 변하지 않는 것 같지만, 자라면 따는 과정을 반복하는 동안 점점 분재다운 가지와 잎으로 변한다. 정성을 다하면 서서히 우러나오는 분재의 매력을 맛볼 수 있는 나무이다.

나무키 9.5㎝ ▶

학명	*Premna japonica*
영명	Japan neem tree, musk maple
일본명	니오이카에데
분류	마편초과 Premna속
나무모양	모양목, 문인목, 현애

관리 포인트

장소
햇빛이 잘 드는 곳이 좋다. 쇠약해진 경우나 관리가 필요할 때만 반음지에 둔다.

물주기
건조에는 강한 나무이지만, 비료를 주는 기간에는 물을 자주 많이 준다. 비료와 물은 상관관계가 있다.

비료
튼튼한 나무이므로 많이 줄 필요는 없다. 가지가 자라게 하고 싶은 부분에만 고형비료를 올려놓는 방법도 가능하다.

분갈이
자주 분갈이할 필요는 없다. 어릴 때는 3~4년에 1번, 고목은 2년에 1번 정도의 간격으로 분갈이한다.

병해충
병충해는 거의 없지만 나무의 힘이 약해지면 깍지벌레 종류가 잘 생기므로, 힘이 떨어지지 않도록 신경 써야 한다.

재배력

	1월	2월	3월	4월	5월	6월	7월	8월	9월	10월	11월	12월
		분갈이										
					잎따기							
			눈따기					눈따기				
			비료									

만들기 | 철사감기

줄기가 굵어져서 가지모양이 나오기 시작하면 좋은 가지를 골라서 키우고, 가늘고 부드러울 때 철사를 감고 가지고르기(정지)해서 모양을 만든다.

사향단풍은 목질이 단단하므로 가지가 가늘 때 가지를 결정하는 것이 좋다. 가지 밑동이 갈라지는 일도 자주 있기 때문에, 철사를 감을 때 주의해야 한다. 동시에 예비 가지를 남겨 두는 것도 좋은 방법이다.

01 길게 뻗은 가지를 잘라낸 뒤, 나무모양을 보고 가지고르기와 잎따기를 한다. 밑에서 올려다보는 시점도 중요하다.

02 철사를 감을 때 가지 밑동이 부러지기 쉬우므로 핀셋 등을 이용해서 조심스럽게 감는다.

03 가지에 곡을 넣을 때는 철사를 감은 다음에 구부리는 것보다, 손끝으로 확인하면서 감는 것이 좋다.

BEFORE

머리(수심)를 만들기 위해 눈을 따지 않고 1개의 가지를 키운 것. 자라면 마디 사이가 길게 벌어지므로, 자라는 모습을 보고 적합하지 않을 경우 예비 가지로 바꾼다.

머리(수심) / 예비 가지

AFTER

철사감기를 마친 모습. 예비 가지도 위로 올라오는 느낌으로 만들었다. 눈따기와 잎따기를 반복하면 새로운 잎이 작아져서 균형을 이루게 된다.

검양옻나무

남쪽섬에서 주로 자라는 갈잎나무로, 일본에서는 늦가을에 열리는 열매에서 채취한 목랍으로 와로소쿠[和蝋燭]라는 초를 만든다. 이 나무의 매력은 무엇보다 계절을 앞서서 한층 더 눈길을 끄는 진홍색 단풍이다.

대부분 곧게 자라고 가지도 잘 갈라지지 않기 때문에, 잡목림과 같은 풍취를 자아내는 모아심기나 부드러운 곡이 있는 문인목으로 만들면 진가를 발휘한다. 석부작이나 뿌리씻음 분재를 만들어도 운치가 있다.

다만, 튼튼하면서도 건조에는 약하기 때문에, 가지 끝에 있는 눈이 마르면 밑동에서부터 다시 눈이 나오는 경우가 많다. 분재를 만드는 동안 자주 물을 주는 것이 좋다.

분재용으로 유통되는 나무는 옻나무만큼은 아니지만 옻이 오르는 경우도 있으므로 만질 때는 주의해야 한다. 특히 수액이 손에 직접 닿지 않게 장갑을 착용하는 것이 좋다.

학명	*Rhus succedanea*
영명	wax tree, Japanese wax tree
일본명	하제
분류	옻나무과 옻나무속
나무모양	모양목, 모아심기, 문인목, 석부작

◀ 나무키 15cm

관리 포인트

장소
햇빛이 잘 드는 장소를 좋아한다. 음지에서는 웃자라는 경향도 있으므로, 건조에 주의하면서 햇빛을 받게 한다.

물주기
물의 양이나 주는 횟수는 분재를 만드는 방식에 따라 다르지만, 건조하지 않게 주의해야 한다.

비료
1달에 1번 정도의 비율로 주는데, 비료를 지나치게 많이 주면 단풍이 늦게 들기도 하고, 보기 좋게 물들지 않는 경우도 있다. 질소성분이 적게 함유된, 분 위에 올리는 고형 비료가 적합하다.

분갈이
1년에 1번 정도 분갈이하는 것이 좋다. 뿌리는 적지만 성장이 빨라서, 모아심기할 경우에는 뿌리가 가득차기 쉽다.

병해충
새눈이 나오는 시기에 생기는 진딧물 외에는 걱정이 없다. 눈이 나오기 전에 추울 때 살균살충제를 살포해서 예방한다.

재배력	1월	2월	3월	4월	5월	6월	7월	8월	9월	10월	11월	12월
		분갈이				가지치기				잎솎기		
				눈따기								
		실생			비료					실생		

만들기 | 뿌리씻음 분재

뿌리씻음 분재는 분에서 뺀 상태로 기르는 분재로, 뿌리분이 잘 형성되어 있으면 여러 가지 나무종류로 만들 수 있다. 평평한 자연석이나 수반, 모래나 돌 위에 두면 시원한 경치를 즐길 수 있다.

여기서는 원예점에서도 구할 수 있는 씨모(실생묘)의 모아심기로 숲의 경치를 표현했다.

건조에는 주의해야 하지만 뿌리가 가득찰 걱정이 없고, 시간이 지날수록 분위기가 더 살아나는 분재이다.

상엽분재

검양옻나무

01 분에서 빼낸 모습. 뿌리분이 단단하게 굳어 있다. 부서지지 않도록 평평한 자연석 위에 올려놓고 작업한다.

BEFORE 원예점에서 구입한 씨모의 모아심기. 평평한 자연석을 준비하면 자연경관을 가까이에서 즐길 수 있다.

02 지나치게 복잡한 묘목은 솎아내는데, 묘목을 빼내면 뿌리분이 망가질 수 있으므로 가위로 잘라낸다.

03 젖은 물이끼로 감싸고 실로 단단히 감아둔다. 처음에는 위화감이 있어도 곧 익숙해진다. 여기에서는 알아보기 쉽게 흰색 실을 사용했지만, 실제로는 거무스름한 실을 사용하고 이끼도 실로 감아두면 좋다.

AFTER 뿌리씻음 분재 완성. 새로운 눈이 나올 때까지는 분갈이한 뒤처럼 물이 마르지 않도록 주의하고, 반음지에서 관리한다.

용신담쟁이덩굴

담쟁이덩굴(➡p.122)의 석화 품종. 석화란 성장점의 변이를 말하는데, 이 품종의 경우에는 덩굴이 구부러져 자라고 마디 사이의 간격이 짧으며 잎도 두껍고 물결모양이어서, 새눈이 자라는 모습을 용이 승천하는 모습에 비유하여 붙인 이름이다.

잎에 광택이 있고 신록의 아름다움은 각별하다. 덩굴성 가지는 원래 구부러지는 성질이므로 곡을 만들기 쉽고, 독특한 분위기가 있어 분재용으로 인기가 높은 나무이다.

줄기는 서서히 굵어지지만 흙 표면 위로 공기뿌리(기근)가 나오기 때문에, 그 부분을 밑동으로 삼아 꺾꽂이순을 만들면 쉽게 번식시킬 수 있다.

튼튼한 나무이지만 덩굴성은 아무래도 잎이 복잡해지기 때문에, 바람이 안 통하거나 건조하지 않게 각별히 주의해야 한다. 추위에는 강하지만 한여름에는 잎이 타기 쉽다.

학명	*Parthenocissus tricuspidata* cv.
영명	Boston ivy cultivar
일본명	류진쓰타
분류	포도과 담쟁이덩굴속
나무모양	모양목

▲ 나무키 10cm

관리 포인트

장소
음지에서도 잘 자라지만 어느 정도는 햇빛을 받아야 단단해진다. 바람이 잘 통하는 반음지에서 키우고, 겨울에는 처마 밑 등에서 관리한다.

물주기
여름에는 물이 마르지 않도록 주의한다. 단, 물이 지나치게 많아도 뿌리가 썩을 수 있으므로 물빠짐에 주의하고, 반음지라면 1일 1번 주는 것이 좋다.

비료
잎 색깔이 짙어지면 비료가 필요하다는 신호이다. 다만, 한 번에 많이 주면 나무가 말라버릴 수 있기 때문에, 조금씩 계속 주는 것이 좋다.

분갈이
뿌리가 잘 자라기 때문에 1년에 1번은 분갈이한다. 분갈이하면 여름철의 수분보존력도 좋아진다.

병해충
새눈이 나올 때 발생하는 진딧물 외에는 병해충이 거의 없다. 눈이 나오기 전에 예방하는 것이 중요하다.

재배력

	1월	2월	3월	4월	5월	6월	7월	8월	9월	10월	11월	12월
분갈이		■■	■									
비료				■■■				■■	■■			
꺾꽂이					■■	■■						
철사감기·철사풀기		■■	■									

※ 가지치기는 1년 중 적당한 시기에 한다.

키우기 | 분갈이

원예점에서는 비닐 포트나 토분에 들어 있는 1~2년생 묘목을 판매하는데, 그것을 바로 분갈이하는 경우나 다음해에 분갈이하는 경우에도 같은 순서로 작업한다. 초봄에 하는 것이 가장 좋지만, 잎이 나온 다음에라도 가능하다.

다만, 분갈이한 직후에 온도가 올라가면 나무가 손상될 수 있다. 양지를 피하고 음지~반음지에서 바람이 잘 통하게 관리한다.

BEFORE 토분에 심은 나무를 분맞추기해서 분갈이한다.

AFTER 분갈이하고 각도를 조절한 것만으로도 밸런스가 좋아졌다.

잔뿌리만 자른다

01 뿌리분을 풀어준 모습. 잎이 있을 때는 굵은 뿌리는 자르지 않고 잔뿌리만 자른다.

02 각도를 조절하면서 심고, 용토를 뿌리 사이에 밀어넣는다.

03 용토 표면에 물이끼를 깔아 수분을 보존한다. 이끼를 붙이면 모양새도 좋아진다.

MINI INFO

시간이 지나면 자연스럽게 이끼가 끼는데, 판매하는 이끼도 있지만 다른 분에 있는 이끼를 잘라서 올리면 자연스러운 분위기가 된다.

품격 높이기 | 작품 예

◀ 나무키 13cm

작품 ❶

시간이 지나서 줄기가 굵어지고, 가지도 훌륭하게 완성된 명품 분재. 이 정도가 되면 잎이 떨어진 겨울나무에도 박력이 있어서 볼 만하다.

담쟁이덩굴

식물학적으로는 같은 담쟁이덩굴이지만 일본에서는 상록성인 아이비는 겨울 담쟁이덩굴, 낙엽성인 담쟁이덩굴은 여름 담쟁이덩굴이라고 부른다. 가을이면 단풍이 아름다운 것으로 유명하다.

분재로서는 덩굴이 쉽게 부러지기 때문에 조금 숙련된 기술이 필요하다. 일단 잘 자라서 퍼져나가는 덩굴을 억제하고, 단풍을 즐기면서 천천히 익숙해지는 것이 좋다. 6월경에 잎을 모두 잎자루 중간 정도에서 자르면 멋진 가을 단풍을 볼 수 있다.

용신담쟁이덩굴(➡p.120)의 기본 품종이므로, 이 품종도 덩굴에서 공기뿌리(기근)가 나오기 때문에 꺾꽂이로 번식시키기 좋다. 가을에 달리는 흑자색 열매로 씨앗부터 기르는 실생을 시도하는 것도 가능하다.

번식시키고 즐기는 동안 덩굴의 성질도 알게 되므로, 자신도 모르는 사이에 기술도 익힐 수 있다.

학명	*Parthenocissus tricuspidata*
영명	Boston ivy
일본명	나쓰쓰타
분류	포도과 담쟁이덩굴속
나무모양	모양목, 쌍간, 현애, 석부작

▶ 나무키 12cm

관리 포인트

장소
음지~ 반음지를 좋아하지만 덩굴이 지나치게 자란다. 잎이 얇고 햇빛에 강하기 때문에, 햇빛이 잘 드는 곳에서 관리할 수 있다.

물주기
건조는 피해야 하지만, 물이 말라도 회복하는 힘이 있다. 양지에 두는 경우에는 물을 많이 줘야 한다.

비료
비료를 많이 주면 햇빛이나 물 부족에 강해진다. 특히 양지에서 키우는 경우에는 비료를 많이 줘야 줄기에 힘이 생긴다.

분갈이
뿌리의 성장도 빨라서 분이 작으면 뿌리가 가득차기 쉽다. 덩굴과 뿌리를 모두 억제하기 위해, 1년에 1번 정도는 분갈이 하는 것이 좋다.

병해충
새로운 눈이 나올 때의 진딧물 외에는 별로 없다. 미리 예방하고 구제한다.

재배력	1월	2월	3월	4월	5월	6월	7월	8월	9월	10월	11월	12월
분갈이			■									
가지치기				■	■	■			■	■	■	
꺾꽂이				■	■	■						
비료							■		■			

키우기 | 분 교체

꺾꽂이 1년차 정도로 보이는 묘목을 원예점에서 구입한 다음 분을 교체했다. 분갈이와 거의 같은 작업이지만, 나무모양은 그대로 두고 뿌리만 가볍게 정리한다.

　분갈이 적기에는 잎이 떨어진 상태이므로 잎이 나온 뒤의 모습을 머릿속에 그려보고, 가장 아름다운 시기의 모습을 예상하는 「구상 훈련」이라고 할 수 있다.

원예점에서는 커다란 배양분에 심겨 있던 묘목. 잎이 난 모습을 생각하면, 분의 색깔과 모양이 나무와 어울리지 않는다.

01 분에서 뺀 다음 흙을 풀어서 털어내고, 뿌리를 새로운 분에 맞는 크기로 자른다.

자른다

나무모양은 바꾸지 않고 각도를 바꿔서 뿌리를 정리한 다음, 입구의 지름이 작고 키가 높은 분으로 교체했다. 잎이 없을 때는 오히려 불안정한 느낌이다.

6개월 뒤

밑동을 잘 고정시킨다

02 잎이 있는 모습을 상상해서 각도를 조절해 심는다. 밑동을 철사로 단단히 고정시킨다.

단풍이 시작되는 계절. 이듬해에는 잎이 더 무성해지기 때문에, 위가 지나치게 커지지 않게 잎을 줄이고, 산이나 들에서 보는 듯한 분위기를 유지한다.

상엽분재

담쟁이덩굴

배롱나무

배롱나무는 꽃 피는 시기가 길어서 「백일홍(百日紅)」이라고도 하는데, 같은 이름을 가진 국화과 식물이 있어서 구분하기 위해 「목백일홍」이라고 부르기도 한다. 이 밖에도 나무껍질을 손으로 긁으면 잎이 움직인다고 해서 「간지럼나무」라고도 하며, 일본에서는 나무껍질이 매끄럽다고 해서 원숭이가 미끄러지는 나무라는 뜻으로 「사루스베리[猿すべり]」라고 부르기도 한다. 원산지는 중국이다.

꽃이 아름다워서 「상화분재」로 분류하기도 하지만, 잎을 보는 「상엽분재」로도 매력이나 볼거리가 많다.

생육이 빨라 가지를 만들기 쉬우므로 여러 가지 모양으로 즐길 수 있다. 잎에도 광택이 있어서 아름다우며, 나무껍질이 아름다운 만큼 잎이 떨어진 겨울나무(한수)도 아름답다. 사계절 내내 눈을 즐겁게 해주는 나무라고 할 수 있다.

또한 꺾꽂이를 해도 뿌리내리는 비율이 높기 때문에 번식시키기도 쉽다. 원래 남쪽에 주로 분포하므로, 초여름부터 초가을까지 잘 손질하는 것이 포인트.

나무키 7cm ▶

별명	목백일홍, 간지럼나무
학명	*Lagerstroemia indica*
영명	crape myrtle
일본명	사루스베리
분류	부처꽃과 배롱나무속
나무모양	모양목

관리 포인트

장소
햇빛이 잘 들고 바람이 잘 통하는 곳을 좋아한다. 겨울에는 서리를 맞지 않도록 온도를 올리지 않은 실내에서 관리한다.

물주기
봄부터 물이 마르기 쉬운데, 이 시기에 건조해지면 꽃이 잘 달리지 않는다. 봄부터 가을까지는 물을 많이 주는 것이 좋다.

비료
비료를 많이 주는 것이 좋다. 4~10월의 생육기간 중에는 1달에 1번 정도 분 위에 놓는 고형비료를 준다. 인산, 칼륨이 많은 비료를 주면 꽃이 잘 달린다.

분갈이
생장이 빠르기 때문에 어린나무는 1년에 1번, 자리를 잡은 뒤에는 2년에 1번 정도 분갈이한다. 추위에는 약하기 때문에 초여름에 하는 것이 좋다.

병해충
새눈이 나올 때 해충이나 흰가룻병이 생기기 쉽고, 진딧물의 2차 피해인 그을음병에도 잘 걸린다. 봄~가을에는 1달에 1번 살균살충제를 뿌려서 예방한다.

재배력

	1월	2월	3월	4월	5월	6월	7월	8월	9월	10월	11월	12월
분갈이				■								
꺾꽂이						■■■						
눈따기·눈자르기·가지치기·잎따기			■■■■■■■									
철사감기				■■■■■■■■								
비료					■■■■■■■■■■							

※ 철사는 적당한 시기에 풀어준다.

키우기 | 눈자르기

배롱나무는 눈자르기로 나무모양을 만든다. 단순히 삐져나온 눈을 자르는 것이 아니라 가지를 중간에 잘라서 새로운 가지가 나오게 하는 되돌려자르기를 자주 해서, 잎을 작게 만들고 잎의 양을 줄이며 가지가 갈라지는 분지를 촉진시켜 아기자기한 모습으로 만들어간다.

봄에 첫 번째 눈자르기를 한 뒤에 1달 정도는 그대로 두지만, 기온이 올라가면 점점 가지가 빨리 자라고 가지 끝쪽의 잎이 크게 자라는 것이 특징이다. 이 시기에는 2주일에 1번은 되돌려자르기를 하는 것이 좋다. 구체적으로는 윤곽으로 정한 가지 밑동에 있는 「턱잎(탁엽)」만 남기고 자른다. 턱잎은 자연적으로 떨어지는 잎이지만, 위의 잎을 자르면 떨어지지 않고 단단한 잎이 된다.

그러면 남겨둔 턱잎 밑에서 새눈이 나오고 가지가 갈라져 자란다. 가지가 갈라진 것을 확인한 뒤에 잊지 말고 남겨둔 턱잎을 잘라낸다. 그대로 두면 그 부분에 잎이 집중되어 새눈이 나오기 힘들어진다.

5월에 전체적으로 눈자르기를 한 모습. 꺾꽂이 6년차로, 해마다 눈자르기를 해서 잔가지가 상당히 늘어났다.

크게 자란 잎을 턱잎 바로 위에서 잘라낸다.

POINT 잘라낸 모습. 이 턱잎 밑에서 눈이 자라면 딱딱해진 턱잎을 잘라낸다.

키우기 | 물꽂이

물꽂이(수경삽목)는 꺾꽂이 방법의 하나로 물속에서 뿌리를 내리게 한 다음 흙에 심는다. 물이 마를 걱정도 없고 뿌리도 잘 내리기 때문에 성공률이 높은 방법이다.

가지를 그대로 땅에 꽂아도 뿌리를 내릴 정도로 번식시키기 쉬운 나무이지만, 분재로 키우는 경우에는 뿌리가 보기 좋게 자라야 그 뒤에 관리하기 편하다. 또한, 심을 때 부드러운 가지로 그루솟음새를 만들 수 있다는 장점도 있다.

초여름, 기온이 높은 날이 계속되는 시기에 가지치기한 가지로 시험해보자.

01 자른 가지를 적당한 길이로 잘라서 물이 담긴 용기에 넣는다.

02 바람에 날리지 않도록 물이끼로 눌러둔다(장소에 따라 필요 없는 경우도 있다). 물이 고여 있으면 산소가 부족해지므로, 매일 물을 더 붓고 가끔씩 갈아준다.

03 1달 정도 지나 뿌리가 사방으로 뻗어나오면 1포기씩 심는다.

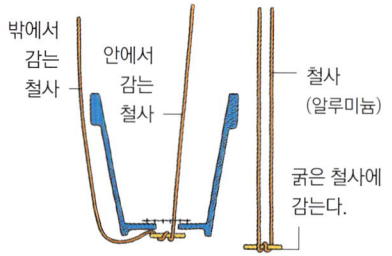

분 바닥의 구멍으로 철사를 통과시켜, 분의 안과 밖에서 감을 수 있게 만든다.

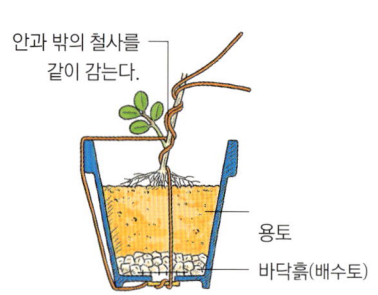

묘목을 올린 다음, 철사를 2겹으로 감아서 고정시킨다.

용토를 부어 밑동을 단단히 고정시킨 상태에서, 원하는 모양으로 곡을 만든다.

04 철사가 가운데에 오도록 받치고 용토를 붓는다(적옥토 2 : 녹소토 1).

05 흙 위에 묘목의 뿌리를 벌려서 올리고, 철사를 감아서 고정한다.

06 뿌리 위에 용토를 붓는다. 물을 주면 심기 완성.

07 분 위로 주는 물만으로는 부족하므로, 저면관수로 관리하면 잘 자란다.

POINT
심은 뒤에는 저면관수로 관리하는데, 뿌리가 있는 높이까지는 물에 잠기지 않게 하는 것이 포인트. 물속에서 자란 뿌리라도 흙속에서 뿌리에 물이 직접 닿으면 썩을 수 있다.

만들기 | 강한 가지치기

강한 가지치기는 가지를 어느 정도 굵게 기른 다음에 자르는 것이다. 조금 자르는 경우도 있고 이번처럼 많이 잘라서 개작하는 경우도 있다. 어느쪽이든 시간을 들여 키우면서 줄기를 굵게 만들고, 나무의 품격을 향상시키는 것이 목적이다.

BEFORE

01 꺾꽂이 9년차. 나무모양이 커졌기 때문에 작게 만든다. 굵은 가지를 자를 때는 줄기가 갈라지지 않도록 톱을 이용한다.

02 가지와 잎을 잘라냈기 때문에, 당분간은 그대로 두고 비료로 힘을 준다. 눈이 나와도 따지 않고, 뿌리나 가지도 자라게 둔다.

↓ 2달 뒤

03 처음에 정한 크기로 다시 자른다. 먼저 강한 가지를 대충 잘라내고, 길게 뻗은 어린 잔가지를 남겨서 나무 모양을 만든다.

POINT
가지가 많이 갈라져 나오도록 턱잎 위에 눈 1개를 남기고 여유 있게 자른다. 약한 가지는 남겨둔다.

AFTER

04 길게 뻗은 어린 잔가지는 남겨두고 크기를 대략적으로 줄인 상태. 여기서부터는 나무의 앞날을 좌우하는 작업이므로 잘 생각해서 진행한다.

상엽분재 배롱나무

품격 높이기 | 작품 예

◀ 나무키 7㎝

◀ 나무키 12㎝

작품 ❶
전체를 부등변삼각형으로 만든 현애. 여름철에는 2주, 초봄과 가을에는 3주 간격으로 삐져나온 눈을 잘라서 윤곽을 유지한 것이다.

작품 ❷
문인목 스타일로 만든 분재. 이런 모양에서는 가지가 많이 굵어지지 않도록 잎을 빨리 자른다. 가지모양을 만들려면 잎따기로 힘을 억제해서 꽃이 피지 않게 주의한다.

COLUMN
꽃을 피우는 요령

배롱나무의 어린가지에는 털이 없고 네모나게 각이 져 있다. 이 시기는 사람의 유년기에 해당하므로 꽃은 피지 않는다. 성장을 억제하면서 비료로 힘을 더해주면 가지가 충실해지면서 어른나무가 되어 잎이 딱딱하고 두꺼워지며 색도 짙어진다. 동시에 가지의 각진 부분이 실처럼 떨어지고 겨울에도 마르지 않는다.

그렇게 되면 가지 끝의 잎 아래쪽에 꽃눈이 무성하게 달린다. 이 정도로 자라면 가지 끝을 잘라도 잎 아래쪽에는 반드시 꽃눈이 나온다. 웃자란 가지 끝에 꽃이 피지 않도록 2~3마디만 남기고 자르면, 균형 있게 핀 꽃을 즐길 수 있다.

어린가지 — 네모나게 각이 져 있다.
성장한 가지 — 각진 부분이 실처럼 떨어진다.
2~3마디만 남기고 짧게 잘라서 꽃을 피운다.
균형 있게 꽃을 피운다.

상화 분재

매화나무 | 벚나무 | 동백나무
찔레나무 | 야쿠시마 싸리
산수국 | 로즈메리 | 왜철쭉 | 장수매

매화나무

원산지는 중국이지만 한국이나 일본에서도 널리 사랑받는 꽃나무이다.

원예품종은 여러 가지가 있는데, 일본의 경우 크게 야매계(野梅系, 목질부의 속이 하얀색), 홍매계(紅梅系, 속이 붉은색), 풍후계(豊後系, 열매를 얻기 위한 품종)의 3종류로 나눈다. 분재로 만드는 것은 대부분 야매계열이다.

원예품종은 꽃 색깔, 잎 색깔, 꽃이 피는 방식, 가지가 나오는 방식 등이 다양하기 때문에, 마음에 드는 나무를 찾으면 품종명을 알아두는 것이 좋다.

꽃도 아름답지만 분재에서는 오래된 고목의 느낌이 있는 나무껍질이나 가지모양의 전체적인 분위기도 큰 매력으로 본다.

매화 특유의 운치를 오래 유지하려면 가지치기가 포인트이다. 꽃이 핀 곳에는 잎이 나오지 않으므로, 꽃이 핀 뒤에는 반드시 가지를 잘라내서 웃자라지 않게 만드는 것이 중요하다.

별명	매실나무	**일본명**	우메
학명	*Prunus mume*(=*Armeniaca mume*)	**분류**	장미과 벚나무속
영명	Japanese apricot	**나무모양**	모양목, 사간, 반간, 문인목, 반현애

▶ 상하 20cm / 좌우 17cm

관리 포인트

장소
햇빛이 잘 들고 바람이 잘 통하는 곳을 좋아하지만, 반음지 쪽에 두면 꽃이 더 잘 핀다. 한여름의 직사광선은 피해야 한다.

물주기
물을 좋아하는 나무이므로 분 표면의 흙이 마르면, 바닥에서 물이 흘러나올 때까지 충분히 준다.

비료
비료를 많이 주지 않으면 가지가 가늘어져 말라죽는 것도 있고, 꽃눈도 잘 달리지 않는다. 봄부터 10월까지 1달에 1번 분 위에 놓는 고형비료를 준다.

분갈이
어린나무는 생장이 빠르기 때문에 해마다 1번, 다 자란 뒤에도 2년에 1번 정도 분갈이한다.

병해충
병충해에는 특히 주의해야 한다. 줄기는 배설물과 수지를 배출하는 복숭아유리나방이나 진딧물, 깍지벌레, 응애 등을 조심하고, 잎은 흰가룻병, 노균병, 검은별무늬병 등을 조심해야 한다. 예방과 방제가 중요하다.

재배력	1월	2월	3월	4월	5월	6월	7월	8월	9월	10월	11월	12월
분갈이		분갈이							분갈이			
가지치기	가지치기					철사감기						
							잎따기					
비료		비료										

※ 철사는 적당한 시기에 풀어준다.

키우기 | 가지치기

꽃이 많이 펴서 개화기가 길어지면 나무가 현저하게 힘을 잃어 가지가 마르거나 생육 불량의 원인이 된다. 꽃이 반쯤 피었을 때 꽃과 봉오리를 제거하고 가지치기하는 것이 매화나무를 기를 때 중요한 작업이다. 특히 어린나무는 가지치기가 그 뒤의 생육에 큰 영향을 미친다.

01 가지치기 직전에 반드시 꽃과 봉오리를 제거한다.

POINT
가지치기하기 전에 가지 끝에 잎눈이 나오면 웃자라서 나무모양이 흐트러진다.

02 가지 밑동의 작은 잎눈을 확인하고, 눈보다 조금 위에서 가위로 자른다. 가지에 대해 직각으로 자르면 자른 면이 작아진다.

키우기 | 분갈이

가지치기한 뒤 자른 면에서 마디까지의 가지는 떨어지지만 남겨둔 가지가 자란다. 어느 정도 자라면 철사를 감아 가지 모양을 정리하고 분갈이한다. 분갈이 전에는 하루 정도 물을 주지 않는 편이 뿌리를 정리하기 쉽다.

매화는 용토를 크게 가리지 않는다. 분의 크기와 환경에 따라 물빠짐과 수분유지의 균형이 잘 맞는 용토를 고른다. 분갈이 직후에는 희석한 액체비료 등으로 영양을 보충하고, 눈이 나오기 시작하면 관찰하면서 비료를 서서히 늘린다.

01 철사를 감아서 가지를 정리하고, 분에서 뽑아 흙을 털어내고 밑뿌리와 옆뿌리를 정리한 다음, 새로운 분에 맞게 크기를 조절한다. 이 단계에서는 낡은 가위로 뿌리를 잘라도 좋다.

02 분을 준비하고 마지막으로 뿌리를 정리한다. 이때는 잘 드는 가위로 깔끔하게 자르면, 상처가 빨리 낫고 뿌리도 잘 내린다.

03 분에 바닥흙(배수토)을 넣고 나무를 올려서 철사로 단단히 고정시킨 다음 흙을 붓는다.

04 나무젓가락 등으로 뿌리 틈새에 흙을 밀어넣는다. 표면의 흙을 손가락으로 눌러서 잘 들어갔는지 확인하고, 물이끼를 깔아서 관리한다.

만들기 | 눈따기로 조절

매화나무 분재를 만들 때는 그저 꽃만 피우면 되는 것이 아니다. 꽃을 피우기 위해서는 나무의 에너지가 소모되므로, 어린나무일 때나 약해졌을 때는 꽃눈을 제거하는 등 조절이 필요하다.

가지의 모양을 만드는 과정에서는 잎눈을 늘려 가지가 자라는 힘을 분산시켜서, 웃자라지 않고 촘촘하게 자라도록 만들기도 한다.

나무에 충분히 힘이 생긴 뒤에는 꽃의 아름다움을 만끽하기 위해, 가지의 성장을 억제하고 꽃눈을 늘리는 것도 가능하다.

매화나무의 꽃눈 분화는 7월경부터 시작되므로 가지의 조절은 6월 전후를 기준으로 한다. 나무의 모양을 평소부터 잘 관찰해서 그때그때 필요한 조절을 해주면 된다.

MINI INFO

꽃눈이 달리지 않게 하려면 큰 눈은 꽃눈이니까 따내고, 가지 밑동의 꽃눈을 남기고 가지를 잘라낸다. 분갈이한 뒤 관리 중인 나무의 경우에는 핀셋 등으로 꽃눈만 떼어낸다.

꽃눈 제거(관리 중인 나무)

9월 이후에 실시하는 작업.

힘을 주고 싶은 나무는 꽃눈이 달려도 떼어낸다.

잎눈을 늘리는 방법

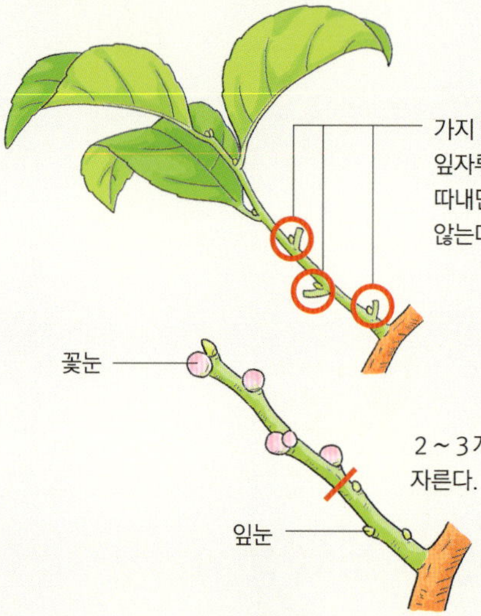

가지 밑동의 잎 2~3장을 잎자루를 조금 남기고 따내면 꽃눈이 되지 않는다.

꽃눈

2~3개의 눈을 남기고 자른다.

잎눈

꽃눈을 늘리는 방법

방법 1

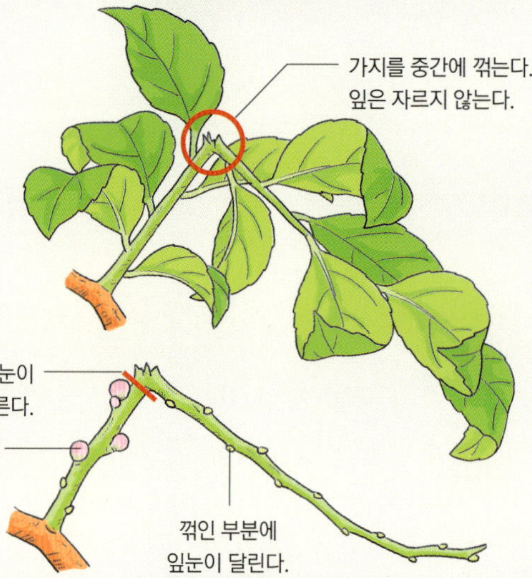

가지를 중간에 꺾는다. 잎은 자르지 않는다.

꽃눈이 달리면 자른다.

꽃눈

꺾인 부분에 잎눈이 달린다.

방법 2

01 기세 좋은 어린가지가 단단하게 굵어지면, 펜치 등으로 줄기를 짓누른다.

02 물과 영양분의 통로를 좁힌 상태에서 잎은 남겨둔다. 생장을 저해하면 꽃눈이 달린다.

만들기 | 가지고르기

앞에서 설명한 방법을 이용해서 실제로 잎눈과 꽃눈을 늘리기 위해 가지고르기(정지)를 한 예이다. 봄에 새눈의 성장이 멈춘 시기에 실시한 것으로, 작업 시기는 지역이나 환경에 따라 달라진다.

작업하기 전에 나무 전체를 잘 살펴보면 가지가 자라는 방식이 제각각임을 알 수 있다. 여기서는 위의 가지가 강하게 자라고, 아래쪽 가지는 별로 자라지 않았다. 자라서 힘이 생긴 가지만 조절한다.

BEFORE

AFTER

01 잎 아래쪽에 작은 눈이 있는 부분을 찾아서, 잎자루를 조금 남기고 잎을 따낸다. 잎눈을 늘리기 위한 작업이다.

02 바로 위로 자란 가지를 꺾으면 밑에 있는 가지와 잎이 햇빛을 받지 못하므로, 줄기를 펜치로 짓누른다.

줄기가 짓눌린 상태. 윗부분을 남겨두는 것은 잎을 통해 섭취하는 햇빛의 영양을 완전히 차단하지 않기 위해서이다. 영양 부족이 심해지면 꽃눈을 만들 힘도 없어진다.

03 잎이 적은 가지는 꺾고 싶은 부분에 손가락을 대고 꺾어서 구부린다. 많이 상하지 않도록 주의한다.

줄기가 꺾인 상태. 조금 있으면 꺾은 부분과 가지 밑동 사이에 꽃눈이 나온다. 힘을 조절하고 시기를 판단할 수 있게 되면, 재미를 느낄 정도로 꽃눈이 잘 달린다.

벚나무

한국, 일본, 중국에 분포하는 봄을 상징하는 대표적인 꽃나무로, 뉴스에서도 해마다 봄이면 벚꽃의 개화 시기에 대한 정보를 알려줄 정도이다.

벚나무라는 이름을 가진 나무종류는 많은데, 식물학적으로 벚나무속은 세분화되어 계통에 따라 학명도 다르다.

분재로 만드는 원예품종도 많이 있지만, 인기가 많은 것은 산벚나무 계열과 왕벚나무 계열이다. 그러나 어떤 계열이든 생육이 매우 왕성하고 꽃도 잘 핀다. 부지런히 손질해야 하지만 화려함을 즐길 수 있는 나무이다.

분재로서의 목표는 줄기에 고풍스러운 느낌을 만드는 것이다. 가지는 갱신이 빨라서 시들어 떨어지면 새가지가 생기므로, 가지를 정하기 어렵다. 오히려 가지의 퍼짐으로 나무모양을 만드는 것이 좋다.

학명 *Prunus*(= *Cerasus*)
영명 cherry tree
일본명 사쿠라
분류 장미과 벚나무속
나무모양 모양목, 사간, 문인목

상하 27cm / 좌우 43cm ▶

재배력

	1월	2월	3월	4월	5월	6월	7월	8월	9월	10월	11월	12월
가지치기			━━━━━━━━━━━━━━━━								━━	가지치기
분갈이		━━							━━━━			
			비료 ━━━━━━━━━━━━━━━━━━━━━━━━━━━━								

눈따기

관리 포인트

장소
햇빛을 좋아하지만 반음지에서도 건강하게 자란다. 생육기에는 양지에서 키우고, 장마철 이후에는 반음지에 두면 관리하기 편하다.

물주기
뿌리의 생육도 빨라서 물을 좋아한다. 하지만 물을 지나치게 많이 주면 꽃이 피지 않는 원인이 되기도 한다. 표면의 흙이 마르면 물을 충분히 준다.

비료
생장이 빠르므로 성장에 맞춰서 꾸준히 비료를 주면 꽃이 많이 달린다. 유기비료를 중심으로 조절해서 준다

분갈이
가능하면 1년에 1번 정도 분갈이한다. 2년차가 되면 뿌리가 상당히 많아진다. 비료를 많이 주는 경우에는 미리미리 분갈이한다.

병해충
진딧물, 천막벌레나방의 애벌레, 깍지벌레, 응애 등이 발생한다. 세균에 의한 근두암종병에도 주의한다.

키우기 | 분갈이

나무모양이 정리된 나무로 앞으로 크게 변경할 예정이 없는 경우에는, 분갈이할 때 바깥쪽 뿌리를 정리해서 분에 맞추는 정도로만 가볍게 정리한다.

여기서는 꽃이 달린 상태에서 가지고르기(정지), 철사감기를 한 나무를 분갈이하기 때문에, 뿌리분을 완전히 풀어주지 않고 분갈이했다.

보통 때는 볼 수 없는 분 안을 살펴볼 수 있는 기회이므로, 뿌리를 자르기 전에 잘 보고 나무의 건강 상태를 알아둔다.

01 분에서 뺀 다음 뿌리분을 가볍게 풀어준다. 뿌리의 생장 상태나 병에 걸리지 않았는지 관찰한다.

자른다

02 바깥쪽부터 뿌리를 풀어서 길게 자란 뿌리를 자른다. 새로 심을 분에 맞게 뿌리를 정리한다.

03 새로운 분에 넣고 맞춰본다. 잘 맞으면 깔망과 철사를 준비한다.

분 바닥으로 끼워 넣은 철사

04 바닥흙(배수토)을 넣은 위에 뿌리분을 놓고 철사로 단단히 고정한다. 나무의 고정은 그 후의 생육에 큰 영향을 미치기 때문에, 가능하면 네 방향에서 단단히 눌러준다.

적옥토만 사용한 용토

05 용토를 넣는다. 줄기 밑동이 오래되었기 때문에 비료 효율이 좋은 적옥토만 사용한다.

흙 높이가 분의 테두리보다 낮게 조절한다

06 뿌리분과 용토 사이에 빈틈이 생기지 않도록 젓가락 등으로 밀어넣는다. 흙 표면의 높이가 분의 테두리보다 조금 낮아지게 넣는다.

분갈이 완성. 물이끼를 깔아서 건조하지 않게 주의한다.

만들기 | 철사감기

3월에 피기 시작하는 타이완 벚나무 계열의 「오카메 벚나무[おかめ桜]」의 근상형이다. 밑동에서부터 가지가 잘 나와 있기 때문에, 가지고르기(정지)하면서 철사를 감아 분재다운 정취를 만들었다.

먼저 나무 전체를 바라보고 「매력 포인트」를 찾는다. 정면을 정하고 가지의 흐름을 생각해서 필요 없는 가지는 잘라낸다. 세세한 부분은 철사를 감으면서 가지치기 해야 지나치게 많이 자르는 것을 막을 수 있다.

BEFORE

POINT
벚나무는 특히 가지가 쉽게 부러지는 나무종류이기 때문에, 철사를 감을 때는 가지 끝으로 갈수록 힘을 잘 조절해야 한다.

01 아래쪽 가지부터 철사를 감아서 중간 정도까지 감은 모습. 곡을 넣을 때는 아래쪽은 여유 있게 감고, 끝으로 갈수록 촘촘하게 감으면 모양이 나온다.

가는 철사 / 굵은 철사

02 가지 중간에서 밑동에 감은 철사보다 가는 것으로 바꿔서 가지 끝까지 감고 있는 모습. 두 손을 사용해서 감는 사람 쪽을 향해 감으면, 가지 끝이 잘 보여서 나무를 다치게 하는 실수를 막을 수 있다.

03 철사를 감은 가지에 곡을 만들 때는 손끝으로 천천히 밀듯이 구부린다. 평소에 손질할 때 가지가 잘 구부러지는 방향을 확인해두면 도움이 된다.

AFTER

왼쪽으로 길게 자란 제1지의 흐름을 제2지와 머리부분이 만드는 빗변으로 받치는 부등변삼각형. 역동적인 움직임과 안정감이 균형을 이룬다.

〈정면에서 본 모습〉
제2지
제1지

정면을 향해 앞으로 구부러지는 느낌의 부등변삼각형으로 만들면, 보는 사람이 박력을 느낀다. 나무를 크게 느끼게 만드는 표현 기술.

〈왼쪽에서 본 모습〉

정면을 향해 큰 부등변삼각형 또는 초승달모양 같은 모양이 되었다. 가지가 벌어진 모습이 보는 사람을 감싸는 듯한 분위기가 된다.

〈바로 위에서 본 모습〉

품격 높이기 | 작품 예

작품 ❶

에도히간[江戸彼岸] 벚나무 계열인 「시월벚나무」의 모양목. 꽃은 꽃잎이 많은 겹꽃으로 7~14개의 꽃잎이 있다. 사계성이 있으며, 꽃눈이 나오면 100일 정도 지나서 개화한다. 봄부터 가을까지 피지만 꽃의 수는 점점 적어지고, 꽃이 없는 10월경에 눈에 잘 띈다.

나무키 12㎝ ▶

작품 ❷

위와 같은 「시월벚나무」의 꽃눈이 올라오기 시작한 시기의 모습. 붉은색에 가까운 짙은 색깔이 점점 옅어진다.

나무키 12㎝ ▶

상화분재 벚나무

동백나무

동백은 중국과 일본 그리고 한국에 자생하는 나무로, 다른 꽃들이 모두 지고 난 추운 계절에 홀로 꽃을 피워 사랑을 듬뿍 받는 나무이다. 동백(冬柏)이란 이름은 겨울에 꽃이 핀다는 의미이다.

꽃잎이 수평으로 활짝 퍼지는 것을 뜰동백이라 하며 다양한 품종이 있다. 하얀 꽃이 피는 것을 흰동백, 어린가지와 잎 뒷면의 잎맥 위 및 씨방에 털이 많이 나는 것을 애기동백이라고 한다.

일본에서는 에도시대에 야생 동백과 유키쓰바키[雪椿]의 교배로 수많은 원예품종이 만들어졌다. 분재에서는 히고쓰바키[肥後椿]의 역사가 에도시대부터 이어져온 한편, 꺾꽂이나 실생으로 키우는 꽃송이가 작은 와비스케쓰바키[侘助椿] 등의 문인목도 인기가 높다. 반들반들한 초록잎과 치밀한 나무껍질도 아름답고, 줄기를 굵게 만들면 여유 있는 품격을 보여주는 나무이다.

병해충이 많아 어려운 점도 있지만 내성이 강해서 나무 자체가 시들어 죽는 일은 별로 없고, 미리 예방하면 기르기 쉬운 종류이다.

학명	*Camellia japonica*
영명	camellia
일본명	쓰바키
분류	동백나무과 동백나무속
나무모양	모양목, 문인목, 반현애

▶ 상하 18cm / 좌우 30cm

관리 포인트

장소
음지에서도 견딜 수 있지만, 햇빛이 잘 들고 바람이 잘 통하는 곳을 좋아한다. 단, 여름에는 직사광선에 잎이 타지 않도록 주의한다. 겨울에는 실내에서 관리한다.

물주기
생육기에는 1일 1번, 한여름에는 1일 2~3번 정도 주고, 겨울에도 물이 마르지 않도록 주의한다.

비료
많은 비료에 의한 영양 과다로 새로운 뿌리가 손상되기도 하므로 적게 준다. 분 위에 올리는 고형비료(유기비료)나 액체비료를 봄과 초여름, 가을에 준다.

분갈이
개화기에 따라 다르지만 꽃이 핀 뒤 11~4월에 한다. 꽃눈은 8월에 만들어지므로, 꽃눈이 만들어질 때까지 힘을 회복할 수 있는 시기를 선택한다.

병해충
차독나방이 많이 알려져 있지만 그 밖에도 해충에 의한 피해가 많으며, 바이러스병이나 균핵병 등의 예방이 필요하다. 정기적으로 살균살충제를 뿌려서 예방한다.

재배력

	1월	2월	3월	4월	5월	6월	7월	8월	9월	10월	11월	12월
			분갈이			꺾꽂이				분갈이		
					가지고르기							
		비료			비료				비료			
					철사감기				철사풀기			

키우기 | 씨모의 정형

동백나무 씨앗은 발아율이 높기 때문에 씨모(실생묘)로 기르기 좋다. 어미나무와 같은 성질의 꽃이 피는 것은 아니지만, 더 좋은 꽃을 피우는 일도 있어서 원예품종의 개량에도 활용되는 방법이다.

꽃이 피기까지 3~5년이 걸리고 때로는 더 오래 걸리는 경우도 있지만, 밑동의 그루숫음새부터 모양을 만들 수 있는 것은 분재로서 큰 매력이다. 나무의 생장을 지켜보면서 어떤 꽃이 필지 기다리는 것도 즐거운 일이다.

01 씨모는 되도록 가늘 때 분에 심는 것이 좋다. 잔뿌리가 상하지 않도록 주의해서 파낸다.

02 고정용으로 아래쪽에 철사를 길게 남기고, 지나치게 조이지 않게 전체를 감는다.

03 토분에 깔망을 깔고 바닥 구멍으로 철사를 통과시킨 다음, 분 바깥쪽으로 구부려서 묘목을 고정시킨다.

04 분 바닥으로 철사가 2줄이 나오도록 끼운 다음, 1줄씩 감는 사람쪽을 향해서 감는다.

새로운 철사 2줄이 서로 겹치지 않고 어긋나게 감는다.

처음 묘목에 감은 철사 / 깔망 / 고정용 철사(굵은 철사 등)

POINT
3줄의 철사를 같은 방향으로 조금씩 어긋나게 감아서, 곡을 만들 때 힘이 전체에 분산되게 한다.

05 구부릴 때는 천천히 양손을 사용해서, 묘목이 부러지지 않도록 신중하게 작업한다.

POINT
구부리고 싶은 부분을 양쪽 엄지손가락 안쪽으로 누르고, 다른 손가락으로 받치면서 천천히 구부린다.

06 잔뿌리가 망가지지 않게 용토를 붓는다(적옥토 2 : 녹소토 1). 곡 넣기는 7~10일 정도 지난 다음에 천천히 해도 된다.

만들기 | 강한 가지치기

어린나무일 때의 가지치기는 6월경에 가지와 잎을 자르는 것으로 충분하지만, 분재로서 모양을 결정하는 단계에서는 조금 더 강한 가지치기가 필요하다.

이 작업은 꽃이 핀 뒤 잎눈이 나오기 시작하는 시기에 실시한다. 잎에서 섭취하는 영양분이 크게 줄어들기 때문에, 회복기를 생육이 왕성한 시기로 맞추는 것이 좋다.

03 자른 면이 혹이 되지 않도록 주변을 매끈하게 깎고, 유합제(▶ p.29)를 발라서 보호한다.

01 먼저 분에서 빼낸 다음 앞으로의 나무모양을 구상하기 위해, 그루솟음새와 뿌리의 상태를 자세히 살펴본다.

04 강한 눈은 잘라도 가지 밑동에서 눈이 나오므로, 톱으로 꼼꼼하게 잘라둔다.

02 굵은 가지를 자를 때는 잘 드는 가지 자르는 가위를 이용해서 가지 밑동에서 자른다.

05 가지의 자른 면도 혹이 되지 않도록, 각각 칼 등으로 매끈하게 깎아놓는다.

06 강한 가지치기는 모양만 바꾸는 것이 아니라, 아래쪽의 약한 눈이 햇빛을 받기 위해 필요한 작업이기도 하다. 남기는 가지에 잎을 1~2장 붙여 놓으면, 이후의 생육에 도움이 된다.

만들기 | 분갈이

여기서는 가지치기한 나무를 나무모양에 맞는 분에 옮겨 심었다. 이제부터 다시 몇 년 후의 나무모양을 생각하면서 손질해나가면 나무의 품격이 점점 향상된다.

동백나무의 분갈이는 보통 꽃이 핀 뒤에 하지만, 7월 상순의 분갈이로 꽃눈을 늘리는 방법도 있다. 점점 더워지는 계절에 일시적으로 부담을 강하게 주는 방법이다.

04 굵은 뿌리를 자른 경우에는 가지의 경우와 마찬가지로 칼로 매끈하게 다듬는다. 일반적으로 나무에서 가지와 뿌리가 퍼지는 모습은 지상과 지하에서 거울상을 이루는 경향이 있다.

01 뿌리를 풀어준 뒤 가지치기한 윗부분과 균형이 맞고, 새로 심는 분과도 맞도록 묵은 뿌리를 떨어뜨린다.

적옥토 2 : 녹소토 1

05 뿌리분을 단단히 고정시키고 흙을 붓는다. 도자기 분이어서 굵은 적옥토와 녹소토를 2:1로 섞은 용토를 사용했다.

POINT
분맞추기는 본격적으로 뿌리를 자르기 전에 한다. 뿌리를 자른 뒤에는 가능한 한 빨리 심는다.

02 분에 맞춰보고 새로운 분을 정한 다음, 일단 넣고 균형이 맞는지 확인한다.

06 끝이 둥근 젓가락으로 뿌리 사이에 용토를 밀어넣는다. 뿌리가 다치지 않게 주의한다.

03 본격적으로 뿌리를 자를 때는 잘 드는 가지 자르는 가위나 뿌리 자르는 가위를 이용한다.

분갈이 완성. 물이끼를 깔고 물을 충분히 준 다음, 동백나무는 햇빛과 바람이 잘 통하게 관리한다.

찔레나무

찔레꽃은 하나의 꽃대에 여러 송이의 꽃이 달리는 송이형으로, 여러 가지 송이형 장미의 교배에 사용되었다. 분재에서는 찔레나무, 홍돌가시나무, 야쿠시마[屋久島] 찔레 등 원종에 가까운 소형 장미를 주로 사용하는데, 분류상 근연종으로 개화기는 조금씩 다르다. 찔레꽃이 제일 먼저 피고, 야쿠시마 찔레가 가장 늦게 핀다.

찔레나무 종류는 꽃뿐 아니라 붉은 열매도 아름다운데 열매를 맺기 위해서는 계통이 다른 장미꽃과 교배시키는 다른 꽃가루받이(타가수분)를 시키는 것이 좋다. 꽃피는 시기가 조금씩 달라도 각각 2주 정도는 계속 피기 때문에, 개화가 겹치는 품종을 함께 키우면 열매가 잘 달린다.

열매를 보고 싶다면 초봄에 가지를 한 번 짧게 잘라서 개화를 늦추거나, 반대로 햇빛을 받게 해서 개화를 앞당기는 방법 등으로 조절할 수 있다.

◀ 나무키 15cm

별명	들장미, 가시나무
학명	*Rosa multiflora*
영명	Japanese rose, baby rose
일본명	노바라
분류	장미과 장미속
나무모양	모양목, 사간, 주립형, 반현애

관리 포인트

장소
반음지에서 잘 자란다. 열매를 원하는 경우에는 햇빛을 많이 받을 수 있는 곳에서 키우지만, 나무의 기력이 소모되기 쉬우므로 주의한다.

물주기
가능하면 물을 자주 줄 수 있는 곳에 둔다. 물을 많이 주면 슈트라고 부르는 강한 웃자람가지가 자라므로 가지치기하고, 웃자라지 않는 가지로 모양을 잡는다.

비료
가지를 만들 때는 꽃이 필 때부터 계속 웃거름을 준다. 열매를 원할 때는 꽃이 필 때까지는 많이 주고, 핀 뒤에는 열매가 달릴 때까지 비료를 끊는 것이 포인트.

분갈이
어린나무는 뿌리가 가득차서 감기기 쉽고, 자란 뒤에는 분이 작아지므로 1년에 1번은 분갈이한다.

병해충
일반적인 장미과 식물과 마찬가지로 해충에 의한 피해가 많으며, 근두암종병이나 검은별무늬병에도 주의한다. 정기적으로 방제해야 한다.

재배력	1월	2월	3월	4월	5월	6월	7월	8월	9월	10월	11월	12월
분갈이		■	■						■			
가지치기		■	■						■			
눈솎기			■									
비료				■	■	■	■	■				

만들기 | 철사감기

홍돌가시나무의 시판 묘목에 철사를 감아서 분재용 나무모양으로 정리한다. 한창 성장하는 봄에 작업하는 것이 좋다.

새눈이 나오기 전에 철사를 감으면 감은 뒤에 가지가 어디까지 자랄지 예측할 수 없으므로, 새눈이 자라기 시작한 뒤에 하는 것이 좋다.

01 전체를 보고 가지 흐름의 방향을 정한 다음, 줄기 밑동부터 철사를 감는다. 가지에 감을 때는 감는 사람의 몸을 향해 감도록 분을 돌리면서 작업한다.

02 가지 굵기에 따라 철사 굵기도 바꾼다. 가시 바로 밑에 손끝을 대면 잘 찔리지 않지만, 끝부분은 가시의 간격도 좁아지므로 주의한다.

여기서 사용한 품종은 홍돌가시나무 「미야비[雅]」 품종으로, 흰색 꽃이 아니라 분홍색 꽃이 핀다.

나무 전체에 철사를 감은 모습. 처음에 왼쪽으로 흐르는 가지의 비율이 많았기 때문에, 나무 자체의 경향에 따라 왼쪽 흐름으로 생각하고 감았다.

BEFORE

원예점에서 구입한, 분재용이 아닌 일반 묘목. 가지 끝에 새눈이 나오기 시작했다. 이 시기에 나무모양 만들기를 시작하는 것이 좋다.

AFTER

철사를 감고 조금 지나 꽃눈이 올라온 모습. 이렇게 변하는 동안 눈솎기나 가벼운 가지치기 등의 손질을 매일 해준다.

야쿠시마 싸리

일본에 분포하는 싸리나무의 일종으로, 가지와 잎이 섬세한 검나무싸리의 원예품종이다. 기본종보다 밝은 분홍색 꽃을 피운다.

여러 품종 중에서도 특히 잎과 꽃이 작은 왜성종을 「야쿠시마[屋久島] 싸리」라고 부른다.

분재에서는 주립형(다간형)으로 적합하지 않아서 줄기를 세워서 분재를 만드는 삼색싸리나 소형 원종인 부채싸리도 다루지만, 소품분재에서는 왜성인 야쿠시마 싸리가 인기가 높다.

성질은 다른 싸리 품종과 크게 다르지 않지만, 꽃이 핀 뒤에 가지를 1~2마디를 남기고 자르면 가을에 다시 꽃을 즐길 수 있다.

싸리 종류는 전체적으로 뿌리가 거칠어지는 경향이 있어서 2~3년 지나면 굵은 뿌리밖에 남지 않는다. 뿌리가 거칠어지면 나무모양도 흐트러지므로 해마다 분갈이하는 것이 좋다.

◀ 상하 26cm / 좌우 32cm

학명 Lespedeza melanantha f. rosea
일본명 야쿠시마하기
분류 콩과 싸리속
나무모양 직간, 사간, 모양목, 현애

관리 포인트

장소
햇빛이 잘 들고 바람이 잘 통하는 곳을 좋아한다. 튼튼하지만 겨울철에는 온도를 올리지 않은 실내에서 관리하는 것이 좋다.

물주기
건조에는 강한 편이지만 물이 부족하면 꽃눈이 잘 자라지 않는다. 물을 많이 주면서, 물이 잘 빠지게 관리한다.

비료
비료가 부족하면 꽃눈이 달리지 않고 잎만 무성해지며, 가지도 지나치게 자란다. 4~10월에 1달에 1번 분 위에 올리는 고형비료를 주면 줄기도 굵어져 월동 관리가 쉬워진다.

분갈이
가능하면 1년에 1번, 적어도 2년에 1번은 분갈이한다. 뿌리를 갱신하지 않으면 가지가 쉽게 떨어져서 원가지만 남을 수도 있다.

병해충
새눈에 진딧물이 달라붙기 때문에 정기적으로 살충제를 뿌려준다.

재배력	1월	2월	3월	4월	5월	6월	7월	8월	9월	10월	11월	12월
		분갈이			분갈이							
	눈솎기		가지치기		가지치기							
			비료									

만들기 | 꽃이 핀 뒤의 모양잡기

나무모양이 어느 정도 완성된 나무의 모양잡기(정자). 꽃이 끝나가는 9월에 강한 가지치기와 분갈이를 한다. 굵은 뿌리 여러 개가 흙 위로 나와 있어서 뿌리도 잘라냈다.

다음해에도 크기는 비슷한 정도로 두고 줄기를 굵게 만들고 싶다면, 이 방법으로 모양을 정리한다. 나무모양을 만들고 싶으면 가지가 가늘 때 철사를 감는다. 굵은 가지는 단단해서 철사가 통하지 않는다.

01 길게 뻗은 어린 잔가지는 잘 드는 가지치기 가위로 자른다. 가지 밑동쪽에 1~2마디 정도 남겨둔다.

02 굵은 가지는 가위로 짧게 잘라낸 뒤, 남은 부분을 가지 속는 가위 등으로 자른다.

BEFORE

꽃이 끝나가는 상태. 가지와 잎을 강하게 가지치기하고 분갈이하기로 했다. 뿌리가 뻗는 방향과 여유를 고려해서, 조금 깊고 둥근 분을 새로 사용할 분으로 골랐다.

깊고 둥근 분

03 가지치기가 끝난 모습. 그런 다음 분에서 빼내 분갈이 작업을 한다.

AFTER

굵어진 가지를 가지치기하고, 굵은 뿌리도 자른 다음 분갈이한 모습. 길게 뻗은 어린 잔가지는 가지 밑동을 1~2마디 남겨두면, 다음해에 같은 크기로 자란다.

04 굵은 뿌리를 자르는 경우에는 뿌리 자르는 가위 등을 사용하면 상처가 작고 빨리 낫는다.

산수국

일본 원산의 가쿠아지사이[額紫陽花] 타입의 수국 원종이지만, 자연교잡에 의한 변이가 많아서 현재 알려진 종류는 모두 「변종」이다. 짙푸른 색 장식화가 피는 에조아지사이[蝦夷紫陽花]와 진홍색인 베니가쿠아지사이[紅額紫陽花]도 이 변종군의 하나이다.

산수국에는 산속의 풀처럼 은은한 풍취가 있어서 분재로도 인기가 높지만, 가지가 차례로 갱신되기 때문에 나무모양을 만들기 어렵다.

해마다 초봄에 새눈이 올라올 무렵에 모양을 정리하는 것이 좋다. 나무와 풀의 중간 정도로 생각하기 쉽지만 나무로서 성장한다.

꽃눈은 9~10월경에 나오기 때문에 그 뒤에 가지치기하면 꽃이 피지 않는다. 꽃이 피고 나면 곧 강한 가지를 짧게 자른다. 이때 꺾꽂이로 번식시키는 것도 가능하다.

학명	*Hydrangea serrata* var. *serrata*
영명	mountain hydrangea, tea-of-heaven
일본명	야마아지사이
분류	수국과 수국속
나무모양	주립형

관리 포인트

장소
음지~반음지를 좋아한다. 특히 가지가 가는 종류는 직사광선을 많이 받지 않고 바람이 잘 통하는 곳에서 관리한다.

물주기
습기가 많은 것을 좋아하므로 물을 많이 줘서 건조를 막고, 기온이 높은 계절에는 분 속이 찌는 듯한 상태가 되지 않도록 주의한다.

비료
초봄부터 비료를 주고 개화 시기인 5~6월에 비료를 주지 않으면, 꽃 색깔이 예뻐진다. 꽃이 핀 뒤와 꽃눈을 만드는 가을에도 분 위에 올리는 고형비료를 준다.

분갈이
이른봄 새눈이 나오기 전에 분갈이한다. 잎이 있는 시기에 하면 나무의 기력이 많이 소모된다. 뿌리가 가득차기 쉬우므로 2년에 1번은 분갈이한다.

병해충
이른봄부터 진드기가 발생하는 경우도 있다. 또 새눈이 나오면 진딧물이나 응애가 생기기 때문에 예방에 신경 쓴다.

재배력	1월	2월	3월	4월	5월	6월	7월	8월	9월	10월	11월	12월
꺾꽂이				■	■							
분갈이·포기나누기			■									
철사감기				■	■							
가지치기							■	■				
철사풀기									■	■		
비료				■	■	■			■	■	■	

만들기 | 철사감기

01 봄에 원예점에서 구입한 포트묘. 분갈이 적기가 지났으므로 철사를 감아 분재다운 모양으로 정리하고, 이듬해에 나무모양을 만들기 위한 준비를 한다.

02 각 가지에 줄기 밑동부터 철사를 감아올린다. 길게 뻗은 어린 잔가지에는 2겹으로 감고, 끝에는 가느다란 철사를 감는다.

POINT
천천히 꺾이지 않도록 가지를 구부리고, 꽃눈이 달려 있지 않은 부분의 새로운 잎은 자른다.

03 아직 분재라고는 할 수 없지만, 꽃눈의 방향과 가지의 밸런스를 잡았다. 앞으로 새가지와 잎이 늘어나도 여유로운 개화를 즐길 수 있다.

만들기 | 꽃이 진 뒤의 가지치기

꽃이 끝나면 꽃자루를 자르고 가지도 잘라낸다. 자란 채로 두면 강한 가지만 남고, 길게 자란 끝에 꽃눈이 달려서 가지가 웃자란다. 전체적인 나무모양은 다음해까지 유지되지 않지만, 중심이 될만한 가지를 남겨두면 그 가지가 조금씩 굵어진다.

BEFORE

AFTER

꽃자루는 줄기째로 자른다. 가지는 짧게 자르지만 다음해에 중심이 될만한 부분은 길게 남겨둔다. 잎은 자연스럽게 떨어질 때까지 꽃눈의 영양원으로 많이 남겨두는 것이 좋다.

로즈메리

허브로 잘 알려진 지중해 연안지역 원산의 늘푸른떨기나무. 분재로서 나무모양을 만들고 수년 동안 줄기를 굵게 만들면 생각지도 못한 고목의 품격을 보여준다. 고산식물인 물싸리와 비슷한 나무껍질을 갖고 있고, 시들어서 썩은 부분은 사리가 되어 남는다.

단, 작은 분에서 기르면 고온다습에 약한 성질이 드러난다. 또, 1년 내내 눈이 터서 가지가 자라고 한여름 외에는 꽃도 계속 피기 때문에, 부지런히 손질하지 않으면 나무모양이 흐트러진다. 허브로서는 튼튼한 식물이지만, 분재로서는 조금 까다롭다고 할 수 있다.

추위와 건조에는 강하지만 초여름~여름에는 물로 흙의 온도를 낮춰야 한다. 물이 잘 빠지는 용토로 바람이 잘 통하고 시원하게 키운다. 꺾꽂이하기 좋고 물꽂이하면 뿌리를 잘 내린다.

나무키 9.5cm ▶

학명	*Rosmarinus officinalis*
영명	rosemary
분류	꿀풀과 로즈메리속
나무모양	모양목, 취류형, 주립형

관리 포인트

장소
습기를 피하기 위해, 바람이 잘 통하는 시원한 장소에서 기른다. 양지든 음지든 분 속이 습기로 찌는 듯한 상태가 되지 않도록 주의한다.

물주기
표면의 흙이 마르면 충분히 주지만, 횟수는 줄여서 건조한 느낌으로 키운다. 한여름에는 흙의 온도를 낮추기 위해 횟수를 늘려야 하므로, 용토나 분을 바꿔서 대처한다.

비료
비료는 많이 필요하지 않으므로 적게 준다. 봄과 가을에 액체비료를 1달에 1번 정도 주면 된다.

분갈이
뿌리가 쉽게 가득차기 때문에, 상태를 관찰해서 적당한 시기에 한다. 뿌리가 차면 잘 썩기 때문에, 해마다 겨울~이른봄에 1번 정도 분갈이하는 것이 좋다.

병해충
건강한 나무는 걱정할 필요 없지만 분에 습기가 차거나 뿌리가 가득 차면, 여러 가지 해충이 생기므로 주의한다.

재배력	1월	2월	3월	4월	5월	6월	7월	8월	9월	10월	11월	12월
			분갈이							분갈이		
가지치기·눈따기			비료					비료				

※ 철사감기, 철사풀기는 적당한 시기에 한다.

만들기 | 철사감기

나무모양이 완성되고 일부에 사리도 있는 나무이다. 10년도 지나지 않았는데 이렇게 고목의 느낌을 만들 수 있다는 것이 로즈메리 분재의 매력이다.

여기서는 가지가 자라서 흐트러진 부분에 철사를 감아 가지 사이에 틈을 만들고 나무모양을 정리했다.

그대로 두면 모든 가지가 위로 곧게 자라서 분재답지 않게 되고, 잎도 복잡해져서 습기가 차고 찌는 듯한 상태가 되기 쉬우므로 병해충의 원인이 된다.

BEFORE

가지가 모두 같은 방향을 향해 직선으로 뻗어 있다. 잎도 서로 겹쳐서 습기가 차기 쉽고, 햇빛도 골고루 받지 못하기 때문에, 가지가 고르게 자랄 수 없다.

AFTER

모두 위로 자라던 가지에 바람이 잘 통하게 되고, 나무모양도 정리되었다. 가능하면 모양잡기(정자)한 뒤에 이어서 분갈이를 하고, 뿌리도 정리해두면 좋다.

01 각각의 가지를 구부릴 방향을 생각하면서, 가지 밑동부터 철사를 감아나간다.

02 잔가지 끝부분은 펜치 등을 이용해서 철사를 단단히 감아준다.

03 옆으로 퍼지게 만들고 싶은 가지는, 철사를 감으면서 손가락으로 천천히 구부려도 좋다.

04 이끼가 지나치게 많으면 줄인다. 특히 줄기에 붙어 있는 이끼는 핀셋으로 꼼꼼하게 긁어낸다.

왜철쭉

일본 원산으로 진달래과에 속한다. 강이나 산속 계곡에 있는 바위벽에서 자라는 계류식물로 매우 튼튼하지만, 예전에는 분에서 키우기 힘든 식물이었다.

　일본의 경우 쇼와시대에 왜철쭉 재배에 적합한 녹소토가 퍼지면서 큰 붐을 일으켰다. 만개한 꽃을 감상하는 대형 상화분재가 유행하였고, 꽃 색깔과 꽃 모양의 변이로 원예품종도 매우 다양해졌다. 쇼와시대 이전에도 유행의 흐름은 있어서 만들어진 시대에 따라 품종을 나누기도 한다. 하지만 왜철쭉 애호가가 아니라면 만들어진 연도에 구애받을 필요는 없다.

　분재에서는 꽃뿐 아니라 나무모양 만들기도 즐기는데, 왜철쭉은 줄기가 쉽게 굵어지고 가지가 가늘게 나기 때문에 다양한 나무모양을 즐길 수 있다.

학명 *rhododendron indicum*
영명 macranthum azalea, Satsuki azalea
일본명 사쓰키
분류 진달래과 진달래속
나무모양 모양목, 직간, 현애, 모아심기, 석부작, 근상형

나무키 18cm ▶

관리 포인트

장소
어린나무는 햇빛이 잘 드는 곳에서 키운다. 나무모양을 유지하는 단계에는 오전에만 햇빛이 드는 반음지에서 관리한다.

물주기
물을 매우 좋아하지만 지나치게 습기가 많으면 약해지기 때문에, 물이 잘 빠지고 습도도 유지되는 용토에서 키워 물이 마르지 않게 주의한다.

비료
비료는 많이 필요하다. 꽃을 피울 힘이 필요하기 때문에 4월에 1번 주고, 꽃이 진 뒤에는 10월까지 1달에 1번 분 위에 올리는 고형비료를 준다. 비료가 부족하면 가지가 마를 수 있다.

분갈이
뿌리가 가늘고 흙 표면 가까이에 퍼지는 성질이 있기 때문에, 분이 얕으면 뿌리가 가득차기 쉽다. 2~3년에 1번 분갈이한다.

병해충
진딧물, 진드기, 응애, 진달래방패벌레의 방제를 위해 정기적으로 살충제를 살포한다.

재배력	1월	2월	3월	4월	5월	6월	7월	8월	9월	10월	11월	12월
			분갈이		분갈이					잎솎기		
				가지치기	꽃자루따기	가지치기						
				비료							비료	
	철사감기					철사풀기			철사감기			

키우기 | 상한 뿌리에 대한 처치

왜철쭉은 여름철 물 부족으로 뿌리가 많이 손상될 수 있다.

왜철쭉의 뿌리는 흙 표면 가까이에 퍼지기 때문에 뿌리가 상하면 겉면의 흙이 검게 변한다. 손상되서 검게 변한 흙은 수분보존력이 높기 때문에 습기가 지나치게 많아져서 뿌리가 썩는다.

그대로 두면 약한 가지부터 마르기 시작해서 나무모양이 크게 흐트러진다.

이런 경우에는 일반적인 분갈이로는 상태가 개선되지 않는다. 분재세척기 등을 이용해서 강한 수압으로 흙을 씻어내고 상처난 뿌리도 제거한다. 뿌리와 뿌리 사이에 묵은흙이 남아 있지 않도록 주의하고, 새로운 용토로 교환한다.

뿌리가 상했을 때뿐 아니라 왜철쭉 분재를 새로 구입했을 때 한 번 정도 해주면 좋은 작업이다. 이런 수고가 생각지 못한 문제를 미리 막아줘서, 안심하고 분재를 기르고 감상할 수 있다.

분에서 오랫동안 정성껏 키워온 「진산(珍山)」품종. 잎이 매우 작아서 소품분재에서 인기가 높다. 표면의 흙이 검고 손상된 뿌리가 보이기 때문에, 뿌리를 씻고 용토를 100% 교환한 다음 같은 분에 다시 심기로 했다.

뿌리를 풀고 흙을 털어내서 뿌리를 정리한 다음, 수압을 가해 상한 뿌리를 제거한 모습.

뒤집어서 보면 뿌리도 가지도 촘촘해서 오래된 느낌이 난다. 토분에서 빨리 회복시킬 수도 있지만, 같은 분에서 시간을 들여 회복시키면 그 느낌을 그대로 살릴 수 있다.

상한 뿌리 정리

젓가락을 뿌리 사이에 집어넣고 묵은흙이나 상한 뿌리를 제거한다.

강한 수압을 가해서 상한 흙을 털어낸다.

긴 뿌리는 짧게 자른다.

젓가락으로 솜털도 제거한다.

POINT
뿌리 사이에 묵은흙이 남아 있지 않게 주의한다.

뿌리와 뿌리 사이가 보이도록 뿌리를 씻는다.

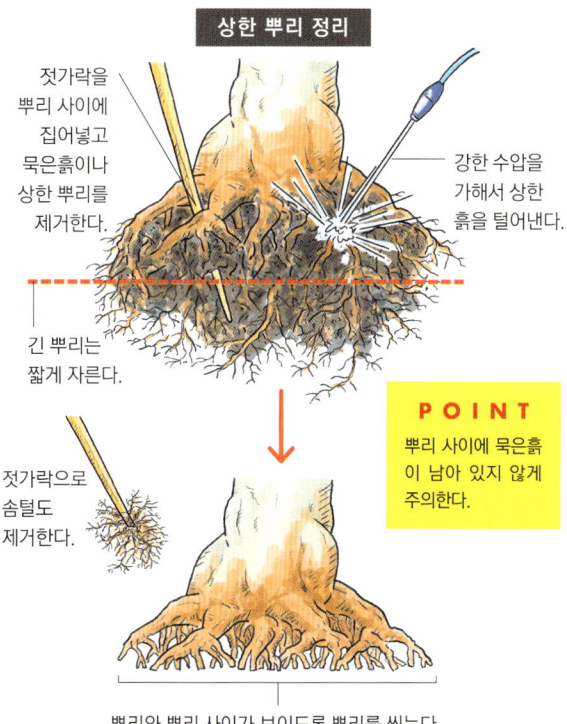

만들기 | 가지치기

왜철쭉 분재는 꽃을 감상하는 것이 우선인지 또는 나무모양을 감상하는 것이 우선인지에 따라 가지치기하는 시기가 달라진다. 여러 개를 키워서 2가지 모두 즐겨도 좋다.

여기서는 꽃이 핀 뒤에 가지치기해서, 다음해에도 같은 나무모양으로 꽃을 감상하기 위한 가지치기를 했다. 나무모양을 우선으로 할 경우, 꽃이 피기 전에 가지치기하면 눈이 잘 달린다.

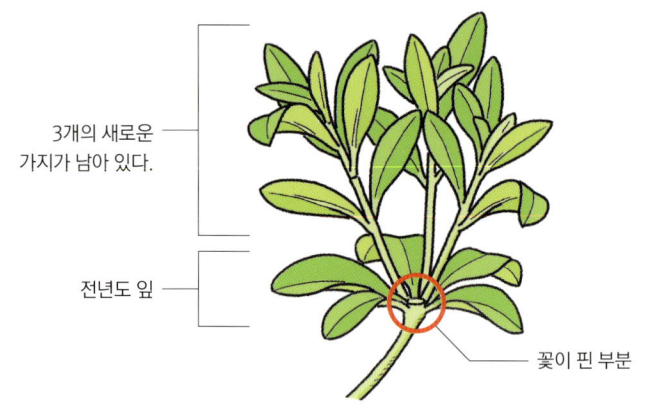

3개의 새로운 가지가 남아 있다.

전년도 잎

꽃이 핀 부분

현상 유지하고 싶을 경우

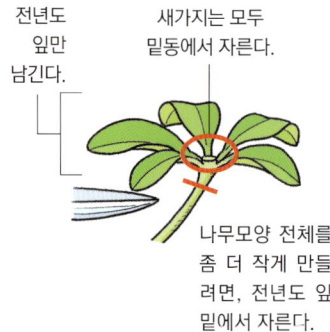

전년도 잎만 남긴다.

새가지는 모두 밑동에서 자른다.

나무모양 전체를 좀 더 작게 만들려면, 전년도 잎 밑에서 자른다.

전체를 크게 만들고 싶을 경우

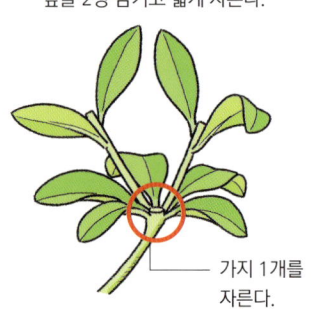

2개의 가지도 잎을 2장 남기고 짧게 자른다.

가지 1개를 자른다.

01 꽃자루따기가 모두 끝난 상태로, 겨울잎 밑에서 올해의 새눈이 나오고 있다.

02 새눈이 있는 잔가지를 잘라내면 이듬해에 전체적으로는 조금 커지지만, 거의 같은 나무모양으로 꽃이 핀다.

03 아래쪽 가지는 기본적인 골격이 완성되었으므로, 가지를 살짝 잘라서 커지지 않게 했다.

품격 높이기 | 작품 예

◀ 나무키 14㎝

작품 ❶

「아케미노쓰키[明美の月]」 품종. 꽃 크기가 중간 정도인 중륜화로, 흰색과 홍자색 등 다양한 색깔의 꽃이 함께 핀다. 꽃을 즐기기도 좋고 나무모양을 만들기에도 적합한 품종이다. 사진은 소품 분재로, 그루솟음새에 안정감이 있고, 가지모양도 훌륭한 근상형 분재다.

장수매

산당화(명자나무) 종류 중 유일한 일본 원산종인 풀명자나무의 원예품종이다. 풀이 아니라 떨기나무인데, 나무키가 작고 가지가 옆으로 기어가는 왜성종이다.

장수매는 풀명자나무의 원예품종 중에서도 가장 인기가 높은 나무이다. 사계절 꽃이 피는 사계성이 강해서 봄부터 가을에 걸쳐 가련한 꽃을 즐길 수 있다.

분재로서는 잔가지가 잘 나와서 나무모양을 만들기 쉽고, 대형 분재나 소품 분재 모두 만들 수 있는 융통성이 매력이다. 줄기는 잘 굵어지지 않지만 잔가지가 잘 나오고, 가지와 줄기에 오래된 나무의 느낌이 잘 표현되어 품격이 있다. 선명한 꽃 색깔과 새눈의 연두색에 가지와 줄기의 고풍스러운 색깔이 절묘한 대조를 이룬다.

생육이 왕성하고 생장기에는 잎과 꽃도 많이 달리기 때문에 그만큼 손이 많이 가지만, 원하는 대로 나무모양을 만드는 즐거움이 있는 나무이다.

학명 Chaenomeles japonica 'Chojubai'	**분류** 장미과 명자나무속
영명 Japanese quince	**나무모양** 모양목, 주립형, 현애, 연근형,
일본명 초주바이	모아심기, 석부작

나무키 7cm ▶

관리 포인트

장소
양지에서도 음지에서도 잘 자란다. 물을 자주 줄 수 있다면, 양지에서 관리하는 편이 더 잘 자란다.

물주기
물은 좋아하지만 습기가 지나치게 많으면 뿌리가 약해진다. 가능하면 물이 잘 빠지는 분이나 용토로 관리한다.

비료
자주 손질할 수 있는 경우에는 1달에 1번 분 위에 올리는 고형비료를 준다. 비료가 많으면 웃자람가지가 자라기 쉽고, 이것을 방치하면 묵은 가지가 말라버리므로 주의한다.

분갈이
커다란 분으로 기르는 동안에는 여유가 있지만, 분맞추기한 뒤에는 해마다 1번씩 분갈이하는 편이 관리하기 쉽다.

병해충
1년 내내 눈이 나오기 때문에, 새눈의 진딧물 대책으로 살충제를 정기적으로 살포한다.

재배력	1월	2월	3월	4월	5월	6월	7월	8월	9월	10월	11월	12월
							분갈이					
		눈따기 · 가지치기										
			철사풀기						철사감기			
	비료		비료				비료					

만들기 | 철사감기

가지가 잘 나오기 때문에 계절에 관계없이 철사를 감을 수 있다. 가지가 굵어지거나 오래되면 구부리기 어렵기 때문에, 나무모양의 이미지에 맞는 가지는 어릴 때 곡을 만드는 것이 좋다.

장수매 같은 주립성(→ p.22) 나무의 경우, 밑동에서 나오는 가지는 생육이 매우 왕성하다. 이 가지를 지나치게 키우면 위쪽 줄기에서 나오는 가지와 균형이 맞지 않거나, 약하게 만들기도 한다. 빨리 철사를 감아서 방향을 잡아주는 것이 좋다.

철사를 감은 뒤에는 철사가 나무껍질에 파고들어 상처가 나지 않게 주의해야 한다. 어린가지는 생장이 빠르므로 생각보다 빨리 굵어질 수 있다. 가지마다 자라는 속도가 다르기 때문에, 평소에 잘 관찰하는 것이 중요하다. 나무껍질에 파고들기 전에 철사를 풀어주고, 새로운 철사를 다시 감는 작업을 반복한다.

01 꺾꽂이 8년차. 기본적으로 아래쪽 가지부터 감기 시작하는 것이 전체적인 모양을 잡기 쉽다.

02 철사를 감기 시작할 때 가지를 눕히고 싶다면 위에서, 올리고 싶다면 밑에서 시작해야 작업하기 편하다.

03 감는 사람을 향해 감도록 위치를 잡고, 반드시 양손을 사용해서 감는다.

04 철사를 감는 쪽 손가락에는 힘을 많이 주지 말고, 손끝이 벌어지는 정도로 잡아야 보기 좋게 감을 수 있다.

BEFORE

AFTER 모든 가지에 철사를 감아서 방사형으로 벌렸다.

만들기 | 모양잡기

철사를 감기 전에 먼저 구상을 해도, 감고 난 다음에 구체적인 이미지를 그리기가 한층 쉬워진다. 정면에서 자세히 보고 가지의 흐름을 파악한다. 곡을 만들 때도 아래쪽 가지부터 시작해야 다음 흐름을 결정하기 쉽다.

기본적으로는 부등변삼각형을 지향한다. 아직 가지와 잎은 적지만 앞으로 성장할 모습을 머릿속으로 그리면서, 천천히 이상적인 나무모양에 가깝게 만들어간다.

BEFORE
철사를 감고 나서 자세히 본 다음, 각 가지에 곡을 만들고 나무모양을 정리했다.

AFTER

주립형의 철사감기

위로 올라가는 가지에 철사를 감아서 눕힌다.

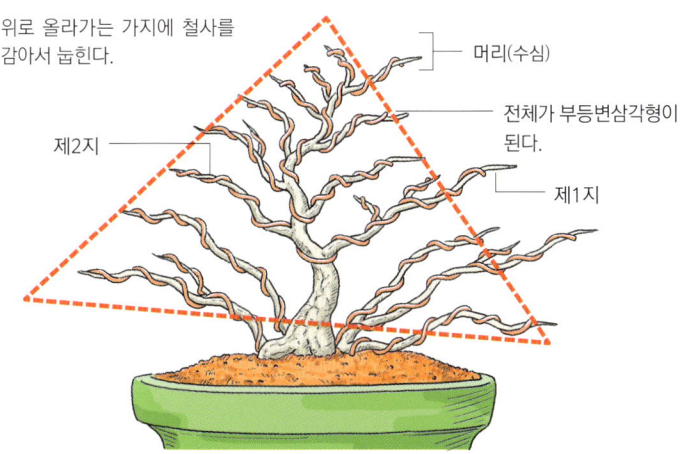

- 머리(수심)
- 전체가 부등변삼각형이 된다.
- 제1지
- 제2지

만들기 | 가지치기

철사를 감고 난 뒤 대략적인 윤곽이 보이면, 윤곽에서 삐져나온 부분의 가지 끝을 자른다.

철사를 감은 부분을 가지치기할 때는 반드시 철사를 풀고 나서 가지를 자른다. 가지치기 가위로 철사를 자르지 않도록 주의한다. 철사는 니퍼나 철사 자르는 가위 등으로 자른다.

윤곽에서 삐져나온 부분을 자른다

01 철사 자르는 가위로 철사를 풀고 가지를 자른다. 실수로 가지치기 가위로 철사를 자르면 이가 빠진다.

02 윤곽 이미지를 따라 전체를 가지치기하고, 가지를 나눠서 정리한 모습.

03 분갈이를 하지 않을 때는 바로 분 위에 올리는 고형비료를 준다. 분갈이할 경우에는 1달 뒤에 비료를 주기 시작한다.

품격 높이기 | 작품 예

작품 ❶

주립성 나무의 특징으로, 줄기 밑동의 가지와 줄기가 두껍게 뭉친 부분에서 다시 여러 방향으로 가지가 나온다. 이 가지를 각각 방사형으로 여유 있게 벌려서, 대범하고 관록 있는 모습을 표현했다. 장수매의 특징을 잘 살린 주립형 분재.

◀ 나무키 14㎝

◀ 나무키 11㎝

작품 ❷

1개의 줄기를 굵게 만들고, 줄기 밑동의 뿌리를 활용해 경쾌하면서도 오묘한 곡이 있는 다이나믹한 나무모양을 만든 모습. 밸런스가 좋은 단간의 근상형 분재.

◀ 상하 9㎝

작품 ❸

장수매는 줄기 밑동의 뿌리가 각각 굵어지기 때문에, 그 뿌리를 방사형으로 잘 풀어서 돌을 끼워넣은 석부작 분재. 절벽에 노출된 검은 바위와 빛나는 붉은꽃을 피운 장수매가 어우러진 풍경.

◀ 나무키 16㎝

작품 ❹

줄기 밑동의 뿌리가 굵어져서 뿌리에서 다시 뿌리가 나온 부분을 줄기로 보이게 만든 근상형 분재. 주립성 나무는 뿌리의 변화에도 재미가 있어서, 그 특성을 살린 작품.

상과 분재

애기감나무(노아시나무) | 겨울보리수
참빗살나무 | 석류나무 | 참회나무 | 노박덩굴
앵신락 | 남오미자 | 낙상홍
아그배나무(심산해당) | 화살나무 | 피라칸타 | 금두

애기감나무(노아시나무)

중국 원산의 감나무로 노아시나무라고도 한다. 열매가 작고 분에서 키워도 열매가 잘 달린다.

가을 분위기가 느껴지고 나무모양의 균형이 잘 맞아서 분재에서 매우 인기가 높으며, 개체변이로 만들어진 몇 가지 원예품종도 있다.

열매 색깔과 모양, 크기는 개체차가 크기 때문에 씨앗부터 키우는 실생을 시도해도 재미있다. 최근에는 열매 색깔이 선홍색인 「미야코베니[都紅]」나 「미야마베니[美山紅]」라는 품종도 나와 있다.

암수딴그루이므로 열매를 맺으려면 수나무를 함께 키워야 한다. 미야코베니는 자가결실이 가능해서 1그루만 있어도 열매를 맺지만, 아무래도 수나무가 있어야 열매가 더 많이 달린다.

노지에서 재배해도 나무키가 2~3m 정도 되는 왜성종이지만, 가듯이 퍼지고 가시도 있기 때문에 추천하지 않는다.

별명	노아시나무	**일본명**	로야가키
학명	*Diospyros rhombifolia*	**분류**	감나무과 감나무속
영명	diamond-leafed persimmon	**나무모양**	모양목, 사간, 문인목, 현애, 반현애, 연근형

나무키 18cm ▶

관리 포인트

장소
양지에서도 음지에서도 잘 자라지만, 햇빛을 지나치게 많이 받으면 가지가 웃자란다. 햇빛을 받는 시간은 짧게 줄이고, 여름에는 그늘에서, 겨울에는 온도를 올리지 않은 실내에서 관리한다.

물주기
표면의 흙이 마르면 물을 충분히 준다. 여름에 물이 마르면 열매가 떨어지는 원인이 되므로 주의한다. 장마철에는 처마 밑에서 관리한다.

비료
비료를 많이 주면 꽃과 열매가 많이 달린다. 한여름에는 물 대신 액체비료를 주고, 9월부터 늦가을까지 1달에 1번 분 위에 올리는 고형비료를 준다.

분갈이
보통은 봄에 분갈이하지만 장마 직후부터 여름까지 분갈이하면, 생장기에 잘 자라고 열매 색깔도 좋아진다.

병해충
진딧물, 깍지벌레가 생기지만 해충에는 강한 나무이다.

재배력

	1월	2월	3월	4월	5월	6월	7월	8월	9월	10월	11월	12월
				눈따기			분갈이					
				잎따기						가지치기		
					철사감기							철사풀기
			비료		비료							

만들기 | 철사감기

애기감나무는 열매가 달린 상태에서 철사감기나 분갈이를 해도 충분히 견딜 수 있는 나무이다. 오히려 봄에 이런 작업을 하면 성장기의 나무자람새가 약해지는 경향도 있으므로, 7~8월에 철사를 감는 것이 좋다.

여기서는 7월에 구입한 포트묘에 철사를 감아서 나무 모양을 정리했다. 가지가 단단하기 때문에, 가능하면 가늘 때 모양을 만드는 것이 나중에 관리하기 편하다.

BEFORE

열매가 달린 상태로 구입한 포트묘. 원예용 받침대를 빼면 가지의 자연스러운 방향을 알 수 있다.

AFTER

철사를 다 감은 모습. 아직 임시로 분에 넣은 상태로, 분갈이한 뒤의 이미지를 본다.

토분 등으로 받쳐준다

01 받침대를 빼고 가지의 흐름에 어울리는 각도를 찾는다.

02 포트 윗면을 잘라내고, 구상에 맞게 분에 넣는다.

눕히기 위해 철사를 위에서 아래로 감는다

03 필요 없는 가지는 살짝 가지치기하고 철사를 감는다. 새 가지는 수직으로 자라기 때문에 아래로 눕힌다.

04 굵은 가지는 단단하기 때문에 철사를 2~3중으로 감아서 천천히 조절한다.

만들기 | 분갈이

열매가 달린 상태에서 분갈이할 수 있는 것은 애기감나무의 특징이다.

다른 나무종류의 경우를 생각하면 망설이게 되지만, 애기감나무는 오히려 생육에 도움이 되고, 열매가 떨어지는 일도 없으며, 가을이면 보기 좋게 색이 든다.

분갈이한 뒤에는 물 대신 묽게 희석한 액체비료를 주고, 직사광선을 피해서 관리한다.

뿌리분을 눌러주기 위한 철사

03 분에 바닥흙(배수토)과 밑거름을 넣고 용토를 얇게 깐 다음, 나무 밑동을 올린다. 오른쪽으로 흐르기 때문에 나무 밑동을 철사로 단단히 고정시킨다.

01 포트에서 뺀 다음 흙을 털어내고 뿌리를 풀어준다. 긴 뿌리는 기둣이 퍼지는 것이 특징이다.

04 뿌리 위로 기본 용토를 붓고, 끝이 둥근 젓가락 등으로 뿌리 사이에도 흙을 밀어넣은 다음, 겉면을 눌러서 다진다.

방사형으로 가지런히 자른다

02 긴 뿌리를 잘라서 분에 맞는 크기로 조절한다. 노지재배하면 이 뿌리에서 눈이 나와 땅속에 퍼진다.

물이끼

05 건조를 막기 위해 물이끼를 깔고 물이 분 바닥으로 흘러나올 때까지 부은 다음, 직사광선을 피해서 관리한다. 분 위에 올리는 고형비료는 1달 뒤부터 주기 시작한다.

품격 높이기 | 작품 예

작품 ❶

힘이 있고 안정된 근상형의 그루솟음새에서 왼쪽 방향으로 가늘게 여러 개의 가지를 뻗은 취류형 느낌의 나무모양. 푸른색 분이 열매 색깔을 살려주고, 가을의 저녁노을이 생각나는 풍경이다.

▶ 상하 17cm / 좌우 33cm

작품 ❷

열매가 선홍색인 「미야코베니[都紅]」. 그루솟음새의 중간까지는 뿌리로 구성된 근상형 분재로, 매우 안정적이고 균형이 잘 맞는다. 일본의 유명한 분인 조슈카쓰야마분[上州勝山鉢]과의 분맞춤도 아름답다. 근상형 뿌리는 처음에는 검지만, 오래되면 줄기 색깔이 된다.

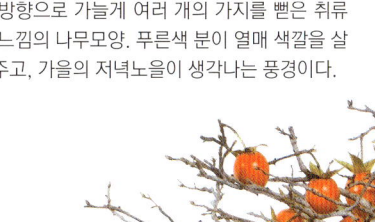

◀ 나무키 17cm

작품 ❸

엉킨 뿌리가 밑동을 단단히 잡고, 줄기의 대담한 곡을 늠름하게 받치고 있다. 깊은 산의 거친 느낌을 주면서도, 경쾌하고 오묘함이 느껴지는 깊은 멋이 있는 현애 분재.

▶ 상하 18cm / 좌우 30cm

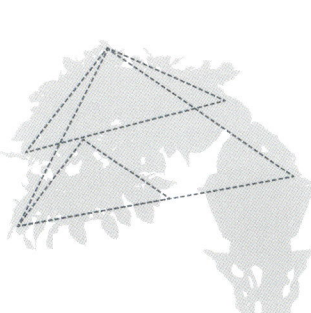

큰 부등변 삼각형 속에 작은 삼각형을 배치함으로써, 나무모양이 안정되어 밸런스가 맞는다.

상과 분재 | 애기감나무

겨울보리수

일본에서는 원예에서도 인기가 있는 늘푸른떨기나무로, 분재에서는 겨울보리수라고 부른다. 4~5월에 열매가 익지만, 분에서 키우면 이른 곳은 1월경부터 열매가 익고 색깔이 들어서 봄까지 즐길 수 있다. 1그루만 있어도 열매를 맺는 자가결실성이 있는 나무이지만, 다른 개체가 있으면 열매가 더 많이 달린다.

원래는 따뜻한 지역에서 자라는 나무이지만 매우 튼튼해서 한랭지에서도 잘 자란다. 열매가 달리는 시기에 초록잎을 떼어내고 잎이 떨어진 낙엽수처럼 만들어도 바로 눈이 나온다.

나무모양을 만들 때는 이런 잎따기 방식을 이용하면 좋다. 열매는 잘 달리지 않지만, 잎따기를 멈추면 곧바로 은은한 향이 있는 꽃이 피고 열매도 달린다. 나무모양을 만든 다음 열매를 맺는 단계를 밟으면 품격 있는 상과분재를 즐길 수 있다.

학명	*Elaeagnus pungens*
영명	leathery silver-bush, thorny olive
일본명	간구미
분류	보리수나무과 보리수나무속
나무모양	모양목, 사간, 주립형, 반현애

◀ 나무키 19cm

관리 포인트

장소
햇빛을 많이 받으면 열매가 잘 달린다. 여름에는 직사광선을 피하고, 겨울에는 서리를 맞지 않도록 실내에서 관리한다.

물주기
물을 좋아하기 때문에 표면의 흙이 마르면 충분히 준다. 여름철에는 물 주는 횟수를 늘리는 것이 좋다.

비료
열매를 맺은 뒤부터 웃거름으로 분 위에 올리는 고형비료를 주는데, 그다지 많이 필요하지 않기 때문에 나무의 상태를 보면서 조절한다. 꽃이 필 때부터 열매를 맺을 때까지는 비료를 주지 않는다.

분갈이
봄, 가을 모두 춘분이나 추분 전후를 기준으로 분갈이한다. 곧은뿌리가 분 속에서 감기기 때문에, 1년에 1번은 분갈이하면서 뿌리를 자르는 것이 좋다.

병해충
새눈의 진딧물 대책 외에 새가 열매를 먹는 일도 자주 있다. 새를 막을 방법을 찾아야 한다.

재배력

1월	2월	3월	4월	5월	6월	7월	8월	9월	10월	11월	12월
	분갈이							분갈이			
		눈따기									
			비료				비료				

※ 잎따기와 가지치기는 적당한 시기에 한다.

키우기 | 분갈이

겨울보리수는 줄기도 뿌리도 빨리 굵어지기 때문에, 분갈이에 신경 써야 한다. 굵은 뿌리가 분 안에 가득차면 막히기 쉽고, 뿌리를 갱신함으로써 품격이 눈에 띄게 좋아지는 재미도 있다.

튼튼한 나무이므로 가지도 뿌리도 과감히 잘라낼 수 있다. 분갈이 전에는 새눈만 남기고 전체적으로 잎따기를 해두는 것이 좋다. 특히 웃자람가지는 꽃도 열매도 달리지 않으므로 이 기회에 정리한다.

잎이 빨리 자라기 때문에 금방 새로운 녹색 잎이 나온다. 또한 잎따기를 반복하면 잎이 점점 작고 촘촘해져서 균형도 잘 맞는다.

01 모양잡기(정자)와 분갈이를 하기 전에 나무에 힘을 주기 위해서, 분 바닥을 제거하고 큰 분에 겹쳐서 심는 「2중분 배양」을 한다. 이렇게 하면 분에 뿌리가 가득차는 것도 피할 수 있다.

02 분에서 뽑아 흙을 털어내고 뿌리를 풀어준 상태. 그런 다음 뿌리를 물로 씻으면서 새로 심을 분에 맞게 자른다.

03 분갈이 완성. 감상을 위해서는 바로 이끼를 깔아도 되지만, 기력을 빨리 회복시키기 위해서는 깔지 않는 편이 관리하기 편하다.

MINI INFO

겨울보리수에는 가늘고 길게 뻗은 가지에 꽃눈이 달리지 않는 성질이 있다. 노지재배로 생울타리처럼 만드는 경우에는 오히려 다루기 쉽지만, 분재로 꽃과 열매를 즐기기 위해서는 가지를 굵고 짧게 억제해야 한다.
가지치기를 자주 하고 가지 끝에 새눈을 남겨두면, 꽃눈이 달리는 가지가 많아진다.

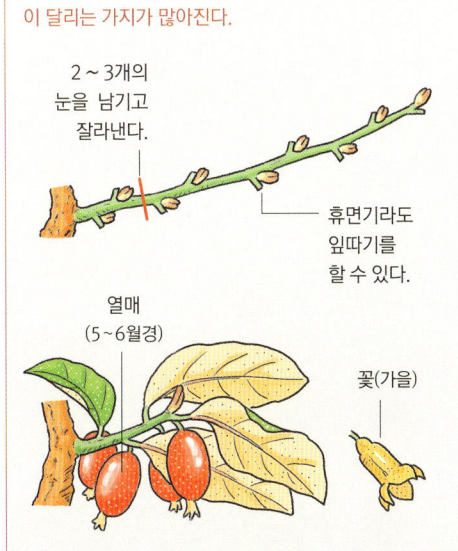

만들기 | 모양잡기

앞 페이지에서 분갈이한 나무는 분갈이 전에 가지를 자르고 철사를 감아 모양을 잡았다.

반현애로 만들어서 줄기 밑동보다 아래쪽에서 원줄기가 자라는 모양이 되면, 줄기까지 영양분이 도달하기 어렵다. 그래서 「이중분 배양」으로 나무에 힘을 주었다. 힘이 생기고 가지가 위로 자라며 잎도 무성해졌다.

나무에게 힘을 주고 다시 힘을 억제하는 과정의 반복으로, 나무가 싱싱하게 잘 살아가게 만드는 것이야말로 분재의 진수라고 할 수 있다.

01 큰 잎을 따고 위로 자라서 두꺼워진 가지를 가지 자르는 가위로 잘라낸다.

02 잘라서 분리한 부분. 미리 나무모양 이미지를 생각해두면 작업이 원활하게 진행된다.

03 아래로 자라서 살짝 그늘진 가지에 철사를 감고 조금 위쪽으로 들어올려 회복시킨다.

MINI INFO

보리수나무의 열매는 달콤새콤한 맛이다. 익은 열매를 먹은 다음 과육을 잘 씻어서 제거하고, 바로 씨를 뿌리면 씨모(실생묘)를 얻을 수 있다.

BEFORE
힘이 생겨서 가지가 위로 뻗고 잎이 무성해졌다. 위아래 밸런스를 잘 보면서 나무모양을 정리한다.

AFTER
모양잡기 완성. 전체 잎의 수와 크기를 고르게 맞추고, 아래쪽 가지를 위로 들어올려서 햇빛을 골고루 받을 수 있는 나무모양이 되었다.

품격 높이기 | 작품 예

작품 ❶
잘 정리되어 부등변삼각형이 된 나무모양이면서, 큰 곡이 있는 그루솟음새에 의외성이 있다. 줄기모양의 재미와 여유가 돋보이는 작품. 분맞추기로 여름의 잎 색깔이 돋보인다.

◀ 나무키 20㎝

작품 ❷
손끝으로 집을 수 있는 크기의 미니 분재. 그루솟음새에 오래된 느낌이 있는 반현애로, 상상 속 작은 세계에 서면 가지 끝에 큰 열매가 1개 보인다. 운치도 있고 신기한 느낌이다.

◀ 상하 7㎝ / 좌우 10㎝

◀ 상하 16㎝ / 좌우 20㎝

작품 ❸
그루솟음새가 강하고 안정된 현애로 만든 분재. 오래된 고목의 느낌도 더할 나위 없다. 가지는 섬세하게 정리되어, 잎의 수와 열매의 밸런스가 훌륭하다. 분맞춤도 보기 좋고, 분 위의 그림이 곱게 물든 분홍색 열매를 선명하게 살려준다.

상과 분재

겨울보리수

참빗살나무

한국 원산으로 일본, 만주, 사할린, 중국, 히말라야 등지에 분포하는 갈잎떨기나무. 목질이 단단해서 예로부터 활이나 도장, 가구 등을 만드는 데 이용되었다.

심장모양의 붉은 열매가 사랑스러운 나무인데, 정원수로 키우면 가지가 휠 정도로 열매가 많이 달려서 늦가을에 꽃이 핀 것처럼 나무를 밝게 만들어준다.

분재에서도 역시 이 열매를 감상하는 것이 목표이다. 열매껍질은 담홍색이 기본인데, 흰색, 짙은 홍색이 있고, 모두 아름답고 멋이 있다.

다만, 열매가 달린 가지는 시들어 떨어지는 성질이 있으므로, 가지모양을 만들려면 연구가 필요하다.

먼저 멋진 줄기를 만들어 가지에 힘을 모아준 다음, 열매는 2~3년에 1번이라는 생각으로 키우면 오래 즐길 수 있다. 은은한 단풍에도 운치가 있고 열매가 없는 해에도 여전히 멋이 있다.

학명	*Euonymus sieboldianus*
영명	Spindle tree
일본명	마유미
분류	노박덩굴과 화살나무속
나무모양	모양목, 사간, 문인목, 반현애, 현애

관리 포인트

장소
열매를 맺는 해에는 초봄에 햇빛이 잘 드는 장소에 두고, 나무모양을 만드는 해에는 그늘을 활용한다. 햇빛을 알맞게 잘 사용하는 것이 중요하다.

물주기
물은 많이 줘야 한다. 물이 마르면 약한 가지가 마르기 때문에, 건조하지 않도록 햇빛과 함께 물의 양을 잘 조절한다.

비료
가지에 힘을 주기 위해 비료를 많이 준다. 눈이 나오려면 힘이 필요하기 때문에, 그 직전과 초여름 이후에 가지치기하면서 1달에 1번씩 주고 가을을 대비한다.

분갈이
뿌리는 빨리 자라지만 2~3년 기다리면 힘이 더 생긴다. 열매를 맺는 해의 봄과 이듬해 봄에 분갈이하고, 그 뒤의 2년은 분갈이하지 않는 방법을 추천한다.

병해충
눈이 나오는 시기의 진딧물 등에 대한 대책 외에, 나무껍질이 잘게 터진 황피성 나무는 줄기에 살충제를 발라둔다.

나무키 18cm ▶

재배력	1월	2월	3월	4월	5월	6월	7월	8월	9월	10월	11월	12월
분갈이												
가지치기												
철사감기												
철사풀기												
가지치기												
비료												

키우기 | 분갈이

나무에 힘을 주기 위해 분갈이하지 않고 계속 기르면, 뿌리에서도 눈이 나올 수 있다. 이런 눈을 「움돋이」라고 부르는데, 여기서는 어미나무를 분갈이할 때 나와 있던 움돋이를 새로 분갈이해서 심었다.

움돋이는 눈이 나오면서 웃자라는 경향이 있다. 여러 개가 나와 있는 경우에는 생장 상태도 제각각이다. 이러한 「움돋이」를 의도적으로 만드는 작업을 「뿌리꽂이」라고 한다. 씨모와 마찬가지로 어리고 가늘 때 그루솟음새에 곡을 넣을 수 있는데, 성질이 어미나무와 같다는 점에서는 꺾꽂이와 같다(접나무모와는 다르다). 움돋이가 나오면 시험해보자.

01 어미나무의 뿌리에서 길게 자른 다음, 움돋이에서 나온 잔뿌리를 남기고 어미나무 뿌리쪽을 잘라낸다. 뿌리도 방사형으로 퍼지게 정리한다.

- 잔뿌리를 방사형으로 정리한다
- 어미나무의 뿌리

BEFORE
어미나무의 뿌리 밑동에서 잘라, 뿌리를 정리한 움돋이.

AFTER
철사를 감고 곡을 만들어서 작은 분에 심었다. 물이끼를 깔아서 건조를 막아준다.

02 눈이 길어서 불안정하므로, 밑동부터 가지 끝까지 철사를 감는다.

- 밑동부터 감는 사람을 향해 감는다

03 아래쪽에 분에 고정시키기 위한 철사를 남기고, 가지 끝(새눈의 바로 앞)까지 감은 모습.

POINT
중간에 있는 눈이 상하지 않게 주의해서 감는다.

- 분에 고정시키는 철사

04 분 바닥에 철사를 통과시켜서 구부리고, 용토를 조금 넣어 묘목을 고정한 다음 다시 용토를 붓는다. 여기서는 작은 분을 사용했지만, 토분으로도 충분하다.

05 분갈이 완성. 물이끼를 깔고 물을 충분히 붓는다. 건조하지 않게 주의한다. 어미나무도 새로 심어서 2가지 분재를 즐길 수 있게 되었다.

상과 분재 참빗살나무

만들기 | 철사감기

여름이 되면 어린나무도 열매를 맺는다. 이 열매를 즐길 것인지 나무모양을 만들 것인지를 이 시기에 결정해야 한다. 위쪽에만 가지가 있는 문인목이라면 이대로도 좋고, 모양목이나 현애를 목표로 한다면 철사를 감아서 나무모양을 정리한다.

01 열매를 잘라내고 줄기 밑동에 철사를 꽂아서 줄기에 감는다. 큰 토분 등에 수건을 깔고 분을 넣으면 고정되기 때문에 작업하기 편하다.

수건을 이용해서 움직이지 않게 고정시킨다 / 철사를 꽂는다

BEFORE

열매가 달린 어린나무. 모양목이나 현애를 만들고 싶은 경우에는 열매를 따고 나무모양을 정리한다.

가는 철사를 2겹으로 감는다

02 가는 철사를 2~3겹으로 감으면 줄기의 흐름에 따라 조절하기 쉽고, 나무를 부러뜨리는 등의 실수를 줄일 수 있다.

가지 끝까지 잘 감는다

03 가지 끝까지 잘 감아준다. 눈이 없는 잔가지나 웃자라는 가지는 철사를 감을 때 잘 판단해서 잘라낸다.

AFTER

완성한 뒤에도 철사가 줄기에 파고들지 않게 항상 주의하고, 파고들기 시작하면 철사를 풀어준다. 풀어준 다음 며칠 동안 상태를 보고, 모양이 원래대로 돌아오면 다시 철사를 감아준다. 곡 넣기는 이 작업을 반복해서 완성되는 것이다.

2겹으로 감은 철사 / 새로 추가한 철사

04 섬세하게 곡을 넣고 싶은 경우에는 먼저 감은 철사의 사이에 오도록 철사를 1줄 더 감으면, 잘 꺾이지 않기 때문에 아기자기한 곡을 만들 수 있다.

구부릴 때 위로 오는 쪽

05 구부릴 때 위로 오는 쪽에 철사가 오도록 감으면 잘 부러지지 않는다. 좌우로 구부리고, 앞뒤로 구부리고, 다시 위아래로 구부려서 곡을 더하면 복잡하고 입체적인 재미있는 곡이 된다.

만들기 | 강한 가지치기

꺾꽂이로 길러서 곡을 넣은 나무의 줄기를 굵게 만들기 위해, 가장 높은 위쪽의 가지를 길렀다. 줄기가 굵어지고 안정감도 생겼기 때문에, 길게 자란 가지는 잘라낸다.

기르는 동안 뿌리에서 나온 움돋이는 p.167에서 분갈이한 것이다.

줄기가 알맞게 굵어졌기 때문에, 길게 자란 가지를 잘라낸다.

가지를 자르고 유합제를 발랐다. 왼쪽 움돋이는 분갈이할 때 잘라낸다.

01 줄기도 가지도 상당히 굵기 때문에 톱으로 천천히 자른다. 마지막에 부러지거나 껍질이 벗겨지지 않도록 주의한다.

02 자른 면이 넓고 물을 줄 때 스며드는 위치이므로, 반드시 페이스트 상태의 유합제 등을 발라서 보호한다.

품격 높이기 | 작품 예

◀ 나무키 14cm

작품 ❶

사간으로 만든 분재. 가지가 휠 정도로 열매가 달리고, 열매 껍질 속에서 붉은 속살이 보여 깊어진 가을을 느끼게 한다. 이후에도 늦가을까지 단풍을 즐길 수 있다. 위쪽으로 가지가 모이는 특징을 살려서, 열매를 만끽하게 만든 나무모양이다.

MINI INFO

참빗살나무는 나무가 단단해서 강한 힘에 반발하고 유연성은 별로 없기 때문에, 조금 굵은 가지나 줄기는 반드시 톱으로 자른다. 가지 자르는 가위 등으로도 자를 수 있지만, 줄기가 갈라지는 등 문제가 생기기 쉽다.

석류나무

이란고원~아프가니스탄 지역에 분포하는 과일나무로, 한국에는 약 500년 전에 도입된 것으로 추정된다. 원예품종도 많아서 왜성종인 애기꽃석류 계통이나, 원래의 품종보다 단기간에 꽃이나 열매를 볼 수 있게 개량된 일세성 품종, 어릴 때부터 줄기가 비틀어지는「열간석류」,「대실석류」, 과육이 하얀「수정대실」등 분재에서도 인기 있는 품종이 많이 있다. 봄에 주황색 눈이 나오고, 가을이면 노랗게 물드는 잎도 아름답다.

고목이 되면 자연스럽게 줄기가 비틀어져 품격이 나타나는데, 이런 나무종류는 양분을 섭취하는 통로인 체관과 물을 흡수하는 통로인 물관으로 이루어진 관다발이 각각의 뿌리에서 가지 끝까지 이어져 있어서, 가지가 마르면 줄기 일부와 뿌리까지 함께 말라버린다.

석류나무의 경우에는 마른 가지가 사리가 되지 않고 그을린 듯한 색깔로 변해서 떨어지므로, 강한 가지치기는 피하는 것이 좋다.

학명	*Punica granatum*
영명	pomegranate
일본명	자쿠로
분류	석류나무과 석류나무속
나무모양	모양목, 주립형, 연근형, 현애, 반현애

상하 30cm / 좌우 34cm ▶

관리 포인트

장소
햇빛과 높은 온도가 필요하기 때문에, 햇빛이 잘 들고 온도를 유지할 수 있으며 바람이 잘 통하는 장소에서 키운다. 겨울에는 실내에서 보호하지만, 눈이 나오는 시기를 조절하기 위해 봄에는 일찍 실외로 옮긴다.

물주기
표면의 흙이 건조해지면 물을 흠뻑 준다. 많이 주면 뿌리가 약해지기 때문에 건조하게 기르지만, 물이 마르면 잎이 떨어지므로 주의한다.

비료
비료를 지나치게 많이 주면 열매가 잘 달리지 않는다. 봄~가을의 생육기간 중에는 1달에 1번 정도 분 위에 놓는 고형비료나 액체비료를 준다.

분갈이
뿌리를 많이 자르지 않기 위해 1년에 1번은 분갈이하면서 뿌리 상태를 살핀다. 가을~겨울에 뿌리를 많이 자르거나 개작을 하면 말라죽기 쉬우므로 반드시 여름에 한다.

병해충
새눈에 발생하는 진딧물에 대한 대책은 필요하지만, 약에 약한 나무이므로 주의한다.

재배력	1월	2월	3월	4월	5월	6월	7월	8월	9월	10월	11월	12월
				잎따기			분갈이					
				눈따기						가지치기		
			비료									
						철사감기		철사풀기				

만들기 | 분갈이

석류는 강한 가지치기를 피하는 것이 좋지만, 어쩔 수 없는 경우에는 여름철에 하는 것이 회복에 도움이 된다.

여기서는 10년 이상 된 것으로 추측되는 나무의 뿌리를 많이 잘라서, 잔뿌리의 발근을 촉진시키는 방법을 사용했다.

석류는 가지나 줄기의 상처가 혹이 되기 쉬우므로, 깎아내고 유합제를 발라주는 것이 좋다.

01 분에서 뽑아 흙을 털어내면, 울퉁불퉁한 굵은 뿌리가 보인다.
— 굵은 뿌리

02 잔뿌리를 자르고 정리한 상태. 줄기의 상처는 가지를 혹 자르는 가위 등으로 도려내듯이 자른 자국이다.
— 줄기의 상처 자국

03 가지 자르는 가위나 혹 자르는 가위(▶ p.29)로 굵은 뿌리를 조금 길게 자른다.

04 자른 부분을 칼로 비스듬히 깎아내면, 세포가 망가지지 않아 회복이 빠르다.
— 칼로 비스듬히 깎아낸다

05 뿌리가 표면의 흙에 밀착되도록 철사로 눌러준다. 굵은 뿌리를 땅에 묻지 않고 두면, 뿌리밑동에서 잔뿌리가 나오기 시작한다.
— 철사로 누른다

BEFORE

줄기 밑동이 울퉁불퉁해져서 분갈이하기 위해 잎따기를 했다. 가지 끝의 새눈은 남겨둔다.

AFTER

분갈이 완성. 뿌리의 자른 면에는 페이스트 상태의 유합제를 발라서 보호한다. 한창 자라는 여름이기 때문에 빠른 회복을 기대할 수 있다.

참회나무

참빗살나무(➡ p.166), 화살나무(➡ p.186)와 함께 화살나무속에 속하는 갈잎작은큰키나무로, 한국, 일본, 중국 온대지역에 분포한다. 산중턱이나 골짜기에서 많이 볼 수 있는 나무로, 단풍과 열매의 아름다움이 돋보인다.

열매는 진홍색인데 껍질에 주홍색 알맹이를 매달아 놓은 듯한 모양으로 오래간다. 화살나무속 나무의 열매는 모두 저마다 다른 개성이 있고 운치도 다르기 때문에, 무엇 하나 버릴 수 없는 매력적인 열매이다.

한편, 가지가 웃자라기 쉽고 아래쪽 가지가 잘 떨어지는 점은 화살나무속 나무의 공통된 성질이다. 가지와 줄기도 단단하기 때문에 모양목으로 만들기는 어렵다.

나무자람새가 강해서 문인목이나 반현애 등 여유 있는 나무모양으로 만들면 가을의 운치를 만끽할 수 있다.

◀ 상하 21cm / 좌우 32cm

학명	*Euonymus oxyphyllus*
영명	Korean spindle tree
일본명	쓰리바나
분류	노박덩굴과 화살나무속
나무모양	모양목, 모아심기, 반현애, 근상형

재배력

1월	2월	3월	4월	5월	6월	7월	8월	9월	10월	11월	12월
		분갈이									
	가지치기						가지치기		가지치기		
							비료				

※ 철사감기, 철사풀기는 적당한 시기에 한다.

관리 포인트

장소
원래는 음지에서 자라는 나무이지만 분재용 나무모양이라면 양지에서 키워도 좋다.

물주기
생장기에는 지나친 습기에 주의한다. 표면의 흙이 마르면 바닥의 구멍에서 물이 흘러나올 때까지 충분히 준다.

비료
봄에 눈이 나오기 전과 여름이 지난 뒤에, 분 위에 올리는 고형비료를 준다. 여름철에는 상황에 따라 물 대신 액체비료를 준다.

분갈이
뿌리의 생육이 왕성하므로 자주 분갈이해서 뿌리를 짧게 자르면, 가지가 웃자라는 것을 억제할 수 있다. 가능하면 1년에 1번은 분갈이한다.

병해충
새눈이 나올 때의 진딧물 외에, 가지와 줄기에 깍지벌레가 생기면 그을음병의 원인이 되므로 미리 예방하는 것이 중요하다. 병을 예방하기 위해 정기적으로 살균제를 살포한다.

만들기 | 철사감기

참회나무의 가지는 단단해서 껍질이 자라면 철사가 힘을 발휘하지 못한다. 잠시 철사를 감아두어도 풀면 곧 원래대로 돌아간다.

나무모양을 만들고 싶은 경우에는 가지가 어리고 아직 초록빛일 때부터 조금씩 철사를 감는다.

좋은 나무모양을 만들 수 있는 곳에 눈이 나와서 성장하기 시작하면 빨리 철사를 감아서 구부리고, 가지의 생육에 맞춰 철사감기를 반복해서 곡을 넣는다.

01 모양이 될 만한 곳에 가지가 나오면, 줄기가 초록색일 때 가지 밑동에서 철사를 감는다.

02 가지 끝의 부드러운 부분은 펜치 등을 이용해서 촘촘하게 잘 감아준다.

03 철사를 감은 다음 생각한 이미지에 따라 두 손으로 신중하게 구부린다.

MINI INFO

참회나무의 열매는 화살나무속 중에서도 껍질의 붉은색이 진하고 5개로 갈라지는데, 갈라지기 전에는 핀을 꽂아두는 작은 쿠션처럼 사랑스러운 모양이다. 껍질도 열매도 잘 보이는 것은 새들에게도 큰 매력이므로, 새를 막기 위해 방조 네트 등을 사용한다.

BEFORE

꺾꽂이한 나무에 조금씩 곡을 넣어서 반현애를 만드는 과정에 있는 나무.

AFTER

여기에서는 부등변삼각형의 정점을 만들기 위해 철사를 감았다.

열매와 은은한 단풍을 감상하는 가을의 모습. 철사는 가지의 생육상태를 보면서 감는다.

상과 분재 / 참회나무

노박덩굴

한국, 일본, 쿠릴열도에 분포하며, 산간지역에서 흔히 볼 수 있는 덩굴성 갈잎나무이다. 노란색 껍질이 갈라지면 붉은 속살이 보이는 동그란 열매가 사랑스럽고, 겨울에 가지가 말라도 열매가 떨어지지 않기 때문에 꽃꽂이 재료나 크리스마스 리스로도 이용된다.

분재에서는 늦가을에 열매의 운치와 자연스럽고 소박한 모습을 즐기는데, 변종인 데리하쓰루우메모도키[照葉蔓梅擬]는 잎에 광택이 있는 반상록성으로 따뜻한 지역에서는 잎이 떨어지지 않는다. 생육이 왕성하기 때문에 나무모양 만들기에 적합하다.

암수딴그루로 수나무는 열매를 맺지 않는다. 꽃의 수술이 퇴화된 것이 암나무인데, 수술이 퇴화되지 않은 꽃도 함께 피는 암나무는 1그루만 있어도 열매를 맺기도 한다. 암수 모두 가을이면 노란색 또는 오렌지색의 단풍이 매우 보기 좋다. 나무자람새는 매우 강해서 뿌리꽂이나 씨앗으로 잘 번식하므로, 암수를 함께 즐기기 좋다.

학명	Celastrus orbiculatus
영명	Oriental bittersweet, Asian bittersweet
일본명	쓰루우메모도키
분류	노박덩굴과 노박덩굴속
나무모양	모양목, 문인목, 반현애, 연근형

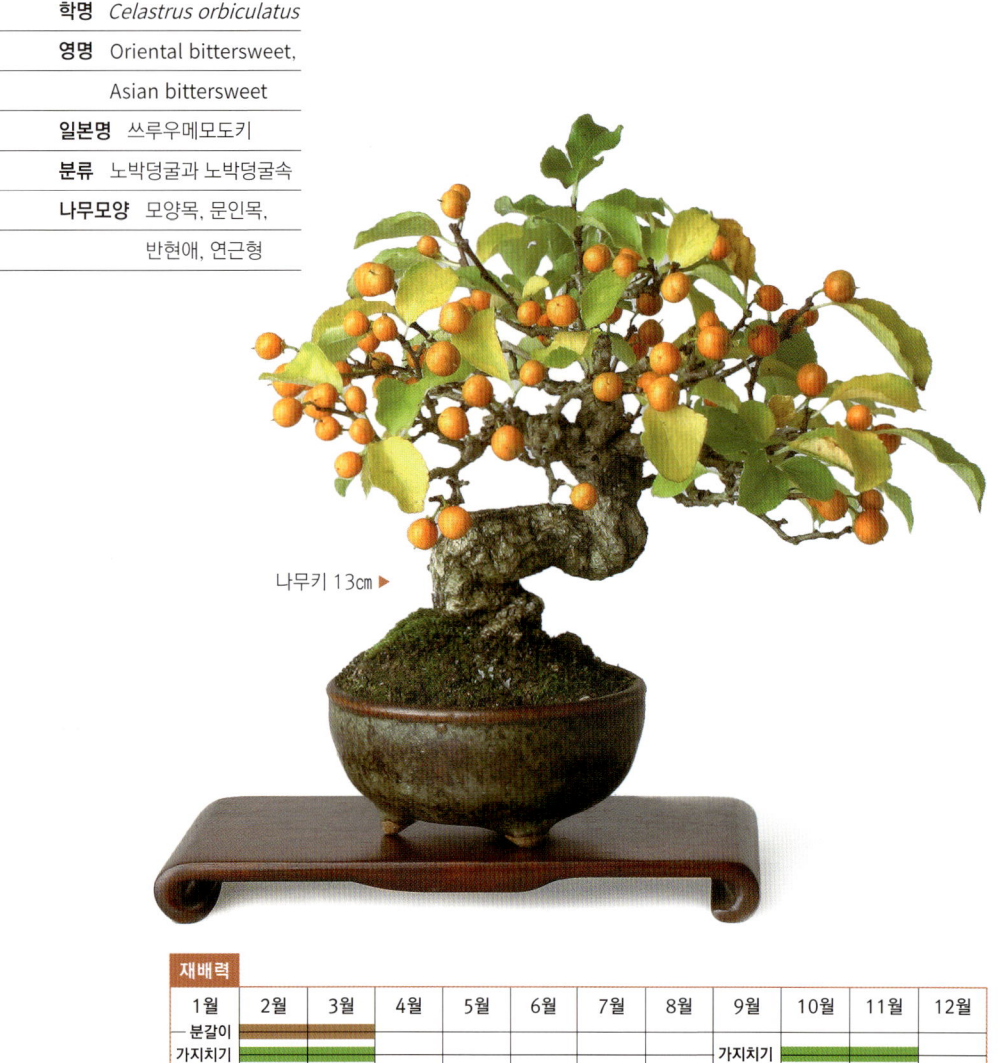

나무키 13cm ▶

관리 포인트

장소
햇빛을 좋아하지만 열매가 달리면 반음지에서 관리해야 잎이 상하지 않는다. 나무가 쇠약해진 경우에도 반음지에서 관리한다.

물주기
물을 많이 주고 물이 잘 빠지게 키워야 하지만, 물이 마르면 잎이 빨리 상한다. 자주 주기 힘든 경우에는 반음지에 두고 직사광선을 피하는 것이 좋다.

비료
열매 감상이 목표인 해에는 5월 초순부터 비료를 주지 않고, 9월에 다시 준다. 나무모양을 만드는 해에는 잎이 떨어질 때까지 1달에 1번 정도 분 위에 올리는 고형비료를 준다.

분갈이
해마다 분갈이해서 뿌리를 정리하지만, 전시회 등의 계획이 있는 경우에는 분맞추기를 하기 전에 2년 정도 분갈이하지 않고 두면 꽃눈이 잘 달린다.

병해충
진딧물과 응애가 잘 생기므로 살균살충제로 눈이 나오기 전에 예방하고 구제한다.

재배력	1월	2월	3월	4월	5월	6월	7월	8월	9월	10월	11월	12월
분갈이		■	■									
가지치기		■	■						■	■		
뿌리꽂이		■	■									
비료					■				■			

키우기 | 씨모 곡넣기

씨모(실생묘)는 가을에 씨앗을 채취하여 냉장보존한 다음 이듬해 봄에 뿌린다. 이 씨모가 어느 정도 곧게 자라기를 기다려서, 그 루솟음새를 만들기 위해 하나하나 곡을 넣는 방법도 있다.

망을 덮는 것은 눈이 아직 부드러울 때 망을 덮어서 사람의 힘으로는 하기 힘든, 자연스러운 곡을 만드는 방법이다. 씨를 뿌리면 발아하는 묘목은 수나무와 암나무가 반반 정도이다.

01 묘목에 새를 피하는 망 등을 덮는다. 빛이 차단되지 않도록 밝은 색상으로 고른다.

전년도 가을에 채취한 씨앗을 봄에 뿌려서 발아한 씨모. 햇빛을 향해 곧게 자랐다.

02 감기 편한 방향으로 철사를 감는다. 헐겁게 감아야 묘목이 상하지 않는다.

03 먼저 감은 방향과 수직 방향으로도 감고, 이대로 물을 주면서 7~10일 정도 둔다.

망을 덮고 여름까지 7~10일마다 망을 다시 덮어서 모양이 달라진 묘목. 각기 다른 모양으로 구부러져서 방향성이 생겼다.

04 여러 번 그물을 다시 덮어주면서 묘목이 성장한 모습. 다양한 곡이 있는 묘목이 되었다.

앵신락

일본 고유종으로 홋카이도 남부에서 규슈까지 분포하는 갈잎떨기나무. 잎이나 줄기 등에 가는 털이 거의 없다.

분재에서는 앵신락과 근연종인 괴불나무를 많이 기른다. 모두 나무껍질이 잘 벗겨지고, 벗겨진 하얀 줄기와 붉은 열매가 잘 어울린다.

앵신락과 괴불나무는 매우 비슷하지만 앵신락의 열매는 달고 맛있고, 괴불나무 열매는 독성이 있다. 가지를 잘라보면 확실히 알 수 있는데, 가지 속이 비어있는 것이 괴불나무이다.

고온다습에 약하고 따뜻한 지역에서는 여름철에 잎이 떨어지는 경우도 있다. 잎이 떨어진 나무는 가을에 새눈이 달리고 겨울에 잎이 달린다. 추위에 매우 강하기 때문에, 여름에 낙엽이 지는 나무는 초가을에 분갈이하는 것이 좋다.

학명	*Lonicera gracilipes* var. *glabra*
영명	slenderstalk honeysuckle
일본명	우구이스카구라
분류	인동덩굴과 인동덩굴속
나무모양	모양목, 사간, 쌍간, 주립형, 연근형, 반현애

상하 7cm / 좌우 12cm ▶

관리 포인트

장소
더위와 습기에 약하기 때문에, 바람이 잘 통하는 장소에서 물이 잘 빠지게 키운다. 겨울에는 특별히 보호하지 않아도 잘 자란다.

물주기
물은 많이 주는 것이 좋은데 잘 빠지는 것도 중요하다. 특히 여름철에는 위에서 나무 전체에 물을 뿌려 더위를 식혀준다.

비료
보통은 2~10월에 비료를 주는데 여름에 잎이 지는 나무는 뿌리가 상해서 가을에 잔뿌리가 나오기 때문에, 10월 중순부터 겨울까지 비료를 계속 준다. 2~4월의 활동기에는 많이 주고, 열매가 달리면 비료를 주지 않는다.

분갈이
환경에 따라 시기가 달라진다. 보통 봄, 여름에 잎이 지는 나무는 초가을에 분갈이한다.

병해충
잎에 그림을 그린 듯한 자국을 남기는 굴굴나방, 나무껍질과 줄기 사이에 생기는 깍지벌레 방제에 주의한다.

재배력											
1월	2월	3월	4월	5월	6월	7월	8월	9월	10월	11월	12월
			분갈이							분갈이	
	가지치기			휘묻이					가지치기		
비료							비료				

만들기 | 웃자람가지의 이용

아무리 이상적인 나무모양을 생각하고 계획해도, 나무는 생물이기 때문에 원하는 곳에 가지가 나온다는 보장이 없다.

바라는 위치는 아니더라도 잎따기나 눈따기 작업을 할 때 가능성이 보이는 눈이 있으면 웃자라도록 내버려두고, 조금 넓게 보는 것도 좋은 방법이다. 기본 기술에 익숙한 중급자에게 알맞은 작업이다.

01 굵은 가지를 위로 올릴 때 필요한 힘이 어느 정도인지 알기 위해, 부드러운 철사를 이용해서 미리 시험해본다.

02 감는 방법을 결정한 뒤, 굵은 철사로 인해 줄기가 상하지 않도록 보호용 비닐튜브를 끼운다.

전체적으로 눈따기를 할 때 나무모양의 머리부분이 될 것 같은 눈의 끝을 잘라내지 않고 키운 모습.

03 분의 흙에 철사를 찔러넣고 줄기 부분에 튜브가 겹치지 않게 감은 다음, 가지를 천천히 위로 올려서 받쳐준다.

눈이 나와 있는 원래의 굵은 가지에 철사를 감아 위로 올리고, 새가지는 잘라서 곡을 만들어 모양을 정리했다.

04 가지를 위로 잘 올린 다음, 새가지에 가는 철사를 끝까지 감고 원하는 모양으로 곡을 넣는다.

남오미자

한국 원산으로 일본, 타이완, 중국 등지에 분포하는 덩굴성 늘푸른떨기나무이다. 산이나 들에서는 잡목류에 얽혀서 퍼진다. 둥글게 모여서 달리는 열매는 윤기도 있고 모양도 사랑스럽기 때문에, 분재에서도 인기가 많다.

일본에서는 예전에 남오미자의 미끌거리는 수액으로 남자들이 사용하는 머릿기름을 만들었기 때문에, 이 나무를 사용하면 미남이 된다는 의미로「비난카즈라[美男葛]」라고 부른다.

보통은 암수딴그루이지만 한 나무에 수꽃과 암꽃이 모두 피는 암수한그루도 있다. 어쨌든 아름다운 열매를 만들려면 인공꽃가루받이를 하는 것이 좋다(➡ p.179「MINI INFO」). 비료를 많이 주면 개화기가 길어지므로, 초여름부터 초가을까지 꽃가루받이를 할 수 있다.

열매 색깔은 기본적으로 붉은색이지만 톤이나 색감이 다양하며, 나뭇잎의 톱니모양도 다양해서 보는 재미가 있는 나무이다.

상하 22cm / 좌우 23cm ▶

학명 Kadsura japonica
영명 kadsura vine
일본명 비난카즈라
분류 오미자과 남오미자속
나무모양 모양목, 사간, 현애, 반현애, 석부작

관리 포인트

장소
반음지에서도 잘 자라지만 햇빛이 잘 들고 바람이 잘 통하는 장소에서 기르면 가지가 웃자라지 않는다.

물주기
물을 좋아하므로 표면의 흙이 마르면, 분 바닥에서 물이 흘러나올 때까지 준다.

비료
꽃이 피기 시작할 때 비료를 계속 많이 주면 가을까지 꽃이 핀다. 덩굴 가지도 자라는데, 눈을 남기고 적당히 잘라주면 짧은 가지에도 열매가 달린다. 비료를 많이 주면서 기르면 자유롭게 자르거나 길게 기를 수 있어서 나무모양도 쉽게 만들 수 있다.

분갈이
1~2년에 1번, 3월경에 분갈이한다. 꽃이 피지 않는 어린나무는 6월에도 분갈이할 수 있다. 꺾꽂이는 묵은가지는 3~4월, 새가지는 6월에 가능하다.

병해충
특별히 열매에 피해를 주는 병해충이 없어서 키우기 편한 나무이다.

재배력	1월	2월	3월	4월	5월	6월	7월	8월	9월	10월	11월	12월
		분갈이										
							가지치기		가지치기			
			비료									

※ 철사감기와 철사풀기는 적당한 시기에 한다.

만들기 | 철사감기

덩굴성 나무는 자연적인 나무모양이 없는 만큼, 분재에서는 다양한 나무모양을 만들 수 있다. 가지를 길러서 자르는 과정을 반복하면 줄기와 가지가 조금씩 굵어진다. 자르고 철사를 감아서 나무모양을 만든다.

가지나 줄기를 굵게 만드는 포인트는 잎의 수이다. 가지가 자라기 때문에 굵어지는 것이 아니라, 잎에서 만드는 영양분의 양에 의해 굵어진다는 것을 알고 있으면 효과적인 가지치기를 할 수 있다.

01 덩굴가지는 상당히 뻣뻣하기 때문에 굵은 철사를 사용한다. 잎이나 눈을 피해 감아준다.

02 굵은 가지는 줄기에서부터 2~3겹으로 감고, 길게 뻗은 어린 잔가지는 가지 밑동에서 감는 등 가지에 따라 감는 방법을 조절한다.

03 전체적으로 철사를 감은 모습. 1개씩 조심해서 구부리고 모양을 정리한다.

BEFORE
꺾꽂이 2년차 묘목. 앞으로 어떻게 자랄지는 아직 나무에게 달려 있다.

AFTER
주립형을 생각해서 대략적으로 철사를 감은 모습. 생장에 따라 잎의 수를 유지하면서 가지치기를 반복한다.

MINI INFO

남오미자의 수꽃과 암꽃은 꽃의 중심을 보면 구분할 수 있다. 초록색이 암꽃, 붉은색이 수꽃이다. 부드러운 붓이나 면봉으로 붉은 수술의 하얀 꽃가루를 암꽃의 노란 부분에 묻혀서 인공 꽃가루받이를 한다. 아침에 꽃이 피기 때문에 오전 10시경까지 해야 한다.

암꽃

수꽃

낙상홍

분재에서 붉은 열매를 감상하는 나무는 많지만, 그중에서도 최고로 꼽는 것은 바로 낙상홍이다. 암수딴그루이며, 수나무 1그루에 암나무 10그루를 길러도 열매가 잘 달린다. 감탕나무속 중에서는 드물게 갈잎나무인데, 낙엽이 진 다음 겨울이 되면 열매가 한층 두드러져 보이는 것도 장점이다.

노란색 열매가 달리는 낙상홍과 흰색 열매가 달리는 낙상홍, 가지와 잎, 열매, 꽃이 매우 작은 왜성종 애기낙상홍(소성매) 등 자연변이 품종이 많이 있으며, 모두 분재에서도 인기가 높다. 또한 원예품종도 열매가 큰 「낙상홍 다이나곤[大納言]」, 흰색 열매의 「낙상홍 하츠유키[初雪]」, 흰색에 주황이 섞인 열매가 달리는 「낙상홍 싯포[七宝]」, 붉은 열매에 줄무늬가 있는 「낙상홍 겐페이[源平]」 등 종류가 다양하다.

가을부터 이듬해까지 즐길 수 있는 열매뿐 아니라, 해가 갈수록 가지가 촘촘해져서 나무모양의 품격을 높여주는 것도 분재에서는 큰 매력이다.

학명 *Ilex serrata*
영명 Japanese winterberry
일본명 우메모도키

분류 감탕나무과 감탕나무속
나무모양 모양목, 쌍간, 삼간, 주립형, 모아심기

나무키 17cm ▶

관리 포인트

장소
초봄에 햇빛이 잘 드는 곳에서 기르면 단단한 나무모양이 된다. 비가 많이 오는 시기에는 처마 밑 등에서 관리하면 열매가 잘 달린다.

물주기
뿌리가 가늘고 흙 표면 가까이에 퍼지므로, 건조하지 않게 주의한다. 꽃이 피는 시기에 분재로 물에 담가두면 열매가 잘 달린다.

비료
열매를 맺게 할 나무에는 비료를 적게 준다. 봄에 분 위에 놓는 고형비료를 주고, 열매가 달릴 때까지 비료를 주지 않는다. 열매 없이 기르고 싶은 경우에는 여름철에 액체비료를 준다.

분갈이
뿌리는 생육이 왕성하고 밑으로 자라지 않는 성질이어서, 해마다 1번씩 분갈이한다.

병해충
진딧물과 흰가룻병 방제 외에, 깍지벌레 예방을 위해 겨울에 살균살충제를 줄기와 가지에 발라준다.

재배력

	1월	2월	3월	4월	5월	6월	7월	8월	9월	10월	11월	12월
분갈이												
가지치기								가지치기				
꺾꽂이					꺾꽂이							
비료								비료				

키우기 | 분갈이·분맞추기

낙상홍은 원래 습한 음지~반음지에 자생하는 나무로, 곧은뿌리가 없고 짧은 뿌리를 흙 표면 가까이에 뻗기 때문에 쓰러지기 쉽다. 그래서인지 뿌리의 생육이 왕성하고 움돋이도 잘 생긴다.

또한, 한 번이라도 물이 마르면 뿌리가 대부분 손상되어 뿌리가 새로 나오기 시작하므로, 그 해부터 다음해까지 열매를 볼 수 없을 때도 있다.

이러한 특징을 고려해서 키우려면 해마다 분갈이를 빼놓을 수 없다. 왕성하게 자란 잔뿌리는 분갈이할 때마다 1/3~1/2까지 잘라서 줄인다. 뿌리의 건강상태를 관찰할 수 있는 좋은 기회이다.

분갈이는 분맞추기를 할 기회이기도 하다. 얕은 뿌리(천근)이므로 깊은 분에서 기르면 물이 잘 빠지고 왕성하게 자라지만, 얕은 분에서도 관리하기 쉽다.

나무의 품격이 높아지면 좀 더 멋스러운 분맞추기를 즐길 수 있다.

01 분에서 뺀 다음 흙을 털어내고 새로 심을 후보 분에 맞춰서 뿌리를 과감하게 정리했다. 뿌리분이 1/2로 줄어들었다.

BEFORE

큰 분에서 키운 나무.

02 선명한 노란색 분이 열매 색깔을 돋보이게 하지만, 네모난 모양이 딱딱한 느낌을 준다. 게다가 분의 존재감이 강해서 나무의 품격을 떨어뜨린다.

AFTER

03 투명한 갈색의 넓은 분에 심으면 나무 전체가 크게 느껴진다. 가지의 우아한 흐름도 강조되면서, 느긋한 분위기가 느껴진다. 이번에는 이 분으로 결정했다.

얕고 넓은 분에 심으면, 나무가 늠름한 대목처럼 보인다.

만들기 | 눈따기 · 가지치기

잎이 나오는 시기에는 가지 끝의 눈따기, 잎이 떨어지고 난 뒤에는 가지치기를 반복해서, 가지를 촘촘하게 만들어간다.

꽃은 짧은 새가지에도 달리기 때문에 많이 잘라도 괜찮다. 2~3개의 눈을 남기고 자르면 전년도에 열매가 달린 부분에도 잎눈이 나온다.

눈따기

- 지나치게 자란 눈은 눈 끝을 딴다.
- 전년도 가지

가지치기

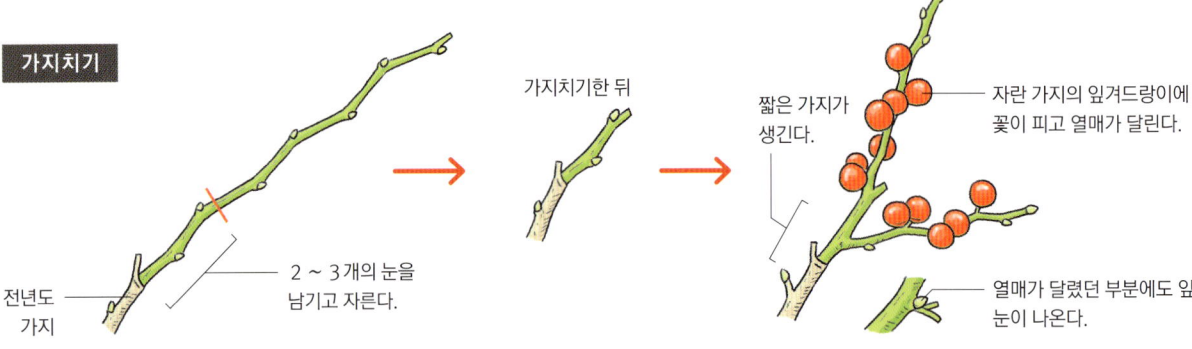

- 전년도 가지
- 2~3개의 눈을 남기고 자른다.
- 가지치기한 뒤
- 짧은 가지가 생긴다.
- 자란 가지의 잎겨드랑이에 꽃이 피고 열매가 달린다.
- 열매가 달렸던 부분에도 잎눈이 나온다.

품격 높이기 | 작품 예

나무키 17㎝ ▶

작품 ❶
꺾꽂이로 키운 열매가 작은 원예품종「아카네」. 줄기 밑동부터 왼쪽으로 흐르는 내민가지(제1지)와 머리부분이 안정된 삼각형을 그리는 반현애. 어리지만 열매도 많이 달리고, 가지도 촘촘해서 유망한 나무.

나무키 18㎝ ▶

작품 ❷
줄기를 만들어서 2~3년 정도 키운 어린나무로, 열매를 목표로 한다. S자를 그리는 모양목으로, 앞으로 나무모양 만들기가 기대되는 작품.

아그배나무(심산해당)

분재에서「아그배나무(심산해당)」라고 부르는 관상용 사과나무는 한 종류가 아니고, 몇 가지 원종과 자연교잡종을 통틀어 부르는 이름이다. 가장 많은 것은 꽃도 열매도 아름다운 개아그배나무이다. 개아그배나무보다 열매가 작은 아그배나무나 일본에서 천연기념물로 지정된 노카이도[野海棠]도 열매를 즐기는 나무이며, 개아그배나무와 아그배나무 중에서 노란색 열매가 달리는 품종도 인기가 많다.

개아그배나무는 같은 품종끼리 열매를 맺지 않는 자가불친화성이므로, 다른 품종의 관상용 사과나무를 함께 키워야 한다.

꽃을 즐기는 나무로는 짙은 복숭아색 꽃이 피는 꽃아그배나무가 있는데, 열매는 크지 않다. 꽃이 위를 향해 피고, 꽃아그배나무를 많이 닮은 아름다운 꽃을 피우는 꽃사과는 타원형 열매가 개성적이다.

모두 튼튼하고 꺾꽂이나 뿌리꽂이로도 잘 번식하기 때문에, 어릴 때부터 쉽게 나무모양을 만들 수 있다.

학명	*Malus micromalus*	**분류**	장미과 사과나무속
영명	kaido crab apple	**나무모양**	모양목, 사간, 현애, 반현애
일본명	미야마가이도		

◀ 나무키 9cm

관리 포인트

장소
초봄에 일찍 실외에 내놓고 눈이 나올 때 햇빛을 받게 하면, 잎이 작아져서 나중에 관리하기 편하다. 겨울에는 온도를 올리지 않은 실내에서 관리한다.

물주기
표면의 흙이 마르면 물을 충분히 준다. 잎이 크면 물이 부족하기 쉬우므로 주의한다.

비료
초봄에 비료를 적게 주면 잎이 작아진다. 힘을 주고 싶을 때는 봄부터 개화기를 제외하고, 1달에 1번 분위에 올리는 고형비료를 준다. 잎이 지나치게 무성해지면 잎따기로 조절한다.

분갈이
뿌리가 가득차면 물을 잘 흡수하지 못하므로 그 전에 분갈이한다. 2년에 1번 정도를 기준으로 한다.

병해충
병충해에는 강한 편이지만 진딧물, 깍지벌레의 방제가 필요하며 근두암종병도 조심해야 한다.

재배력	1월	2월	3월	4월	5월	6월	7월	8월	9월	10월	11월	12월
			분갈이									
가지치기									가지치기			
		뿌리꽂이							비료			

키우기 | 뿌리꽂이

뿌리에서 움돋이가 잘 나오는 나무종류는 뿌리꽂이로 쉽게 번식시킬 수 있다. 분재나 화분에서 키운 긴 뿌리는 분 속에서 다양한 모양으로 구부러지기 때문에, 그 곡을 활용하기에도 좋은 방법이다.

아그배나무는 꺾꽂이나 씨앗으로 키우면 꽃이 필 때까지 시간이 오래 걸리기 때문에, 접붙이기로 꽃을 빨리 보거나 뿌리꽂이로 나무모양을 만드는 것이 좋다.

단, 시중에서 판매하는 꽃아그배나무는 접나무모(접목묘)이므로, 뿌리꽂이를 할 경우 바탕나무로 사용한 아그배나무나 개아그배나무가 나오는 경우가 많다. 같은 품종을 번식시키고 싶다면 꺾꽂이가 좋다.

뿌리꽂이할 때 뿌리를 거꾸로 꽂으면 아무리 기다려도 눈이 나오지 않기 때문에, 위아래가 틀리지 않게 주의해야 한다.

01 어미나무를 분에서 빼낸 모습. 이처럼 굵은 뿌리가 감겨 있으면 뿌리꽂이의 좋은 소재가 된다.

02 가위로 크게 잘라서 떼어낸다. 이 작업은 어미나무의 분갈이와 동시에 한다.

POINT 뿌리는 마르면 상하기 때문에, 떼어낸 뿌리는 젖은 수건으로 싸는 등 마르지 않게 주의한다.

04 재미있게 구부러진 부분을 고른다. 잔뿌리라도 뿌리꽂이는 가능하다. 작은 뿌리가 없는 굵은 뿌리는 아래쪽 끝부분을 연필처럼 깎아서 꽂는다.

03 어미나무쪽으로 1/3분 정도 남겨두고, 뿌리 뭉치를 떼어낸다. 일단 이 단계에서 어미나무의 분갈이 작업을 한다.

05 분에 깨끗한 용토를 넣고 뿌리를 꽂는다. 흙 위로 5~10㎜ 정도 나오게 용토를 덮고, 눈이 나올 때까지 물이끼 등을 덮어서 건조를 막는다.

품격 높이기 | 작품 예

상하 30cm / 좌우 38cm ▶

작품 ❶
줄기모양이 재미있고, 열매와 가지모양이 훌륭한 반현애 분재. 전체적으로 매우 안정된 부등변삼각형으로, 아그배나무(심산해당)의 매력을 마음껏 즐길 수 있다.

상과분재

아그배나무

작품 ❷
길쭉한 열매 모양이 특징적인 개아그배나무와 꽃사과를 교배한 원예품종 「히메미요시[姬美好]」. 그루솟음새부터 짧은 곡의 흐름으로 마무리가 잘 되어 있다. 남색무늬를 넣어 구운 도자기 분(소메쓰케 분)과도 잘 어울린다.

◀ 나무키 13cm

상하 17cm / 좌우 28cm ▶

작품 ❸
위의 작품과 비교해서 보면 열매달림이나 가지가 나오는 방식의 차이가 잘 보이는 꽃사과의 반현애 분재. 꽃사과로서는 가지가 잘 갈라져 있고 밸런스가 좋은 수작.

화살나무

한국 원산으로 일본, 중국 등지에 분포하는 갈잎떨기나무이다. 단풍이 아름답기로는 마가목이나 검양옻나무(➡ p.118)보다 나으면 낫지 못하지 않다.

  화살나무는 가지에 화살처럼 코르크질의 날개가 있어서 화살나무라고 하는데, 날개가 나오지 않는 타입은 변종으로 회잎나무라고 부른다. 이름만으로는 다른 나무 같지만 성질은 화살나무와 거의 같고, 중간 형태처럼 날개가 적은 나무도 있다.

  모두 가지에 탄력이 있어서 굵어져도 잘 부러지지 않는 것이 특징이다. 분재에 안성맞춤인 성질로 철사를 감아서 나무모양을 만들기 좋고, 다양한 모양으로 즐길 수 있다.

  늦가을에 열매껍질이 날개처럼 벌어지는 주황색 열매도 눈에 잘 띈다. 암수한그루라서 1그루만 있어도 열매가 잘 달린다.

학명 *Euonymus alatus*	**분류** 노박덩굴과 화살나무속
영명 burning bush	**나무모양** 모양목, 쌍간, 벌취형,
일본명 니시키기	반현애, 석부작, 주립형

나무키 16cm ▶

관리 포인트

장소
햇빛을 잘 받고 자랄수록 단풍이 선명해진다. 강한 석양빛에 노출되면 잎이 타기 때문에, 한여름에는 햇빛을 피하고 겨울에는 서리를 피해서 관리한다.

물주기
분 표면의 흙이 마르면 물을 듬뿍 준다. 습기가 많아지지 않도록 물이 잘 빠지게 관리한다.

비료
비료는 적게 주는 편이 단풍이 예쁘게 들기 때문에, 9월에 분 위에 올리는 고형비료를 준 다음 비료를 주지 않는다. 여름에는 상태를 보면서 가끔 물 대신 액체비료를 준다.

분갈이
뿌리는 생육이 왕성하기 때문에 해마다 1번은 분갈이한다. 잔뿌리가 빽빽하게 나오므로 잘 풀어서 정리하고 긴 뿌리는 자른다.

병해충
새눈이 나올 때의 진딧물과 줄기에 생기는 깍지벌레를 없애기 위해 미리 살균살충제를 뿌린다.

재배력

	1월	2월	3월	4월	5월	6월	7월	8월	9월	10월	11월	12월
분갈이		■	■									
꺾꽂이					■	■						
가지치기		■	■		■	■				■		
비료									■			
철사감기					■	■	■					
철사풀기								■	■			

키우기 | 가지고르기

화살나무든 회잎나무든 작은 분에서 키우면 길게 자란 가지의 끝부분이나 잎은 약해지기 쉽다(화살나무의 날개는 이 약한 가지를 보호하는 것이므로, 묵은가지에서는 자연스럽게 벗겨진다).

철사를 감아서 구부리면 곧게 자랄 때보다 가지의 힘이 분산되는 것을 막을 수 있다. 가지가 잘 휘어지고 쉽게 부러지지 않기 때문에, 조금 강하게 철사를 감아서 대담한 곡을 만들 수 있다.

먼저 어느 가지나 골고루 햇빛을 받을 수 있도록 가지를 방사형으로 펼친다. 가지와 잎이 겹쳐서 그늘을 만들어 아래쪽 가지가 약해지거나 웃자라는 것을 막는다.

그런 다음 여분의 가지와 잎을 잘라내면서 원하는 나무모양에 따라 곡을 만든다.

단순히 모양을 만들기 위한 것이 아니라, 영양상태의 균형을 도모하는 것도 나무모양을 다듬는 중요한 목적이다.

양분이 원활하게 이동할 수 있게 만들면, 줄기 전체에도 균형 있게 힘이 생긴다.

01 분맞추기해서 키우는 회잎나무. 길게 자란 가지 끝의 잎이 약해 보인다. 중심의 잎이 복잡하게 나 있어서, 아래쪽 가지가 조금 웃자랐다.

각 가지에 철사를 감는다

가지 밑동

02 굵은 가지부터 철사를 감기 시작해서 전체적으로 철사를 감았다. 그늘에서 빛을 찾아 구부러지기 시작한 가지는 방향을 고쳐둔다. 철사를 감기 시작한 가지 밑동에서 잘 잡아주는 것이 포인트.

방사형으로 퍼지도록 가지를 구부린다

03 방사형으로 가지가 퍼지도록 각 가지의 방향을 정한다. 이 단계에서는 아직 가지치기를 하지 않았다.

머리   제2지

제1지

04 웃자랄 기미가 보이는 가지에 곡을 만들어서 제1지로 하고, 머리와 제2지를 정한 다음, 부등변삼각형에서 삐져나온 부분을 가지치기했다.

위에서 보면

위에서 보아도 가지와 잎이 골고루 퍼져 있다.

품격 높이기 | 작품 예

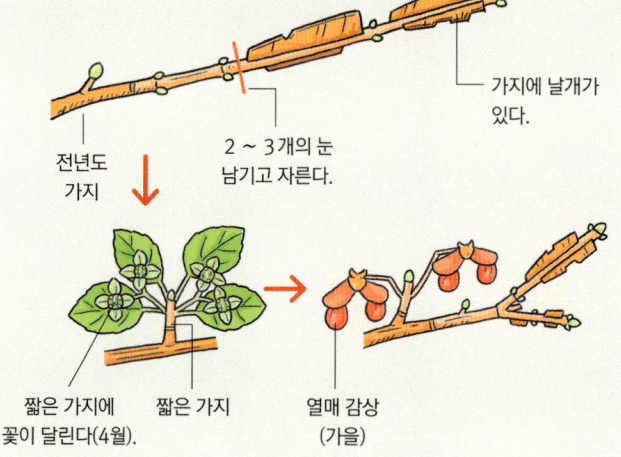

MINI INFO

가지치기는 2~3월의 휴면기와 가지가 자라는 6월에 적당히 실시한다. 2 ~ 3개의 눈을 남기고 자르면, 전년도 가지(화살나무는 날개 아래)에서 새가지가 나와 짧은 가지가 늘어난다.

◀ 나무키 9cm

작품 ❶

줄기 밑동의 굵기가 오랫동안 분에서 정성껏 키웠다는 것을 보여주고, 잘 정리된 큰 나무의 품격이 있다. 나무가 튼튼해서 좀 더 손을 댈 수 있을 것으로 보이므로, 앞으로의 풍경도 매우 기대된다.

◀ 나무키 17cm

작품 ❷

여유로운 나무모양과 선명한 단풍이 잘 어울리는 반현애 분재. 다음 계절에는 사랑스러운 열매가 달리고 잎은 떨어져서 우아하고 섬세한 가지모양을 보여줄 것이다. 줄기 밑동의 웅장하고 오래된 느낌이 있는 품격과 분의 밸런스도 절묘하다.

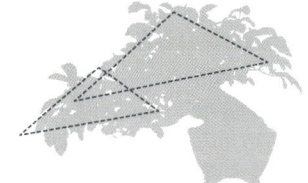

크기가 다른 부등변삼각형이 높이가 다르게 배열되어, 산맥처럼 원근감이 있고 여유 있는 풍경을 그린다.

피라칸타

분재에서는 주황색 열매가 달리는 피라칸타 앙구스티폴리아(다치바나모도키)와 선명한 빨강이나 노란색 열매가 달리는 피라칸타 코키네아(도키와산자시) 등 피라칸타속에 속하는 식물을 통틀어 피라칸타라고 부른다.

  모두 튼튼하고 오래 기를 수 있는 나무이지만 몇 가지 차이가 있다. 주황색 열매의 피라칸타 앙구스티폴리아는 잎에 광택이 별로 없고, 가지가 촘촘하게 나며, 꽃눈이 개화 직후인 6월경에 나온다. 한편 피라칸타 코키네아는 잎에 광택이 있고, 가지가 곧게 자라며, 꽃눈이 10월경에 나온다.

  분재에서 중요한 것은 꽃눈 형성기의 차이인데, 꽃눈이 빨리 나오는 피라칸타 앙구스티폴리아는 가지치기하면 꽃눈이 없어지기 때문에 열매를 보기 힘들다. 그러나 나무모양이 완성된 피라칸타 앙구스티폴리아의 가지모양과 품격은 매우 훌륭하다. 몇 년 정도 열매를 포기하고 나무모양 만들기에 전념할만한 가치가 있다.

상하 16cm / 좌우 20cm ▶

학명 *Pyracantha angustifolia*
영명 narrowleaf firethorn
일본명 다치바나모도키
분류 장미과 피라칸타속
나무모양 모양목, 사간, 문인목, 반현애, 현애

관리 포인트

장소
반음지에서도 잘 자라지만, 양지에서 키우면 열매가 잘 달린다. 가지도 잘 자라기 때문에 가지치기를 반복해서 잔가지를 늘린다.

물주기
물을 많이 주면 뿌리가 위쪽으로 자란다. 물이 부족하면 가지에서 공기뿌리가 나오는 성질이 있으므로, 물을 잘 줘야 한다.

비료
나무모양을 만드는 기간에는 넉넉한 비료로 힘을 줘서, 눈의 수를 늘린다. 열매를 맺을 때는 4월경부터 조금씩 인산이 많이 함유된, 분 위에 올리는 고형비료를 계속 준다.

분갈이
흙 표면 가까이에 있는 뿌리가 잘 늘어나므로 자주 분갈이한다. 뿌리를 상당히 많이 잘라내도, 분갈이 직후에 물을 많이 주면 회복된다.

병해충
병충해의 걱정은 별로 없다. 열매를 맺는 시기에는 새로 인한 피해가 생기지 않도록 신경 쓴다.

재배력

	1월	2월	3월	4월	5월	6월	7월	8월	9월	10월	11월	12월
			분갈이						분갈이			
	가지치기								가지치기			
			비료					비료				

키우기 | 잎따기

열매를 즐기고 싶은 경우에는 꽃눈이 형성되기 2개월 전부터 가지치기를 하지 않는 것이 좋다. 가지치기를 하면 새가지가 나오는 데 힘이 소비되므로 꽃눈을 만들 힘이 부족해진다.

피라칸타 앙구스티폴리아는 4월까지, 피라칸타 코키네아는 8월까지가 적당하다. 그 뒤에는 묵은잎을 따서 가지가 많이 웃자라지 않게 조절한다.

큼직한 묵은잎을 아래쪽에서 1장씩 가위로 잘라낸다.

BEFORE

POINT
가시가 있는 짧은 가지에 꽃눈이 달린다. 이런 곳에 있는 묵은잎도 따지만, 새눈을 자르지 않도록 조심해야 한다.

AFTER

잎이 클수록 햇빛에서 양분을 흡수해 가지가 잘 자란다. 웃자라는 가지가 지나치게 강해지지 않게 잎따기로 억제하고, 꽃눈이 형성된 다음 웃자람가지를 가지치기한다.

키우기 | 분맞추기

피라칸타(피라칸타 앙구스티폴리아와 피라칸타 코키네아)는 분갈이를 자주 해서 뿌리를 정리해야 나무모양이 흐트러지지 않아 관리하기 쉽다.

나무모양이 잡히면 분갈이할 때 분맞추기를 할 수 있다. 나무가 가진 개성을 살려주는 분에 심어야 비로소 분재가 완성된다. 피라칸타처럼 튼튼한 나무로 분맞추기 감각을 키워보자.

01 배양분에서 빼내 표면에 뻗어나온 뿌리 덩어리를 잘라내고 정리한 모습.

02 열매가 달리도록 가지를 길게 기르는 중이므로, 가지치기하지 않고 분갈이한다. 열매 색깔, 줄기 모양뿐 아니라, 가지치기한 뒤의 나무모양을 잘 생각해서 어울리는 분을 선택하는 것이 중요하다.

03 줄기모양을 여유 있게 감상할 수 있는 분에 맞추고 꽃눈이 달린 것을 확인한 다음, 웃자람가지를 가지치기한다. 줄기의 구불구불한 곡이 돋보인다.

품격 높이기 | 작품 예

나무키 18cm ▶

작품 ❶
피라칸타속 나무는 늘푸른나무이지만, 일부러 잎따기로 잎이 떨어진 갈잎나무의 정취를 표현한 피라칸타 앙구스티폴리아. 가지가 보기 좋게 촘촘하고, 쌍간의 균형도 절묘한 명품 분재이다.

나무키 20cm ▶

작품 ❷
주황색 열매가 알맞게 달린 피라칸타 앙구스티폴리아의 주립형. 열매 색깔이 초록잎에 비쳐서 아름답다. 나무껍질에 세월을 거친 관록이 보이며, 밝으면서도 차분한 색채가 잘 어울린다. 찬란한 가을을 대표하는 대비라고 할 수 있다.

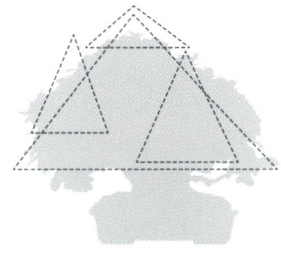

머리부분이 완만한 삼각형이 모여 큰 부등변 삼각형을 그리기 때문에 안정감이 있다.

금두

감귤류 분재에서 가장 인기 있는 나무이다. 한겨울에 밝게 빛나는 열매가 사랑스럽고, 윤기 있는 초록색 잎과 선명하게 대비된다. 나무껍질로 오래된 고목의 느낌을 만들기 쉬우므로, 품격 있는 나무모양도 즐길 수 있다.

재배하기 어려운 면도 있지만 일단 성질을 이해하면 오히려 재배하기 쉬운 나무라고 할 수 있다.

예를 들면 추위에 약하다고 하지만 결코 그렇지 않고, 다만 겨울철에 물을 많이 필요로 하는 점이 다른 나무종류와 조금 다른 점이다. 겨울에는 분재에 익숙한 사람일수록 물을 적게 주거나, 물을 주더라도 흙이 얼어서 뿌리에 닿지 않아 실패하는 경우가 있다.

환경에 대한 적응력은 높지만 급격한 변화에는 약하기 때문에, 오히려 많이 움직이지 않고 그대로 두면 처마 밑에서도 튼튼하게 자란다.

별명	금감, 금귤
학명	*Fortunella hindsii*
영명	Hong Kong kumquat, wild kumquat
일본명	긴즈
분류	운향과 금감속
나무모양	모양목, 단간, 쌍간, 반현애, 근상형

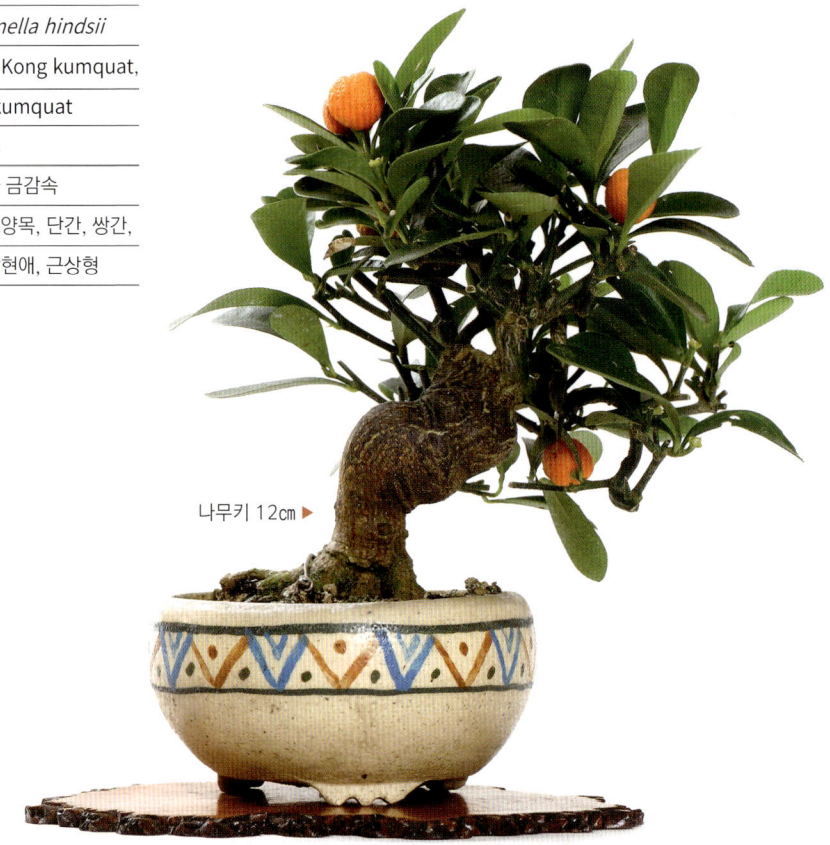

나무키 12cm ▶

관리 포인트

장소
양지든 반음지든 계속 같은 장소에 두면 나름대로 순응한다. 자연스러운 계절 변화에는 적응력이 있다.

물주기
물은 많이 주는 것이 좋다. 겨울철에 물이 부족하면 급격히 약해지므로 주의한다.

비료
비료도 물과 마찬가지로 많이 주는 것이 좋다. 비료가 부족하면 가지와 잎이 시든다. 잎이나 눈을 잘 관찰해서 양을 조절한다.

분갈이
분갈이는 자주 하지 않는 것이 좋다. 환경에 따라 2~4년에 1번이 기준이다. 뿌리가 가득차는 편이 더 자람새가 좋기 때문에, 새로 심은 직후에는 주의한다.

병해충
줄녹색박각시라는 벌을 닮은 나방의 유충이 잎을 갉아먹는다. 하늘소도 발생하기 때문에 정기적으로 방제한다.

재배력	1월	2월	3월	4월	5월	6월	7월	8월	9월	10월	11월	12월
			분갈이									
			가지치기									
		비료					비료					

※ 철사감기와 철사풀기는 적당한 시기에 한다.

키우기 | 철사감기

금두는 내버려두면 가지가 위로 뻗어나가는 성질이 있다. 더군다나 가지가 굵어지면 바로 단단해져서 구부릴 수 없게 된다. 새눈이 자라기 시작하면 빨리 철사를 감아 곡을 만들어, 옆으로 향하는 모양을 만든다.

줄기를 중심으로 방사형으로 가지가 자라도록 철사를 감으면, 햇빛을 골고루 받아 건강하게 자란다.

새가지는 부드럽기 때문에 가는 철사를 촘촘하게 감는다.

BEFORE — 가지가 모두 위를 향해 있다

AFTER — 방사형으로 자라도록 철사를 감는다

새가지 전체에 철사를 감아 각각의 가지가 방사형으로 퍼져서 자라도록 방향을 잡았다. 그런 다음 웃자란 가지는 그때그때 가지치기하면서 키울 가지를 정한다.

철사감기의 포인트

새가지는 빨리 곡을 넣는다.

- 묵은가지는 구부리기 힘들다.
- 묵은잎
- 위로 곧게 자란 새가지를 옆으로 눕힌다.

1~2번 감을 때마다 왼손으로 눌러서 조금씩 구부린다.

- 묵은가지부터 감기 시작한다.
- 새가지는 촘촘하게 감는다.

상과분재 / 금두

만들기 | 모양잡기

웃자란 가지가 눈에 띄고 잎도 지나치게 복잡해서 좀처럼 새눈이 나오지 않는다.

금두는 다른 나무종류에 비해 눈이 늦게 나와서, 5~6월에 나오기도 한다. 눈이 지나치게 늦게 나오는 경우에는 잎따기로 눈이 빨리 나오게 한다. 잎따기할 때는 잎을 1장씩 잎자루의 중간 정도에서 잘라낸다.

잎따기를 하면 위로 뻗은 가지 등이 잘 보인다. 필요 없는 가지는 가지치기하고, 굵은 철사를 감아서 옆으로 눕힌다.

위로 뻗은 가지나 웃자란 부분은 과감하게 가지치기하고, 철사를 감아서 아래쪽으로 눕힌다. 굵어진 가지는 구부리기 어렵기 때문에, 굵은 철사를 감고 천천히 힘을 줘서 가지 전체의 방향을 바꾼다.

가지를 눕혀놓고 여분의 가지 끝을 가지치기해서 모양을 정리했다. 곧 새눈이 쑥쑥 나온다.

최종적으로는 1~2개의 눈을 남기고 가지치기한다. 이렇게 자극을 줘서 휴면상태에서 깨어나면, 눈이 나오기 시작하고 새가지도 늘어난다. 새가지가 자라면 다시 철사를 감아서 서서히 나무모양을 정리한다.

초본 분재

콩짜개덩굴 | 바위취 | 개모밀덩굴
바위떡풀 | 은쑥 | 석창포

콩짜개덩굴

뿌리줄기가 자라나 갈라져서 퍼지는 모습이 담쟁이덩굴을 닮았지만, 암벽이나 나무 줄기에 달라붙어 사는 늘푸른 양치식물이다. 지름 5~10㎜의 둥근 모양 또는 하트 모양의 영양잎은 윤기가 있으며, 원예에서는 토양 전면을 덮어 침식을 막아주는 피복식물로도 이용된다. 홀씨를 형성하는 홀씨잎은 길쭉한 주걱모양으로 5~6월에 달리는데, 겨울에는 얼지 않게 주의한다.

사진은 최근 일본 기슈지역에서 발견된 「사자머리 콩짜개덩굴」이라는 변이품종으로, 영양잎의 끝이 갈라진 개성적인 모습으로 인기가 많다. 지름 4㎝ 정도의 미니 분재이지만, 이렇게 작게 키워도 기본종이나 변이형이나 싱싱하게 잘 자란다.

뿌리씻음 분재나 모아심기한 초본분재 틈새에 조금 끼워넣거나, 암벽에 자생하는 자연스러운 분위기를 석부작으로 만들어도 좋다. 어떤 모양으로 키워도 인상적인 매력이 있다.

◀ 분 지름 4㎝

「새끼손가락 마디보다 작고
윤기 있는 잎이 사랑스럽다.
미니 분재로 만들거나 이끼볼로 만들어도
매력이 넘친다」

학명	*Lemmaphyllum microphyllum*
영명	green penny fern
일본명	마메쓰타
분류	고란초과 콩짜개덩굴속
나무모양	단식, 석부작, 모아심기

관리 포인트

장소
양지에서 키우면 더 잘 자란다. 영양잎은 두껍고 수분을 저장하지만, 전체가 마르지 않게 주의한다.

물주기
뿌리는 헛뿌리로 지탱하는 역할만 하고 물을 빨아올리지 못한다. 전체에서 수분을 흡수하므로, 분무기로 물을 뿌려주는 것이 가장 좋다. 습기가 지나치게 많으면 잎이 물렁해져서 약해진다.

비료
물에 액체비료를 조금 섞어서 분무기로 뿌려주는 정도면 충분하다.

분갈이
헛뿌리가 있는 줄기를 잘라서 땅에 붙이기만 해도 정착한다. 돌에 붙이는 경우에는 이탄흙(생명토)을 바른 다음, 그 위에 실 등으로 묶어둔다.

병해충
지나친 습기로 부드러워진 잎을 민달팽이 등이 갉아 먹는 경우도 있지만, 건강한 잎은 병충해가 없다.

바위취

노지재배할 경우 일단 심기만 하면 그늘에서도 잘 퍼지는 튼튼한 피복식물로, 자홍색의 기는줄기(러너)가 자라고 줄기 끝에 아들포기를 만들어서 번식한다. 잎맥 무늬가 아름다운 잎은 식용 가능해서 튀김 등으로 널리 이용된다.

　분에서도 쉽게 재배할 수 있어서 지름 1㎝ 정도의 초미니 분재도 만들 수 있다.

　5~7월에 20㎝ 이상의 꽃줄기를 세우고, 아래쪽 2장의 꽃잎이 더 큰 5장의 꽃잎을 가진 꽃을 피운다. 위쪽 3장의 꽃잎은 진한 분홍색 무늬가 사랑스럽다. 잎에 은색 테두리가 있는 종류도 있다. 그 밖에 4~5월에 꽃이 피는 하루유키노시타[春雪の下], 옅은 분홍색꽃이 피는 베니바나하루유키노시타[紅花春雪の下]도 있다. 분재에서는 좌대 장식의 첨배로도 인기가 높다.

「하얀색의 섬세한 잎맥이 뚜렷한
잎이 아름답고
미니 분재로 만들면
작은 잎 때문에 공예품처럼 완성된다」

분 지름 3.5㎝ ▶

별명	범의귀, 호이초
학명	*Saxifraga stolonifera*
영명	beefsteak geranium, mother-of-thousands
일본명	유키노시타
분류	바위취과 바위취속
나무모양	단식, 모아심기, 뿌리씻음 분재

관리 포인트

장소
자생지는 그늘진 습지이지만 분에서 키울 경우에는 하루에 몇 시간 정도 햇빛이 드는 곳이 좋다. 직사광선은 피한다.

물주기
물은 많이 주는 것이 좋다. 분에서 키우는 경우에는 물이 부족하면 약해지기 때문에 여름에는 물을 많이 주고, 반대로 겨울은 지나치게 습기가 많으면 뿌리가 상하기 때문에 건조하게 관리한다.

비료
비료는 봄, 가을과 개화기에 소량의 고형비료를 분 위에 올리는 정도로 적게 준다. 물 대신 희석한 액체비료를 줘도 좋다.

분갈이
기는줄기 끝에 생긴 아들포기를 다른 분의 흙 위에 옮기기만 해도 뿌리를 내린다. 작은 분의 경우, 뿌리 주위에 물이 잘 빠지는 용토를 넣고 필요 없는 기는줄기는 잘라낸다. 꽃이 핀 뒤에는 어미포기가 말라죽는데, 꽃이삭과 묵은잎을 빨리 제거하면 유지할 수 있다.

병해충
거의 없다.

◀ 분 지름 3cm

개모밀덩굴

별명	메밀여뀌
학명	*Persicaria capitata*
영명	pink knotwood, pink bubbles
일본명	쓰루소바
분류	마디풀과 여뀌속
나무모양	단식, 모아심기

히말라야 원산 여뀌과의 포복성 여러해살이풀로 분재에서는 「개모밀덩굴」이라고 부르지만 실제 이름은 「메밀여뀌」이다. 땅 위를 기듯이 뻗어나가는 기는줄기와 핑크색 둥근 꽃이 사랑스러우며, V자 무늬가 있는 잎은 붉은빛을 띤 세련된 색조를 자랑하고, 피복식물로도 인기가 높다.

튼튼하지만 내한성이 조금 약해서, 한랭지에서는 실외에서 월동하지 않는 것이 좋다. 따뜻한 지역에서는 문제가 없고, 겨울에는 잎 색깔이 더 깊어진다.

분재에서는 기는줄기를 중간에 자르면서 기르고, 줄기의 재미있는 곡선도 감상한다. 꽃은 7~11월에 많이 피고 겨울에도 조금씩 계속 핀다.

관리 포인트

장소
오전 중에는 해가 잘 들고, 오후에는 조금 그늘진 장소가 관리하기 편하다. 계속 음지에 두면 잎 색깔이 맑지 않고, 겨울에 쉽게 시들며, 꽃도 잘 달리지 않는다.

물주기
너무 많이 주면 줄기 마디가 웃자란다. 또한 지나친 습기에 약하므로 건조하게 기른다.

비료
비료를 많이 주면 줄기 마디가 웃자라서 운치가 사라진다. 분 위에 올리는 고형비료를 조금 주거나, 물 대신 액체비료를 주는 것이 좋다.

분갈이
여름에 씨앗을 채취해서 그대로 뿌리면, 그 해 가을에 감상할 수 있을 정도로 자란다. 꺾꽂이를 하거나 봄에 포기나누기로도 번식이 가능하다.

병해충
새눈에는 진딧물이 생기므로 다른 분재와 함께 예방 차원에서 살충제를 살포하는 것이 좋다.

바위떡풀

학명	*Saxifraga fortunei* var. *incisolobata*
일본명	다이몬지소
분류	범의귀과 범의귀속
나무모양	단식, 석부작, 모아심기, 뿌리씻음 분재

바위취와 같은 속으로 많이 닮았지만 가을에 핀다는 것이 큰 차이점이다. 꽃 색깔이나 피는 방식, 잎 모양이 다양한 것도 바위떡풀의 특징이다. 꽃만 해도 한자 大를 닮은 기본형에 다양한 색깔이 있고, 또 꽃잎이 깊게 갈라져 있는 것, 여러 겹으로 피는 것, 흐드러지게 피는 다화성 품종 등 매우 다양하다. 사진은 연한 복숭아 색깔의 꽃을 피운 바위떡풀과 바위손의 모아심기를 뿌리씻음 분재로 만든 것이다.

분재에서는 분이나 풀의 크기에 따라 잎 수를 조절하고, 성장에 따라 잎의 크기를 균형 있게 배치해서 모양을 정리한다. 야생의 운치를 오래 즐길 수 있는 식물이다.

관리 포인트

장소
항상 반음지에서 키우면 꽃눈이 잘 달린다. 큰 잎은 잘라낸다. 겨울에는 지상부가 없어지는데, 초가을에 일찍 실내로 옮기면 잎이 길게 유지된다.

물주기
흙 표면이 마르면 충분히 주는데, 습기가 지나치게 많아지면 잎이 늘어나지 않으므로 물이 잘 빠지게 키운다.

비료
비료는 많이 주지 않은 것이 좋다. 봄과 꽃이 핀 뒤에 분 위에 놓는 고형비료를 조금 주는 정도가 좋다. 물이 잘 빠지게 키우면 비료를 주지 않아도 잘 자란다.

분갈이
이른봄과 꽃이 핀 뒤에 포기나누기를 할 수 있다. 씨앗도 많이 달리지만, 어미나무와 같은 꽃이 피지는 않는다. 씨에 흙을 덮지 않고 파종한다.

병해충
거염벌레가 잎을 갉아먹기 때문에 침투성 약제를 각각의 잎에 분사한다.

은쑥

비단처럼 광택이 있는 섬세한 은색 잎이 봉긋하게 부드러운 반구형을 만들기 때문에 인기가 많다. 분재에서도 단식으로 반구형의 풀을 감상하기도 하지만, 사진처럼 모아심기해서 다양한 식물과의 조합을 즐기는 것이 좋다.

  사진은 지름 4㎝ 정도의 손끝으로 집을 수 있는 분이지만, 은쑥 외에 겨울잎이 달린 산야초, 바위손, 그리고 벼과의 새포아풀이 매우 섬세하고 작은 세계를 보여준다. 이른봄의 모습으로 은쑥은 묵은잎 위에 꽃처럼 새눈이 나와 있다.

  묵은잎을 남겨두는 것은 풀이 스스로 추위를 대비하는 것이지만, 은쑥의 긴 줄기 끝에 묵은잎이 뭉쳐 있는 독특한 겨울 모습은 봄~여름에는 상상할 수 없는 색다른 멋이 있다.

  봄에서 여름으로 멋지게 변모하는 모습도 즐길 수 있는 모아심기이다.

「봄부터 여름까지
부드러운 은색 잎을 볼 수 있고,
새눈도 달빛을 머금은 듯
사랑스러운 여신의 자태」

분 지름 4㎝ ▶

학명	*Artemisia schmidtiana*
영명	silvermound
일본명	아사기리소
분류	국화과 향쑥(아르테미시아)속
나무모양	단식, 모아심기

관리 포인트

장소
야무진 풀의 모습을 즐기려면 햇빛이 잘 드는 곳에서 키운다. 묵은잎은 계속 말라붙기 때문에, 새잎이 나와 있는 동안은 제거한다. 겨울에는 줄기 가장 위에 있는 잎을 남겨둔다.

물주기
표면의 흙이 마르면 물을 준다. 흙의 상태는 손끝으로 만져서 확인한다.

비료
봄과 가을에 분 위에 올리는 고형비료를 주는데, 줄기 끝의 잎이 기운이 없을 때는 물 대신 액체비료를 주면 효과적이다.

분갈이
봄의 포기나누기 외에 여름부터 10월 정도까지 꺾꽂이를 할 수 있다. 용토에 젓가락 등으로 깊이 5~6㎝의 구멍을 뚫고, 끝을 비스듬히 자른 가지를 심는다.

병해충
새눈에 진딧물이 잘 생기는 것 외에, 습기가 지나치게 많으면 노균병이 생기기도 한다. 아래쪽의 손상된 잎을 빨리 제거하면 대처할 수 있다.

석창포

석창포는 소품분재의 좌대 장식(➡ p.56)에서 계절감을 살리기 위해 사용하는, 칼처럼 가늘고 우아한 잎을 가진 풀이다. 나무 분재에서도 아래쪽에 석창포를 배치하면 풍경이 넓어진다.

석창포의 기본종은 조금 큰데, 왜성종으로 잎에 반점이 있는 아리스가와세키쇼[有栖川石菖], 극세엽의 애기석창포 등 몇가지 다루기 쉬운 원예품종이 있다. 또한 석창포와는 과가 다른 등심붓꽃(붓꽃과 등심붓꽃속), 꽃장포(백합과 꽃장포속)도 칼처럼 가늘고 긴 잎으로 만드는 초본분재나 첨배로 자주 이용된다.

사진은 석창포와 바위손을 모아심기한 것으로, 분 지름이 4㎝인 미니 분재이다. 이렇게 잎따기해서 길이를 조절하거나, 모두 잘라내고 새로운 잎으로 길이를 고르게 맞춘다.

「작은 분에서도
맑고 푸른 물가의 시원한 느낌을 연출.
나무 아래에 심으면
초원의 풍경을 즐길 수 있다」

▶ 분 지름 4㎝

별명	범의귀, 호이초
학명	*Acorus gramineus*
영명	Japanese sweet flag, grassy-leaved sweet flag
일본명	세키쇼
분류	천남성과 창포속
나무모양	단식, 모아심기, 하초

관리 포인트

장소
양지~반음지에서 튼튼하게 자란다. 오후부터 그늘지는 곳에 두면 다 부진 모습이 된다.

물주기
습지에 자생해서 물을 좋아하지만, 분재에서는 조금 건조하게 키워야 크게 자라지 않는다. 표면의 흙이 마르면 물을 준다.

비료
잎 색깔을 보면서 조절한다. 잎 색깔이 바래면 분 위에 올리는 고형비료를 조금 준다. 그러나 많이 주면 포기가 커져서 물이 쉽게 마른다.

분갈이
생장이 느리기 때문에 포기나누기로 번식시킨다. 등심붓꽃은 꽃이 피면 계속해서 씨앗이 달리기 때문에, 수확 직후에 파종하거나 보관한 뒤 봄에 뿌린다.

병해충
잎을 갉아먹는 벌레도 있지만 일반적인 방제로 충분하다. 이끼를 붙이면 석창포가 밀리는 경향이 있어서, 안 붙이는 것이 좋다.

이끼볼 만드는 방법

뿌리씻음 분재를 초록색 이끼로 감싼 새로운 분재 스타일.
식물이 기분 좋게 공생하는 모습이 아름답고
다양한 식물에 응용할 수 있다.

뿌리씻음 분재를 오래 기르면 자연스럽게 이끼가 생기고, 다양한 식물의 씨앗이 날아들어 눈을 틔우는 경우도 있어서, 여러 식물이 공생하는 작은 세계가 생겨난다.

그러나 분에서 기르는 분재를 뿌리씻음 분재로 만들 수 있게 될 때까지는 시간이 오래 걸리고, 환경에 따라서는 이끼로 감쌀 수 없는 모양의 뿌리분도 있다.

이끼볼은 처음에는 인테리어 아이템으로 유행한 것인데, 정착하기 쉬운 이끼를 사용하여 기다리는 시간을 대폭 단축시키는 방법이다.

식물의 입장에서는 분의 제약 없이 뿌리가 가득차거나 지나치게 건조해지는 등의 문제에서 벗어날 수 있고, 기르는 사람의 입장에서는 식물이 보내는 신호를 잘 알아볼 수 있어 좋다.

자귀나무
p.203에서 만든 이끼볼. 자귀나무의 잎이 떨어진 뒤에도 이끼볼의 초록색이 아름답다. 자귀나무는 가지가 잘 안 나오지만, 줄기 밑동은 쉽게 굵어진다. 키가 커지면 3월경에 원하는 높이의 눈 위에서 자르면, 눈에서 잎줄기가 자라서 퍼지고 7~8월에는 꽃이 핀다.

◀ 나무키 53cm

나무키 28cm ▶

산수국 「구레나이」
분재로 기른 산수국(▶ p.146)에 하초를 곁들여서 이끼볼로 만든 것. 꽃이 핀 뒤에 산수국 가지를 되돌려자르기하는 계절에는 초본분재로도 즐길 수 있다.

◀ 나무키 20cm

일본단풍나무 모아심기
단간 묘목 3그루를 모아서 이끼볼로 만들고, 살짝 곡을 넣어 분재 모양으로 만든 것. 초록색 이끼와 대비되는 일본단풍나무(▶ p.110)의 붉은잎이나, 새눈이 나올 때의 계절감을 감상할 수 있다.

자귀나무 이끼볼 만들기

준비물(식물 제외)
❶ 이끼(털깃털이끼 등)
❷ 숯(산화방지용)
❸ 피트모스
❹ 밑거름용 고형유기질비료(완효성으로 질소성분이 적은 것)
❺ 깔망
❻ 무명실
❼ 가위
❽ 핀셋
❾ 철사(적당량)

01 밑에 깔망을 깔고, 피트모스, 숯, 밑거름용 고형유기질비료를 순서대로 깐 다음 피트모스를 얇게 덮는다.

02 식물의 뿌리분에서 흙을 살짝 털어낸다. 뿌리가 감긴 것은 뿌리를 풀어서 정리한다.

03 피트모스를 넓게 펴서 전체를 골고루 덮는다. 식물과 밸런스가 맞게 안정된 모양을 만든다.

04 무명실(검정색도 가능)을 가로로 살짝 감고, 전체를 돌리면서 사방으로 감는다.

05 이끼의 갈색 부분을 잘라서 얇게 만든 다음, 1.5배 정도 벌려서 고르게 붙인다.

06 한 번 더 전체를 돌리면서 무명실을 사방으로 감아준다. 실은 이끼가 자라면 안 보이게 된다.

분재용어

ㄱ

가지고르기(정지) 나무모양을 유지, 보전하기 위해 줄기나 가지의 생장을 조절, 나무모양을 인위적으로 만들어가는 기초 정리작업.

가지모양 가지가 나오는 방식, 붙어 있는 방식 등 가지의 상태를 말한다.

가지배치 뿌리 밑동에서 나무 끝까지 가지가 나온 모양. 가지가 균형 있게 나오고 위로 갈수록 촘촘해지는 가지배치가 좋다. 그루솟음새, 뿌리뻗음과 함께 분재의 3요소 중 하나.

가지치기(전정) 나무모양을 만들고 유지시키기 위해 가지, 줄기를 자르는 작업.

감상분 감상 또는 전시회 등에 출품할 때 사용하는 분. 분맞춤을 고려해서 고른다.

개작 분재의 나무모양을 크게 바꾸는 일.

겨울나무(한수) 잎을 즐기는 나무종류가 겨울에 잎을 떨어뜨린 모습. 나목(裸木)이라고도 한다. 잎이 떨어질 때부터 눈이 나올 때까지 나무모양. 가지모양, 나무껍질 등을 본다.

곡(曲) 줄기나 가지가 구부러진 모양.

곡 넣기 줄기나 가지를 철사 등으로 강하게 구부려서 모양을 만드는 것.

귀갑성(龜甲性) 나무껍질이 거북의 등껍질처럼 갈라져 덕지덕지 붙어있는 모양. 분재에서 사용하는 용어이다. 곰솔 등에서 볼 수 있다.

그루솟음새 분재의 뿌리 밑동에서 줄기로 올라오는 부분. 가지배치, 뿌리뻗음과 함께 분재를 감상하는 중요 포인트.

꺾꽂이(삽목) 식물의 가지, 줄기, 잎 등을 자르거나 꺾어서 흙 속에 꽂아 뿌리내리게 하는 번식방법. 꺾꽂이에 쓰는 줄기나 뿌리, 잎을 꺾꽂이 순(삽수), 꺾꽂이로 만든 묘목을 꺾꽂이모(삽목묘)라고 한다.

ㄴ

나무껍질(수피) 줄기부분의 촉감이나 눈으로 본 느낌. 오래된 느낌을 주는 것이나 매끄러운 것 등이 있는데, 나무종류에 따라 다르다.

나무모양(수형) 자연 속 나무의 모습을 본보기로 정한, 분재에서의 나무모양.

나무키(수고) 분재의 경우에는 분 테두리에서 나무의 머리부분까지의 높이를 말한다. 가지 등이 분보다 밑으로 내려가는 나무모양의 경우에는 상하와 좌우를 잰다.

내민가지 줄기 아래쪽에서 길게 뻗어 나온 가지로, 전체적인 나무모양에서 가장 중요한 역할을 하는 가지. 제1지.

눈따기 눈의 세력을 조절하기 위해 새눈을 따는 작업. 시기, 나무종류에 따라 몇 가지 방법이 있다.

눈솎기 키우고 싶지 않은 눈을 잘라내거나, 눈의 수가 너무 많을 때 몇 개의 눈을 솎아내는 작업.

눈자르기 소나무류에서 눈의 강약을 조절하기 위해 첫 번째 눈을 잘라내고, 2번째 눈을 기르는 방법. 단엽법이라고도 한다. 곰솔에서는 빼놓을 수 없는 작업이다.

ㄷ

단엽법 세력이 좋은 첫 번째 눈을 잘라내고 짧은 2번째 눈이 고르게 나오게 함으로써 아름다운 잎을 만드는 방법.

대품분재 나무키가 60㎝ 이상 되는 분재.

되돌려자르기 가지를 중간에 잘라서 새로운 가지가 나오게 하는 것.

ㅁ

모아심기(기식형, 寄植形) 분재의 나무모양. 여러 가지 나무를 하나의 분이나 돌에 심은 것. 1종류의 나무를 여러 개 심는 경우가 많지만, 초본분재에서는 여러 종류를 조합해서 심는다.

모양목(模樣木) 분재의 나무모양. 줄기가 완만한 곡선을 그리며 곡을 이룬 상태.

모양잡기(정자) 가지를 자르거나 곡 등을 만들어서 분재다운 모양을 만드는 작업.

문인목(文人木) 분재의 나무모양. 아래쪽 가지가 없어서 독특한 정취가 느껴진다.

ㅂ

반간(蟠幹) 눈이 많은 적설 지대나 높은 산에 있는 나무가 눈, 비, 바람에 의하여 생장이 억제되어 줄기부분이 뱀이 똬리를 틀듯이 심하게 구불거리면서 낮게 자란 줄기모양.

반근(盤根) 여러 개의 뿌리가 붙어서 표면의 흙 위에 보이는 뿌리가 한 덩어리가 된 뿌리뻗음.

반현애(半懸崖) 분재의 나무모양. 줄기나 가지가 늘어져 있지만, 그 끝이 분 바닥보다 위에 있는 스타일.

배양 분재로 나무를 기르고 줄기와 가지를 만들어 가는 것.

벌취형(筏吹形) 분재의 나무모양. 눈바람으로 인해 옆으로 넘어진 줄기에서 나온 가지가 줄기가 되어 서 있는 모양.

부목 분재 장식에서 주목의 흐름을 받는 위치에 놓는 분이나 장식물.

부정아 보통은 눈이 나지 않는 곳에서 나오는 눈이다. 나무자람새가 강한 나무나 어린나무에 많다.

분맞추기 나무모양이 완성된 나무를 돋보이게 할 감상분을 선택하는 것.

분맞춤 나무와 분이 하나가 되어 만드는 조화.

분올림 씨모(실생묘), 꺾꽂이모(삽목묘), 노지재배 나무 등을 처음 분에 옮겨 심는 것.

빗자루형(추형, 箒形) 분재의 나무모양. 가지를 수직으로 뻗어서 빗자루를 세워놓은 것처럼 보이는 모양. 느티나무에 많은 나무모양이다.

뿌리분 분갈이를 위해 빼냈을 때 뿌리와 흙이 하나가 되어 분모양으로 굳어진 상태.

뿌리뻗음 나무의 뿌리 부분에서 위쪽 뿌리의 상태. 대지를 움켜쥐는 모양이 좋다. 그루솟음새, 가시배치와 함께 분재의 중요한 요소.

뿌리씻음 분재 오랫동안 분에 심어서 뿌리가 단단하게 굳어진 상태의 식물을 분에서 뽑아 그대로 도판이나 수반에 올려놓고 감상하는 스타일.

뿌리참 화분 등에서 키운 식물의 뿌리가 많이 자라서 화분 안에 가득찬 상태.

ㅅ

사간(斜幹) 분재의 나무모양. 줄기가 비스듬히 서 있는 모양.

사계성 1년 동안 여러 번 꽃을 피우고 열매를 맺는 성질.

사리(舍利) 줄기가 고사해서 백골화한 상태. 원래는 혹독한 자연 속에서 만들어지지만, 인공적으로 만들기도 한다. 사리간, 뼈줄기라고도 한다.

사바간 재해 등으로 인해 가지가 부러지거나 줄기가 갈라져서 목질부가 보이는 줄기. 또는, 인공적으로 그런 상태로 만든 줄기.

생육기 식물이 생장하는 시기.

석부작(石附作) 분재의 나무모양. 운치 있는 돌에 나무를 심어서, 나무와 돌을 하나로 감상하는 스타일의 분재.

소품분재 나무키가 20㎝ 이하인 손바닥 크기의 분재. 좁은 공간에서도 많은 나무를 즐길 수 있다.

송백류 눈따기 녹색잎이 성숙하기 전 소나무류의 막대모양 새눈을 따는 것. 나무자람새의 밸런스를 조절하기 위한 작업. 곰솔이나 소나무 등에 필요한 작업으로 봄에 실시한다.

신(神) 가지의 일부가 말라붙어 백골화된 목질부가 보이는 것. 눈향나무나 노간주나무의 매력 포인트. 인공적으로 만들어내는 경우도 있으며, 뼈가지라고도 한다.

실생(實生) 씨앗으로 키우는 번식 방법.

쌍간(双幹) 분재의 나무모양. 하나의 뿌리에서 2개의 줄기가 나와 있는 모양.

씨모(실생묘) 씨앗부터 키운 묘목을 씨모라고 한다.

ㅇ

어미나무 번식을 위하여 꺾꽂이순이나 접순 등을 만들 수 있는 원래의 나무.

연근형(連根形) 분재의 나무모양. 여러 줄기의 뿌리가 이어져 있는 것.

열간(捩幹) 분재의 나무모양. 뿌리가 뒤틀리면서 나선모양으로 위로 자란 것.

엽수 잎 표면의 온도나 습도 조절을 위해 잎에 직접 물을 뿌리는 것.

왜성(矮性) 성장해도 커지지 않는 성질.

웃자람 가지나 줄기, 잎이 지나치게 크고 길게 자라는 것.

웃자람가지(도장지) 기세 좋게 쑥쑥 자라서 나무모양을 흐트러뜨리는 가지. 양분을 빼앗아 꽃이나 눈이 달리지 않는 경우가 많으므로 대부분 잘라버린다.

원예품종 인공적인 교배로 만들어진 품종.

이끼볼 식물을 분 등의 용기에 심지 않고 뿌리를 용토로 감싼 다음 표면에 이끼를 붙인 것.

일세성(一歲性) 씨앗이 싹을 틔워 그해에 꽃을 피우고 열매를 맺는 성질.

잎따기 일단 자란 잎을 잎자루만 남기고 손이나 가위로 잘라내는 것. 전체를 자르는 경우와 세력이 강한 부분만 자르는 경우가 있다.

잎솎기 바람이 잘 통하고 햇빛이 잘 들도록 복잡하게 나 있는 잎을 솎아내는 것.

잎의 성질 잎의 색깔이나 모양, 나오는 방향, 성장하는 세력 등의 성질. 잎의 성질은 개선하기 어렵기 때문에 나무를 고를 때 고려해야 할 포인트가 된다.

잎자르기 잎의 세력을 고르게 만들기 위해 잎의 일부를 잘라내는 것.

ㅈ

저면관수 물을 채운 그릇에 분재로 식물을 넣고 밑으로 물을 흡수하게 하는 방법.

점세성(漸細性) 뿌리부터 줄기 끝까지 점점 가늘어지는 것.

접붙이기(접목) 식물의 가지나 눈을 잘라서 뿌리가 있는 다른 나무에 붙이는 번식방법. 접붙이기에 쓰는 가지나 눈을 접수 또는 접순, 바탕이 되는 나무를 바탕나무(대목), 접붙이기로 만든 묘목을 접나무모(접목묘)라고 한다.

정면 분재가 가장 균형 있고 아름다워 보이는 방향.

정형 씨앗으로 키운 특징이 없는 나무에 철사 감기 등으로 곡을 넣어 매력적인 모습으로 만드는 것.

제1지 분재를 정면에서 보았을 때, 줄기 밑동에서 가장 가까이에 위치한 가지. 위로 올라가면서 차례로 제2지, 제3지가 된다.

주립형(株立形) 분재의 나무모양. 1그루의 나무에서 여러 개의 줄기가 나오는 모양.

주목 분재 장식에서 주가 되는 나무.

줄기모양 줄기에 있는 곡의 모양.

중품분재 나무키가 20㎝~60㎝인 분재.

직간(直幹, 곧은줄기) 분재의 나무모양. 줄기가 위를 향해 곧게 자라는 모양.

ㅊ

첨배(添配) 분재 장식에서 주목을 돋보이게 하기 위한 목적으로 장식하는 초본분재나 돌, 장식물 등을 말한다.

취류형(吹流形) 분재의 나무모양. 바람에 의해 줄기나 가지가 한 방향으로 흐르는 것처럼 보이는 모양.

ㅍ

팔방성(八房性) 가지가 잘게 나오고, 잎도 작으면서 많이 나오는 성질. 일반 품종에 비해 전체적으로 왜성이어서 그다지 크게 자라지 않기 때문에 분재에 적합하다.

포기나누기(분주) 뿌리에서 난 여러 개의 움을 뿌리와 함께 나눠서 따로 옮겨 심는 방법.

필요 없는 가지 나무모양을 어지럽히고, 아름다움을 해치는 가지.

ㅎ

하초 중심 식물의 뿌리 주위에 심는 키 작은 화초나 산야초. 계절감을 나타내는 역할을 한다.

한랭사 햇빛이나 추위를 피하는 데 이용하는 망으로 된 천. 망 굵기에 따라 햇빛의 투과율이 달리진다.

현애(懸崖) 분재의 나무모양. 줄기나 가지가 분의 바닥보다 아래쪽으로 늘어져 있는 스타일.

황피성(荒皮性) 어린나무일 때부터 나무껍질이 거칠어지는 성질. 고목의 느낌을 내기 쉬워서 분재에서 인기가 높다.

휘묻이(취목) 가지 중간에서 뿌리를 낸 뒤, 그것을 잘라서 변형된 나무모양을 만들거나 새로운 식물체를 만드는 방법.

분재 전시회에 가면

분재를 시작하면 아무래도 명품이라 불리는 분재 작품이나, 그밖에 분재가 만드는 여러 가지 작은 세계를 실제로 감상하고 싶어집니다. 또한 자신이 키우는 분재를 다른 사람들 앞에 공개하면, 그때까지 미처 보지 못했던 나무의 장점이나 결점을 알게 되는 경우도 있습니다. 이러한 교류를 가능하게 해 주는 것이, 각지에서 열리는 분재 전시회입니다.

먼저, 가까운 곳에서 열리는 분재 전시회에 가보세요. 분재나 묘목을 현장에서 판매하기도 하므로, 분재의 소재를 구입할 좋은 기회가 될 것입니다.

나무종류 INDEX

ㄱ

가막살나무 13
가문비나무 22, 32
가시나무 142
간지럼나무 124
개모밀덩굴 198
개아그배나무 183
검양옻나무 118
겨울보리수 59, 162
곰솔 13, 21, 32, 33, 34, 59, 62
괴불나무 176
규목 86
금감 192
금귤 192
금두 192
기산초 59
꽃사과 9, 45
꽃아그배나무 183
꽃장포 201

ㄴ

낙상홍 180
낙상홍 겐페이[源平] 180
낙상홍 다이나곤[大納言] 180
낙상홍 싯포[七宝] 180
낙상홍 하츠유키[初雪] 180
남오미자 178
너도밤나무 16, 33, 34
노가지나무 74
노간주나무 32, 74
노간주향나무 74
노박덩굴 174
노아시나무 158
노카이도[野海棠] 183
누운향나무 66
눈향나무 32, 58, 59, 66
느티나무 13, 23, 59, 86

ㄷ

다치바나모도키 189
단풍철쭉 30
달맞이꽃 57
담쟁이덩굴 122

대실석류 170
데리하쓰루우메모도키
　[照葉蔓梅擬] 174
도키와산자시 189
돌단풍 59
동백나무 138
두송 74
들장미 142
등심붓꽃 201
뜰단풍 45, 110

ㄹ·ㅁ

로즈메리 148
마삭줄 102
매실나무 130
매화나무 45, 130
메밀여뀌 198
명자나무 153
모과나무 13
모나델파 노각 106
목백일홍 124
미야마베니[美山紅] 158
미야코베니[都紅] 158

ㅂ

바위떡풀 199
바위수국 23
바위수국 56
바위취 197
배롱나무 124
범의귀 197
벚나무 41, 134
베니가쿠아지사이
　[紅額紫陽花] 146
베니바나하루유키노시타
　[紅花春雪の下] 197
부채싸리 144
부처손 200

ㅅ

사자머리 콩짜개덩굴 196
사향단풍 116

산수국「구레나이」 201
산수국 146
삼나무 8, 32, 78
삼색사리 144
새포아풀 200
석류나무 170
석창포 201
석화회(편백나무 종류) 21, 58
섬잣나무 15, 22, 57, 58, 59, 80
소나무 32, 33, 34, 70
수정대실 170
심산해당 22, 183

ㅇ

아그배나무 22, 183
아리스가와세키쇼
　[有栖川石菖] 201
애기감나무 158
애기꽃석류 36, 170
애기노각나무 106
애기석창포 201
애기싸리 58
앵신락 176
야쿠시마 싸리 144
야쿠시마 찔레 142
에조아지사이[蝦夷紫陽花] 146
열간석류 170
오엽송 15, 22, 80
와비스케쓰바키[侘助椿] 138
왜철쭉 150
용신담쟁이덩굴 120
유키쓰바키[雪椿] 138
은쑥 200
이끼 57
일본단풍나무 110, 202

ㅈ

자귀나무 202
작살나무 18
장수매 57, 58, 59, 153
적송 70
좀마삭줄 102
주목 76
중국단풍 21, 23, 34, 58, 98

쥐똥나무 23, 113
진백 66
쫄쫄이마삭줄 102
찔레나무 142

ㅊ

참느릅나무 44, 92
참빗살나무 166
참회나무 172
치자나무 22

ㅋ

콩짜개덩굴 196
큰일본노각나무 106

ㅍ

풀명자나무 153
피라칸타 189
피라칸타 앙구스티폴리아
　(다치바나모도키) 189
피라칸타 코키네아
　(도키와산자시) 189

ㅎ

하루유키노시타[春雪の下] 197
해송 62
호이초 197
홍돌가시나무 142
화살나무 186
흑송 62
흰색 선애기별꽃 19
히고쓰바키[肥後椿] 138
히어리 17

감수 도키자키 아쓰시

1955년 이바라키현 출생. 1977년 10월부터 정원, 공원 등을 설계하고 시공하는 야마구치위원에서 분재 위주로 원예에 대해 배웠다. 야마구치위원의 대표인 야마구치 가즈마사로부터 경험에 의해 스스로 배우고, 다른 것에 영합하지 말라는 가르침을 받았다. 야마토원 대표인 히로세 유키오와 만나면서 소품 분재에 주력하게 되었고, 1983년 고향 이바라키현 다카하기시에 〈도키자키히타치원〉을 개업하여 현재에 이른다. 1985년 〈전국소품분재 조합(현 일본소품분재조합)〉, 〈소품분재협회(현 사단법인 전일본소품분재협회)〉 가입. 1987년 〈일본분재협동조합〉 가입.
좋아하는 나무종류 : 참느릅나무, 배롱나무, 찔레나무, 눈향나무, 삼나무, 곰솔.
좋아하는 나무모양 : 정경을 떠올리게 하고, 음악 같은 리듬과 조화가 느껴지는 나무모양.

번역 유병국

1967년생으로 일본계 회사에서 13년 동안 근무하였다. 2009년 효림분재원의 고 최병철 교수를 통해 분재의 길에 첫발을 내딛었고, 이후 국가공인분재관리사 1급을 취득했다. 또한 송설산방에서 진행하는 분재과정을 수강했으며, 경기도에서 운영하는 조경가든대학 과정을 수료하였다. 그 밖에도 시민단체인 생명의 숲에서 주관하는 산촌학교과정을 수료했고, 경기도 시민정원사 인증서를 취득하고 정원봉사활동을 하고 있다.

사진으로 배우는
분재의 기술

펴낸이	유재영	기 획	이화진
펴낸곳	그린홈	편 집	박선희
감 수	도키자키 아쓰시	디자인	정민애
옮긴이	유병국		

1판 1쇄 | 2020년 4월 10일
1판 5쇄 | 2025년 11월 25일
출판등록 | 1987년 11월 27일 제10-149

ISBN 978-89-7190-701-6 13590

주소 | 04083 서울 마포구 토정로 53(합정동)
전화 | 324-6130, 324-6131 · 팩스 | 324-6135
E-메일 | dhsbook@hanmail.net
홈페이지 | www.donghaksa.co.kr, www.green-home.co.kr
페이스북 | www.facebook.com/greenhomecook

- 잘못된 책은 구매처에서 교환하시고, 출판사 교환이 필요할 경우에는 사유를 적어 도서와 함께 위의 주소로 보내주세요.
- 이 책의 내용과 사진의 저작권 문의는 주식회사 동학사(그린홈)로 해주십시오.

SHASHIN DE WAKARU BONSAI ZUKURI supervised by Atsushi Tokizaki
Copyright ⓒ 2010 Atsushi Tokizaki
All rights reserved.
Original Japanese edition published by SEITO-SHA Co., Ltd., Tokyo.
This Korean language edition is published by arrangement with SEITO-SHA Co., Ltd., Tokyo
in care of Tuttle-Mori Agency, Inc., Tokyo through Enters Korea Co., Ltd., Seoul.
Korean translation rights ⓒ 2020 by Donghak Publishing Co., Ltd.

이 책의 한국어판 저작권은 (주)엔터스코리아를 통해 저작권자와 독점 계약한 주식회사 동학사(그린홈)에 있습니다.
저작권법에 의하여 한국 내에서 보호를 받는 저작물이므로 무단전재와 무단복제, 광전자 매체 수록 등을 금합니다.

일본어판 스태프
협력 社団法人全日本小品盆栽協会, 同協会 <秋雅展> 実行委員会, 同協会 相模支部, トキワ園芸農業協同組合花木センター
사진 ARSPHOTO企画(金田洋一郎), 時崎厚, 社団法人全日本小品盆栽協会, 月刊近代盆栽 / 촬영협력 やまと園, 時崎常陸園, 永楽園(永井清明)
일러스트 群境介, 竹口睦郁 / 디자인 株式会社 志岐デザイン事務所(佐々木容子) / 집필협력 ムルハウス / 편집협력 株式会社 帆風社